文部科学省後援

実用フランス語技能検定試験

2022 年度版

２級・準２級

仏検公式ガイドブック

傾向と対策＋実施問題

フランス語教育振興協会編

公益財団法人フランス語教育振興協会

音声について

本書の音声は、下記サイトより無料でダウンロード、
およびストリーミングでお聴きいただけます。

https://stream.e-surugadai.com/books/isbn978-4-411-90301-3/

＊ご注意
・PC からでも、iPhone や Android のスマートフォンからでも音声を再生いただけます。
・音声は何度でもダウンロード・再生いただくことができます。
・当音声ファイルのデータにかかる著作権・その他の権利は公益財団法人フランス語教育振興協会（駿河台出版社）に帰属します。無断での複製・公衆送信・転載は禁止されています。

別売 CD について

無料音声ダウンロードと同じ内容の別売 CD（1 部 2 千円税・送料込）をご用意しております。ご希望の方は、級・住所・連絡先を記入のうえ、仏検事務局まで現金書留をお送りください。

公益財団法人フランス語教育振興協会　仏検事務局
〒102–0073　千代田区九段北 1–8–1 九段 101 ビル

まえがき

21 世紀はグローバル化の時代といわれます。そうであれば、世界から孤立せず、世界と対話し、平和で豊かな未来を切り拓くために、今こそいっそう多くの日本人が、さまざまな外国語をマスターしていくべきではないでしょうか。現代は多言語・多文化の世界へと移行しつつあり、そのなかでお互いを尊重しながら共生を目指すことが要請されているのです。英語一辺倒の方針では限界があるのは明らかでしょう。

世界の言語のなかでもとりわけフランス語は、フランスだけでなく、いくつもの国々や地域で話され、また、国連をはじめとする国際機関の公用語としても使われている重要な言語のひとつです。さらに、フランス語は、人類にとって普遍的な価値や独創的な文化を担ってきた言語でもあります。2021 年に東京で開かれたオリンピック・パラリンピックは、2024 年にはパリで開催されますが、とりわけオリンピックの第一公用語はフランス語です。開会式では、開催国の言語のほかフランス語と英語で出場国が紹介されますが、その際、最初にアナウンスされるのはフランス語なのです。2024 年には、多くの人々がパリを訪れるでしょう。皆さんもこれを機にフランス語を学び、ぜひフランスに触れてみてください。たとえ現地に行かなくとも、いまはインターネットなどさまざまなコミュニケーションの手段があります。かならずや多くの貴重な体験が得られるはずです。

ビジネスの世界では、フランスの企業が次々に日本に進出してくる一方、日本の企業もフランス語圏に広く展開しています。トヨタ、ユニクロ、無印良品のフランス進出などはその典型的な例です。いまや英語ができてあたりまえとされるビジネスの世界にあっても、さらにフランス語も使いこなせるとなれば、チャンスがさらに広がることはまちがいないでしょう。他方、フランス語をマスターしてアフリカ諸国で国際協力、援助活動に従事している人も少なくありません。このようにフランス語を学び使いこなせるようになることは、自分の人生をより豊かに生きる道につながります。

日本の学習者を対象とし、文部科学省とフランス大使館文化部の後援を受けて、1981 年以来実施されている「仏検」は、フランス語を聞き・話し・読み・書く能力をバランスよく客観的に評価する検定試験として、ますます高い評価を受けています。1 級・準 1 級・2 級・準 2 級・3 級・4 級・5 級の 7 段階を合わせて毎年 3 万人近くが受験しています。また、大学の単位認定や編入学試験、大学院入試等に利用されるケースも多くなっています（多数の学生が受験している学校のリストが巻末にありますので、ご参照ください）。

本書は、2 級・準 2 級の「傾向と対策」および 2020 年度秋季と 2021 年度春季・秋季に実施した試験問題（コロナ禍のため、2020 年度春季は試験を実施することができませんでした）、およびそれについてのくわしくていねいな解説と解答を掲載した公式ガイドブックです。

なお、書き取り・聞き取り試験の音声を無料でダウンロードすることができます（別売の CD をご希望の方は、仏検事務局までお問合せください）。

本書の執筆分担は以下のとおりです（* は各級の監修者）。

2020 年度秋期

2 級：松村剛

準 2 級：正田靖子

2021 年度

2 級：上杉誠・松村剛 *

準 2 級：林千宏・金澤忠信 *

また、本書の別冊として、これまでの実施問題を精選して詳細な解説を施した『セレクション』が級毎に刊行されています。フランス語の実力アップと仏検合格のために、2 つの公式ガイドブックをどうぞご活用ください。

2022 年 3 月

公益財団法人　フランス語教育振興協会

目　次

実用フランス語技能検定試験　実施要領

実用フランス語技能検定試験（仏検）は、年2回、春季（1次試験6月・2次試験7月）と秋季（1次試験11月・2次試験1月）に実施しております。ただし、1級は春季のみ、準1級は秋季のみの実施です。

2次試験は1級・準1級・2級・準2級の1次試験合格者が対象です。なお、隣り合う2つの級まで併願が可能です。

また、出願の受付期間は、通常、春季は4月から5月中旬、秋季は9月から10月中旬です。

◆ 各級の内容

1級（春季のみ）	《1次》	筆記試験（記述式・客観形式併用）	120分
		書き取り・聞き取り試験	約40分
	《2次》	面接試験	約9分
準1級（秋季のみ）	《1次》	筆記試験（記述式・客観形式併用）	100分
		書き取り・聞き取り試験	約35分
	《2次》	面接試験	約7分
2級	《1次》	筆記試験（記述式・客観形式併用）	90分
		書き取り・聞き取り試験	約35分
	《2次》	面接試験	約5分
準2級	《1次》	筆記試験（記述式・客観形式併用）	75分
		書き取り・聞き取り試験	約25分
	《2次》	面接試験	約5分
3級		筆記試験（客観形式・記述式）	60分
		聞き取り試験	約15分
4級		筆記試験（客観形式）	45分
		聞き取り試験	約15分
5級		筆記試験（客観形式）	30分
		聞き取り試験	約15分

◆ 受験地（2022 年度春季〈予定〉）

1 次試験　札幌、弘前、盛岡、仙台、秋田、福島、水戸、宇都宮、群馬、草加、千葉、東京、横浜、新潟、富山、金沢、甲府、松本、岐阜、静岡、名古屋、京都、大阪、奈良、松江、岡山、広島、高松、松山、福岡、長崎、熊本、別府、薩摩川内、沖縄、パリ

2 次試験　札幌、盛岡、仙台、群馬、東京、新潟、金沢、静岡、名古屋、京都、大阪、松江、岡山、広島、高松、福岡、長崎、熊本、沖縄、パリ

＊上記の受験地は、季ごとに変更となる可能性があります。また、会場によって実施される級がことなる場合がありますので、くわしくは、最新の仏検受験要項・願書または APEF のホームページをご覧ください。

＊最終的な受験地・試験会場の詳細は、受験票の発送をもってお知らせします。

◆ 出願方法　下記の 2 つの方法からお選びください

1. **インターネット申込**：詳細は APEF のホームページをご覧ください。
2. **郵送申込**：受験要項・願書を入手→検定料納入→願書提出、の順でお手続きください。

＊全国の仏検特約書店・大学生協では願書・要項を配布、あわせて検定料の納入を受け付けております。

＊願書・要項は仏検事務局へ電話・E-mail 等で請求なさるか、APEF ホームページよりダウンロードして入手なさってください。

◆ 合否の判定とその通知

級によりことなりますが、60～70％の得点率を目安に出題するように努めています。各級の合格基準は、審査委員会がさまざまな条件を総合的に判断して決定しています。

結果通知には合否のほか、合格基準点、合格率とご本人の得点が記載されます。

◆ お問い合わせ先

公益財団法人　フランス語教育振興協会（APEF）　仏検事務局

〒 102-0073　東京都千代田区九段北 181　九段 101 ビル
TEL:　03-3230-1603　FAX:　03-3239-3157
E-mail: dapf@apefdapf.org
URL:　https://apefdapf.org

2020 年度仏検受験状況

級（季）	出願者数	1 次試験			1 次試験免除者数	2 次試験		
		受験者数	合格者数	合格率		受験者数	合格者数	最終合格率
1 級（秋）	403 名	362 名	54 名	14.9%	9 名	62 名	54 名	14.6%
準 1 級（秋）	889 名	763 名	191 名	25.0%	36 名	212 名	172 名	21.9%
2 級（秋）	1,427 名	1,250 名	448 名	35.8%	48 名	465 名	409 名	32.3%
準 2 級（秋）	1,548 名	1,355 名	820 名	60.5%	56 名	828 名	764 名	56.1%
3 級（秋）	2,717 名	2,446 名	1,542 名	63.0%				
4 級（秋）	2,300 名	2,111 名	1,690 名	80.1%				
5 級（秋）	1,989 名	1,866 名	1,593 名	85.4%				

＊新型コロナウイルス感染症拡大を受けて、2020 年度は春季試験を中止し、秋季に 1 級を含めた全級を実施しました。

2021 年度仏検受験状況

級（季）	出願者数	1 次試験			1 次試験免除者数	2 次試験		
		受験者数	合格者数	合格率		受験者数	合格者数	最終合格率
1 級	460 名	413 名	48 名	11.6%	7 名	54 名	46 名	11.0%
準 1 級	918 名	811 名	218 名	26.9%	30 名	231 名	184 名	22.3%
2 級（春）	1,232 名	1,065 名	398 名	37.4%	53 名	434 名	358 名	32.5%
（秋）	1,313 名	1,155 名	404 名	35.0%	57 名	424 名	384 名	32.7%
準 2 級（春）	1,234 名	1,066 名	658 名	61.7%	48 名	684 名	596 名	54.6%
（秋）	1,412 名	1,232 名	710 名	57.6%	50 名	719 名	628 名	50.6%
3 級（春）	2,164 名	1,929 名	1,079 名	55.9%				
（秋）	2,811 名	2,520 名	1,414 名	56.1%				
4 級（春）	1,719 名	1,571 名	1,305 名	83.1%				
（秋）	2,905 名	2,695 名	2,013 名	74.7%				
5 級（春）	1,292 名	1,173 名	1,043 名	88.9%				
（秋）	1,987 名	1,842 名	1,576 名	85.6%				

＊ 1 級は春季のみ、準 1 級は秋季のみ

2級

2 級の内容と程度

●程 度

日常生活や社会生活を営むうえで必要なフランス語を理解し、一般的なフランス語を読み、書き、聞き、話すことができる。ヨーロッパ言語共通参照枠（CEFR）の B1 にほぼ対応しています。

標準学習時間：400 時間以上

●試験内容

読　む	一般的な事柄についての文章を読み、その内容を理解できる。
書　く	一般的な事柄について、伝えたい内容を基本的なフランス語で書き表わすことができる。
聞　く	一般的な事柄に関する文章を聞いて、その内容を理解できる。
話　す	日常生活のさまざまな話題について、基本的な会話ができる。
文法知識	前置詞や動詞の選択・活用などについて、やや高度な文法知識が要求される。

語彙：約 3,000 語

●試験形式

1 次試験（100 点）

筆　記	問題数 7 問、配点 68 点。試験時間 90 分。マークシート方式、一部記述式。
書き取り	問題数 1 題、配点 14 点。試験時間（下記聞き取りと合わせて）約 35 分。
聞き取り	問題数 2 問、配点 18 点。語記入、マークシート方式。

2 次試験（30 点）

個人面接試験	日常生活に関する質問に対して、自分の伝えたいことを述べ、相手と対話をおこなう。 試験時間約 5 分。

2級の傾向と対策

2級は、準2級とくらべた場合、要求される程度が次のようにアップしています。準2級においては「日常生活における平易なフランス語」を「読み、書き、聞き、話す」ことが求められているのに対し、2級では「日常生活や社会生活を営むうえで必要なフランス語」の理解、すなわち「一般的なフランス語」を「読み、書き、聞き、話す」ことが必要とされています。準1級のように「多様なフランス語」が求められてはいませんが、単なる日常生活のレベルは超えており、より高度な「一般的なフランス語」の運用能力が必須とされていることに注意してください。ヨーロッパ言語共通参照枠ではB1におよそ対応しています。

標準学習時間は400時間ですから、4年制大学のフランス語・フランス文学専攻課程の4年生程度が目安といえるでしょう。必要な語彙数は約3000語で、これは『ラルースやさしい仏仏辞典 Niveau 1』（駿河台出版社）に収められている単語や表現を身につけていることにおよそ対応すると考えてよいでしょう。「単語や表現を身につける」とは、単にフランス語から日本語に、あるいは日本語からフランス語に個々の単語や表現を訳せることを意味するのではありません。それらの単語や表現を使ってきちんとした文を作ることができなくてはいけません。その場合、冠詞をどう使うか、前置詞としては何が適切か、組み合わせる単語はどれが自然かといった多様な問題が出てくることは2級のレベルでは当然わかるでしょう。さらに、名詞を動詞にしたらどうなるか、形容詞や動詞から名詞を作る場合にはどういう文ができるか、フランス語のなかで似たような言い方としてどういうものがあるか、それらの使い方の相違点はどこにあるか、あるいは逆に反意語としては何があるか、といった連想をどれだけ伸ばしていけるかというのも重要な点です。そういった意味での運用能力が求められている以上、仏和辞典と和仏辞典だけに頼る習慣はやめ、仏仏辞典を日ごろからよく読むことをおすすめします。本書でも『ラルースやさしい仏仏辞典 Niveau 1』を **解説** で引用していきますから、これをきっかけにこの辞書に慣れ親しむとよいでしょう。たくさんの例文と説明をとおして基本的な語彙を確実に身につけていくと、きちんとしたフランス語を使う喜びがいっそう増すにちがいありません。

『公式ガイドブック』には「**過去問しか載っていないから対策にならない**」

と思っている人がときどきいますが、過去の問題に取り組みつつ **解説** を熟読し、『ラルースやさしい仏仏辞典 Niveau 1』の該当箇所その他をよく読んで理解し、基本的な語彙を身につけていくことこそ最良の対策になるということは経験者が語るところです。問題を解くだけでなく **解説** もたんねんに読めば、今後の出題へのヒントがそこには多く隠されていると考えるべきでしょう。

もちろん、その他の手段でもフランス語になるべく多く接するように努めるべきであることは言うまでもないでしょう。現在では従来の紙媒体の新聞や週刊誌以外にも、インターネットを通じてさまざまな種類の情報を手に入れることが可能になっています。文字だけでなく画像や音声によって受け取ることもできます。ですから、そういった手段を積極的に活用し、生きたフランス語一般に多くふれるとよいでしょう。

2 級では準 2 級にくらべて記述式の問題がふえています。受験するときには記述式の問題を念入りに解くとよいでしょう。選択式は多少不明なところがあっても推測できる場合がありますが、記述式の場合には正確なつづりを書かなくてはいけないわけですから、ふだん以上にこまかいところまで注意して解答してください。基本的な事項ですが、文頭は**大文字**で始める、**アクサン**は明確に書く（傾斜の向きがあいまいにならないようにする、アクサン・シルコンフレックスをはっきり屋根型にする）といった点もおろそかにしないでください。筆記試験の 90 分をどう配分するかは各自の得意分野によってちがうでしょうが、選択式を早めに（もちろんあわてることなく）すませ、残った時間を記述式にあてて念入りに答えるというのはひとつの有効な方法だと言えるでしょう。書き取りと聞き取りにおいてもフランス語を注意して書くことを忘れないでください。

以下、2020 年度秋季と 2021 年度の問題と解説・解答を熟読し、それぞれの問題にどういう対策をすればよいか、よく考えてください。

2021年度　秋季　実用フランス語技能検定試験（2級）筆記試験　解答用紙

会　場　名

氏　名

会場コード					
⓪	⓪	⓪	⓪	⓪	⓪
①	①	①	①	①	①
②	②	②	②	②	②
③	③	③	③	③	③
④	④	④	④	④	④
⑤	⑤	⑤	⑤	⑤	⑤
⑥	⑥	⑥	⑥	⑥	⑥
⑦	⑦	⑦	⑦	⑦	⑦
⑧	⑧	⑧	⑧	⑧	⑧
⑨	⑨	⑨	⑨	⑨	⑨

受験番号							
⓪	⓪	⓪	⓪	⓪	⓪	⓪	⓪
①	①	①	①	①	①	①	①
②	②	②	②	②	②	②	②
③	③	③	③	③	③	③	③
④	④	④	④	④	④	④	④
⑤	⑤	⑤	⑤	⑤	⑤	⑤	⑤
⑥	⑥	⑥	⑥	⑥	⑥	⑥	⑥
⑦	⑦	⑦	⑦	⑦	⑦	⑦	⑦
⑧	⑧	⑧	⑧	⑧	⑧	⑧	⑧
⑨	⑨	⑨	⑨	⑨	⑨	⑨	⑨

記入およびマークについての注意事項

1. 解答にはかならずHBまたはBの黒鉛筆（シャープペンシルも可）を使用してください。ボールペンや万年筆等でマークした解答は機械による読み取りの対象とならないため、採点されません。
2. 記入は**太線の枠内**に、マークは◯の中を**正確に塗りつぶしてください**（下記マーク例参照）。
   採点欄は塗りつぶさないでください。
3. 訂正の場合は、プラスチック製消しゴムできれいに消してください。
4. **解答用紙を折り曲げたり、破ったり、汚したりしないでください。**

マーク例

良い例	悪い例
●	◯ ⊗ ◯ ◯ ◯ ◯

1

解答番号	解答欄
(1)	① ② ③ ④ ⑤ ⑥ ⑦ ⑧
(2)	① ② ③ ④ ⑤ ⑥ ⑦ ⑧
(3)	① ② ③ ④ ⑤ ⑥ ⑦ ⑧
(4)	① ② ③ ④ ⑤ ⑥ ⑦ ⑧

2

解答番号	解答欄	採点欄
(1)		② ⓪
(2)		② ⓪
(3)		② ⓪
(4)		② ⓪
(5)		② ⓪

3

解答番号	解答欄	採点欄
(1)		② ⓪
(2)		② ⓪
(3)		② ⓪
(4)		② ⓪
(5)		② ⓪

4

解答番号	解答欄
(1)	① ② ③
(2)	① ② ③
(3)	① ② ③
(4)	① ② ③
(5)	① ② ③

5

解答番号	解答欄
(1)	① ② ③ ④ ⑤ ⑥ ⑦
(2)	① ② ③ ④ ⑤ ⑥ ⑦
(3)	① ② ③ ④ ⑤ ⑥ ⑦
(4)	① ② ③ ④ ⑤ ⑥ ⑦
(5)	① ② ③ ④ ⑤ ⑥ ⑦

6

解答番号	解答欄
(1)	① ②
(2)	① ②
(3)	① ②
(4)	① ②
(5)	① ②
(6)	① ②
(7)	① ②

7

解答番号	解答欄
(1)	① ② ③ ④
(2)	① ② ③ ④
(3)	① ② ③ ④
(4)	① ② ③ ④
(5)	① ② ③ ④

表面

2021年度　秋季　実用フランス語技能検定試験（2級）書き取り 聞き取り 試験　解答用紙

会　場　名

氏　名

会場コード					
⓪	⓪	⓪	⓪	⓪	⓪
①	①	①	①	①	①
②	②	②	②	②	②
③	③	③	③	③	③
④	④	④	④	④	④
⑤	⑤	⑤	⑤	⑤	⑤
⑥	⑥	⑥	⑥	⑥	⑥
⑦	⑦	⑦	⑦	⑦	⑦
⑧	⑧	⑧	⑧	⑧	⑧
⑨	⑨	⑨	⑨	⑨	⑨

受験番号							
⓪	⓪	⓪	⓪	⓪	⓪	⓪	⓪
①	①	①	①	①	①	①	①
②	②	②	②	②	②	②	②
③	③	③	③	③	③	③	③
④	④	④	④	④	④	④	④
⑤	⑤	⑤	⑤	⑤	⑤	⑤	⑤
⑥	⑥	⑥	⑥	⑥	⑥	⑥	⑥
⑦	⑦	⑦	⑦	⑦	⑦	⑦	⑦
⑧	⑧	⑧	⑧	⑧	⑧	⑧	⑧
⑨	⑨	⑨	⑨	⑨	⑨	⑨	⑨

記入およびマークについての注意事項

1. 解答にはかならずHBまたはBの黒鉛筆（シャープペンシルも可）を使用してください。ボールペンや万年筆等でマークした解答は機械による読み取りの対象とならないため、採点されません。
2. 記入は**太線の枠内**に、マークは◯の中を**正確に塗りつぶしてください**（下記マーク例参照）。
   採点欄は塗りつぶさないでください。
3. 訂正の場合は、プラスチック製消しゴムできれいに消してください。
4. **解答用紙を折り曲げたり、破ったり、汚したりしないでください。**

マーク例

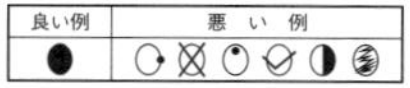

書き取り試験注意事項　（書き取り試験解答欄は裏面にあります。）

フランス語の文章を、次の要領で4回読みます。全文を書き取ってください。

- 1回目、2回目は、ふつうの速さで全文を読みます。内容をよく理解するようにしてください。
- 3回目は、ポーズをおきますから、その間に書き取ってください（句読点も読みます）。
- 最後に、もう1回ふつうの速さで全文を読みます。
- 読み終わってから3分後に、聞き取り試験にうつります。
- 数を書く場合は、算用数字で書いてかまいません。（配点　14）

書き取り試験

採　点　欄									
⓪	①	②	③	④	⑤	⑥	⑦	⑧	⑨
⑩	⑪	⑫	⑬	⑭					

聞き取り試験

1

解答番号	解　答　欄	採点欄
(1)		① ⓪
		① ⓪
(2)		① ⓪
(3)		① ⓪
(4)		① ⓪
		① ⓪
(5)		① ⓪
		① ⓪

2

解答番号	解　答　欄
(1)	① ②
(2)	① ②
(3)	① ②
(4)	① ②
(5)	① ②
(6)	① ②
(7)	① ②
(8)	① ②
(9)	① ②
(10)	① ②

裏面

2級書き取り試験　解答欄

2020年度秋季
実用フランス語技能検定試験
筆記試験問題冊子　〈 2 級 〉

問題冊子は試験開始の合図があるまで開いてはいけません。

筆　記　試　験	14 時 10 分 ～ 15 時 40 分 (休憩 30 分)
書き取り 聞き取り　試験	16 時 10 分から約 35 分間

◇**筆記試験と書き取り・聞き取り試験の双方を受験しないと欠席になります。**

◇問題冊子は表紙を含め 12 ページ、全部で 7 問題です。

注　意　事　項

1　途中退出はいっさい認めません。

2　筆記用具は **HB または B の黒鉛筆** (シャープペンシルも可) を用いてください。ボールペンや万年筆等でマークした解答は機械による読み取りの対象とならないため、採点されません。

3　解答用紙の所定欄に、**受験番号**と**カナ氏名**が印刷されていますから、まちがいがないか、**確認**してください。

4　**マーク式の解答は、解答用紙の解答欄にマークしてください。**たとえば、[1]の (1) に対して ③ と解答する場合は、次の例のように解答欄の ③ にマークしてください。

例

1	解答番号	解　答　欄
	(1)	① ② ● ④ ⑤ ⑥ ⑦ ⑧

5　記述式の解答の場合、正しく判読できない文字で書かれたものは採点の対象となりません。

6　解答に関係のないことを書いた答案は無効にすることがあります。

7　解答用紙を折り曲げたり、破ったり、汚したりしないように注意してください。

8　問題内容に関する質問はいっさい受けつけません。

9　不正行為者はただちに退場、それ以降および来季以後の受験資格を失うことになります。

10　**携帯電話等の電子機器の電源はかならず切って、かばん等にしまってください。**通信機能のある時計は使用を禁じます。

11　**時計のアラームは使用しないでください。**

12　この試験問題の複製 (コピー) を禁じます。また、この試験問題の一部または全部を当協会の許可なく他に伝えたり、漏えいしたりすることを禁じます (インターネットや携帯サイト等に掲載することも含みます)。

1　次の (1) ～ (4) の (　　) 内に入れるのにもっとも適切なものを、下の ① ～ ⑧ のなかから１つずつ選び、解答欄のその番号にマークしてください。ただし、同じものを複数回用いることはできません。(配点　4)

(1)　Elle supporte son mal de dents (　　) patience.

(2)　Évitez (　　) lui dire la vérité.

(3)　Il fait chaud (　　) la saison.

(4)　La fin du travail n’est pas encore (　　) vue.

① à　② avec　③ contre　④ de
⑤ en　⑥ pour　⑦ sous　⑧ vers

(解説・解答 ▶ p.38)

2　次のフランス語の文 (1) ～ (5) が、それぞれあたえられた日本語の文が表わす意味になるように、(　　) 内に入れるのにもっとも適切な語 (各１語) を解答欄に書いてください。(配点　10)

(1)　Cela (　　) au même.
結局は同じことです。

(2)　Il a fait de son (　　).
彼はベストを尽くした。

(3)　Je ne suis pas (　　) cette proposition.
悪くない案だと思うよ。

(4)　Je vous le dis une fois pour (　　).
これが最後ですよ。

(5)　Zut ! ce n’est pas la (　　) clé !
うそでしょう！　鍵が合わない！

(解説・解答 ▶ p.39)

3 次の (1) ～ (5) について、**A**、**B** がほぼ同じ意味になるように、(　　) 内に入れるのにもっとも適切なものを、下の語群から 1 つずつ選び、必要な形にして解答欄に書いてください。ただし、同じものを複数回用いることはできません。(配点　10)

(1) **A** À la suite de la disparition de Vincent, son usine a été fermée.
B La disparition de Vincent (　　) la fermeture de son usine.

(2) **A** Attendons son départ pour discuter.
B Nous ne commencerons pas la discussion avant qu'elle ne (　　).

(3) **A** Grâce à ton intervention, son patron lui a permis de rentrer chez lui.
B Sans ta remarque, il (　　) au bureau par son patron.

(4) **A** On construira un terrain de sport après avoir démoli les maisons.
B C'est un terrain de sport qui (　　) les maisons.

(5) **A** Un tel courage étonnait vos amis.
B Vos amis n'en (　　) pas d'un tel courage.

entraîner	partir	remplacer	renverser
retenir	revenir	savoir	tourner

(解説・解答 ▶ p.41)

4　次の文章を読み、(1) ~ (5) に入れるのにもっとも適切なものを、それぞれ右のページの ① ~ ③ のなかから 1 つずつ選び、解答欄のその番号にマークしてください。(配点 10)

L'accident s'est produit ce mercredi après-midi au sud de Paris. Vers 14 heures, un bus a fait demi-tour devant la gare de Bagneux. Puis, pour une raison (1), il s'est enfoncé à toute vitesse dans le cimetière voisin et a fini par s'arrêter au milieu des tombes*. Par miracle, ni le chauffeur ni les passagers (2), mais au moins sept tombes ont été détruites. D'autres dégâts doivent encore être identifiés.

« Il va falloir retrouver les (3) pour les indemniser** », explique la responsable du cimetière en prenant des photos sur place. Selon la mairie, c'est la société de transport qui prendra en charge tous les frais d'assurance.

La police affirme que l'enquête est en cours. Tout le monde prétend que le chauffeur était expérimenté. « (4), il n'y avait pas de visiteurs dans ce coin du cimetière au moment de l'accident », dit Anne-Marie qui s'y rend tous les jours. « Si cela avait été un dimanche, le bus (5) quelqu'un. Quelle chance ! »

* tombe : 墓
** indemniser : 賠償する

(1) ① du plus fort
② encore inconnue
③ plus sérieuse

(2) ① ne sont plus vivants
② n'ont été blessés
③ n'ont rien vu

(3) ① auteurs de l'accident
② chauffeurs en fuite
③ familles des tombes détruites

(4) ① Heureusement
② Malgré cela
③ Tout d'un coup

(5) ① allait tuer
② aurait dû être attaqué par
③ aurait pu écraser

（解説・解答 ▶ p.44）

5　次の文章は、Marek に対するインタビューの一部です。インタビュアーの質問として（ 1 ）～（ 5 ）に入れるのにもっとも適切なものを、右のページの ① ～ ⑦ のなかから 1 つずつ選び、解答欄のその番号にマークしてください。（配点 10）

Le journaliste : Arrivé de Pologne en 2014, vous êtes devenu habitant de Château-d'Œx. (1)

Marek : J'ai d'abord cherché un travail en Autriche, mais c'est finalement ici, à Château-d'Œx, que j'ai trouvé un poste de guide touristique.

Le journaliste : (2)

Marek : Pour moitié seulement. L'autre moitié est suisse. J'essaie de donner envie aux gens d'ici de connaître encore mieux leur pays.

Le journaliste : (3)

Marek : Souvent, je me promène en montagne ou je fais du sport. La Suisse est idéale pour ça.

Le journaliste : (4)

Marek : Bien sûr. On a ici l'avantage d'être au cœur de l'Europe, et on y a une des meilleures qualités de vie du monde.

Le journaliste : (5)

Marek : Les dialectes* sont une vraie difficulté : il y en a tant en Suisse !

* dialecte : 地方語

① Comment occupez-vous votre temps libre ?

② Pensez-vous rentrer dans votre pays un jour ?

③ Quels sont les inconvénients de la vie en Suisse ?

④ Qu'est-ce qu'il y a d'avantageux dans le fait d'être étranger en Suisse ?

⑤ Qu'est-ce qui vous a amené à vivre en Suisse ?

⑥ Vos clients sont-ils tous des étrangers ?

⑦ Vous êtes donc content de vous être installé dans ce pays ?

(解説・解答 ▶ p.46)

6　次の文章を読み、右のページの (1) ～ (7) について、文章の内容に一致する場合は解答欄の ① に、一致しない場合は ② にマークしてください。(配点　14)

Depuis plus de six ans, Stéphane est chargé par une marque anglaise d'examiner la qualité de la nourriture pour animaux. Ainsi, il goûte toutes sortes de préparations. « En fait, on ne m'a jamais demandé de goûter la nourriture pour animaux », dit Stéphane. « Je le fais pour m'assurer de sa saveur* et j'adore ce travail ! » Selon lui, cette nourriture n'a pourtant pas tellement de goût. « Les chiens mangent un peu de tout, alors que les chats sont relativement difficiles. Ils sont plus sensibles aux odeurs qu'aux goûts. »

Stéphane s'est entraîné à reconnaître certains éléments que la société anglaise interdit dans ses recettes à cause des mauvaises odeurs dont se plaignent souvent les propriétaires d'animaux. Plus on fait une nourriture qui ressemble à celle des êtres humains, plus les gens en achètent.

Il n'y a pas que le goût qui compte. La nourriture est généralement faite de croquettes**, mais elle doit rester assez tendre. « Je fais quand même attention à ne pas trop en manger. Je ne veux pas avoir une haleine*** de chien ! », dit Stéphane en riant.

* saveur : 味
** croquette : ペット用のドライフード
*** haleine : (吐く) 息、口臭

(1) Stéphane utilise uniquement des animaux pour examiner la qualité de leur nourriture.

(2) C'est Stéphane lui-même qui a décidé de goûter la nourriture pour animaux.

(3) Selon Stéphane, la nourriture pour animaux est absolument délicieuse.

(4) Pour les chats, le goût est plus important que l'odeur.

(5) En général, les propriétaires d'animaux préfèrent la nourriture ressemblant à celle des êtres humains.

(6) Stéphane ne s'intéresse qu'à la saveur et l'odeur de la nourriture.

(7) La nourriture pour animaux doit être très dure.

（解説・解答 ▶ p.48）

7 次の対話を読み、(1) ～ (5) に入れるのにもっとも適切なものを、それぞれ右のページの ① ～ ④ のなかから 1 つずつ選び、解答欄のその番号にマークしてください。(配点 10)

Louis : Tiens, bonjour Gaston. Comment vas-tu ?
Gaston : Je suis un peu fatigué, car je fais la vaisselle depuis huit jours.
Louis : (1) ! Tu n'as pas de lave-vaisselle ?
Gaston : Si, j'en ai un, mais il ne marche plus.
Louis : Pourquoi tu ne demandes pas à ta femme ou à ta fille de t'aider ?
Gaston : Parce (2) qu'elles cassent les assiettes.
Louis : Elles sont si maladroites que ça ?
Gaston : (3) qu'elles ne font jamais assez attention.
Louis : Tu ne fais pas assez confiance aux autres !
Gaston : (4) ? C'est mon caractère.
Louis : Dans ce cas, tu ne dois pas te plaindre d'être aussi fatigué.
Gaston : (5). Je rentre à la maison.

(1) ① C'est tout
② Jamais
③ Mon pauvre
④ Quelle merveille

(2) ① que j'ai peur
② que je préfère
③ qu'il n'arrive pas
④ qu'on voudrait

(3) ① Disons plutôt
② Je promets
③ On ne dirait pas
④ S'il faut dire

(4) ① Oh ! encore toi
② Qu'est-ce qui se passe
③ Que veux-tu
④ Tu ne trouves pas

(5) ① C'est sympathique
② Loin de là
③ Tant mieux
④ Tu as raison

(解説・解答 ▶ p.51)

2020年度秋季
実用フランス語技能検定試験
聞き取り試験問題冊子　〈2 級〉

書き取り・聞き取り試験時間は、
16 時 10 分 から 約 35 分 間

先に書き取り試験をおこないます。解答用紙表面の書き取り試験注意事項をよく読んでください。書き取り試験解答欄は裏面にあります。

この冊子は指示があるまで開かないでください。

◇**筆記試験と書き取り・聞き取り試験の双方を受験しないと欠席になります。**

◇問題冊子は表紙を含め 4 ページ、全部で 2 問題です。

書き取り・聞き取り試験注意事項

1　途中退出はいっさい認めません。

2　書き取り・聞き取り試験は、CD・テープでおこないます。

3　解答用紙の所定欄に、**受験番号**と**カナ氏名**が印刷されていますから、まちがいがないか、**確認**してください。

4　CD・テープの指示にしたがい、中を開いて、日本語の説明をよく読んでください。フランス語で書かれた部分にも目を通しておいてください。

5　解答はすべて別紙の書き取り・聞き取り試験解答用紙の解答欄に、**HB または B の黒鉛筆**（シャープペンシルも可）で記入またはマークしてください。ボールペンや万年筆等でマークした解答は機械による読み取りの対象とならないため、採点されません。

6　問題内容に関する質問はいっさい受けつけません。

7　**携帯電話等の電子機器の電源はかならず切って、かばん等にしまってください。**通信機能のある時計は使用を禁じます。

8　**時計のアラームは使用しないでください。**

9　この試験問題の複製（コピー）を禁じます。また、この試験問題の一部または全部を当協会の許可なく他に伝えたり、漏えいしたりすることを禁じます（インターネットや携帯サイト等に掲載することも含みます）。

書き取り・聞き取り試験

（試験時間：約40分間）

書き取り試験

注意事項

フランス語の文章を、次の要領で4回読みます。全文を書き取ってください。

- 1回目、2回目は、ふつうの速さで全文を読みます。内容をよく理解するようにしてください。
- 3回目は、ポーズをおきますから、その間に書き取ってください（句読点も読みます）。
- 最後に、もう1回ふつうの速さで全文を読みます。
- 読み終わってから3分後に、聞き取り試験にうつります。
- 数を書く場合は、算用数字で書いてかまいません。（配点　14）

［音声を聞く順番］ 01 → 01 → 02 → 01

（解説・解答 ▶ p.54）

聞き取り試験

1

- まず、Jeanne と Marc の対話を聞いてください
- つづいて、それについての5つの質問を読みます。
- もう1回、対話を聞いてください。
- もう1回、5つの質問を読みます。1問ごとにポーズをおきますから、その間に、答えを解答用紙の解答欄にフランス語で書いてください。
- それぞれの（　　）内に1語入ります。
- 答えを書く時間は、1問につき10秒です。
- 最後に、もう1回対話を聞いてください。
- 数を記入する場合は、算用数字で書いてください。

（メモは自由にとってかまいません）（配点　8）

［音声を聞く順番］ 03 → 04 → 03 → 05 → 03

(1) Non, il va refaire la (　　) à (　　).

(2) En (　　) (　　).

(3) Pour donner beaucoup de (　　) à la pièce dont les fenêtres ne sont pas (　　).

(4) Parce que Marc (　　) la Révolution française.

(5) Parce qu'il croyait que c'étaient les couleurs (　　) de Jeanne.

(解説・解答 ▶ p.58)

2

- まず、Émile の話を 2 回聞いてください。
- 次に、その内容について述べた文 (1) ～ (10) を 2 回通して読みます。それぞれの文が話の内容に一致する場合は解答欄の ① に、一致しない場合は ② にマークしてください。
- 最後に、もう 1 回 Émile の話を聞いてください。

(メモは自由にとってかまいません) (配点　10)

(解説・解答 ▶ p.62)

［音声を聞く順番］ 06 → 06 → 07 → 07 → 06

2 次 試 験

試験方法

○ 2次試験は個人面接です（面接時間：5分）。

○指示にしたがい試験室に入室し、はじめに氏名の確認がありますから、フランス語で答えてください。

○次に、面接委員によりフランス語で質問がありますから、フランス語で答えてください。

＊注意＊　試験入室前に携帯電話等の電子機器の電源を切ってください。

◆ Le jury choisit un(des) sujet(s) dans la liste en fonction des intérêts de chaque candidat.

1. Avez-vous beaucoup de vêtements ?
2. Avez-vous des animaux domestiques ?
3. D'habitude, combien d'heures dormez-vous ?
4. Êtes-vous plutôt optimiste ou pessimiste ?
5. Présentez-nous votre acteur/actrice préféré(e).
6. Quel genre de musique aimez-vous ?
7. Quel jour de la semaine préférez-vous ?
8. Quels pays étrangers avez-vous déjà visités ?
9. Qu'est-ce que vous avez fait hier ?
10. Que voulez-vous manger ce soir ?

（解説 ▶ p.68）

2020年度秋季2級

今季の出願者は1427名（うち1次試験免除者数48名）、1次試験の実受験者数は1250名でした。また1次試験の合格者は448名（対受験者合格率35.8%）、1次試験の平均点は53点でした。1次試験免除者をくわえた2次試験の実受験者は465名、1次試験と2次試験の両方に合格した最終合格者数は409名（最終合格率32.3%）でした。

出題内容のあらまし

1 次［筆記］

1 前置詞（穴うめ・選択）
2 フランス語文の完成（和文つき／穴うめ・記述）
3 フランス語文の完成（動詞を選択活用／穴うめ・記述）
4 説明文（墓地での事故／穴うめ・選択）
5 インタビュー（スイスでガイド／穴うめ・選択）
6 説明文（ペットフード／内容一致・選択）
7 対話文（皿洗い／穴うめ・選択）

［書き取り］ 談話文（月に行く夢）

［聞き取り］

1 対話文（食堂の塗りかえ／仏問仏答完成／穴うめ・記述）
2 談話文（掃除の謎／内容一致・選択）

2 次［面接］（個人面接方式）受験者が試験室に入室後、面接委員がフランス語で質問し、受験者がそれに答える。（試験時間約 5 分間）

1 次 試 験

筆記試験

解説・解答

1 **解説** 適切な前置詞を選択する問題です。前置詞に関しては、基本的な前置詞がどういう機能をはたすのか、辞書で確かめておくことと同時に、動詞や形容詞、名詞を学ぶ際に、それと結びついて用いられる前置詞をいっしょに覚えておくことが大切です。そうすることできちんとしたフランス語の文章を作って話したり書いたりできますし、読んだり聞いたりする場合にも正確に理解できるものです。

今回のこの問題の全体の得点率は46%で、例年より高い結果でした。設問ごとにくわしく見ていきましょう。

(1) Elle supporte son mal de dents (avec) patience.「彼女は歯痛をじっと我慢している」という意味です。名詞 patience が「忍耐」、「辛抱」の意味で使われる名詞であることはよく知っているでしょう。現在のフランス語では、それを「忍耐強く」という意味で使う場合には前置詞の avec とともに使います。得点率は61%でした。

この機会に『ラルースやさしい仏仏辞典 Niveau 1』の patience の項をひき、この設問で使われている avec patience がどこに載っているか、よく読んでみましょう。派生語 patiemment、patienter だけでなく、反意語にも注目すると語彙をふやすことができます。

(2) Évitez (de) lui dire la vérité.「その人に本当のことは言わないようにしなさい」という意味です。「〜を避ける」という意味の動詞 éviter のあとに不定詞を使う場合には前置詞として de が用いられることが身についていればむずかしくはないでしょうが、*à* を選んだ受験者が3割以上いて、得点率は39%でした。さまざまな動詞に出会ったときに、それがどういう前置詞を必要とするか、ふだんから注意しておくとよいでしょう。

『ラルースやさしい仏仏辞典 Niveau 1』の éviter の項をひき、この設問と同じ用法の例文（« Tant que vous avez de la fièvre, vous devez éviter de sortir. » など）を読むだけでなく、éviter à qqn de + inf. ou qqch の構文がどのような意味か、例文（« Tu veux bien aller m'acheter le pain ? tu m'éviterais de sortir. » など）と同義語をとおして確認しておくとよいでしょう。

(3)　Il fait chaud (pour) la saison.「この季節にしては暑い」という意味です。前置詞 pour が目的や理由を示すことはよく知っているでしょうが、「〜にしては」「〜のわりには」という対比の用法があることは身についているでしょうか。まちがって *contre* を選んだ受験者が多く、得点率は 48%でした。

『ラルースやさしい仏仏辞典 Niveau 1』の pour の項をひくと、多くの例文（« J'ai mal à la gorge, tu parleras pour moi à la réunion. » など）によってこの前置詞の多様な用法を確認することができます。この設問と同じような例文も見つかりますし、すでに知っていると思っていても意外に身についていない用法があるものです。熟読することをおすすめします。

(4)　La fin du travail n'est pas encore (en) vue.「この仕事はすぐには終わらない」という意味です。「視覚」「眺め」を意味する名詞 vue には en vue という副詞句があり、「(肉眼で) よく見えるところに」「すぐに」「注目される」といった意味で使います。*de*、*sous*、*vers* を選んだ答案が多く、得点率は 37%でした。

『ラルースやさしい仏仏辞典 Niveau 1』の vue の項で例文（« On ne peut pas discuter, nos vues sur ce problème sont complètement opposées ! » など）と説明をよく読み、そこに載っている表現（perdre qqn de vue など）が身についているか確認してみましょう。

解答　(1) ②　(2) ④　(3) ⑥　(4) ⑤

2

解説　自然な日本語の文をフランス語の文に書きかえる際に必要となる単語を空欄に記す問題です。日本語の文がフランス語の文と 1 語 1 語対応しているとはかぎりませんから、日本語の文の内容をよく理解して、それを自然なフランス語にするとどういう表現が可能かを推測したうえで問題文をよく検討してください。

今回のこの問題全体の得点率は24%で、例年より高い数字になりました。それでは1問ずつくわしく見ていきましょう。

(1) 「結局は同じことです」という日本語に対応するフランス語の表現として何を思いつくでしょうか。Cela (　　) au même. と印刷されているのを見て、revenir au même という動詞句を思い出せば正解に到達します。revient だけでなく aboutit でも正解です。得点率は2%でした。誤答としては、*fait* が2割以上あったほか、*arrive*、*va*、*tombe*、*finalement* などがありました。せっかく revenir を使っていても *reviens* と書いてしまった答案もありました。動詞の活用は気をつけましょう。

『ラルースやさしい仏仏辞典 Niveau 1』の revenir の項をひき、この動詞がどのように使われると説明されているか熟読しておくとよいでしょう。よく知っていると思っている単語であっても、例文（« D'après ce que je comprends, ça revient à dire que vous ne voulez plus de moi dans votre groupe ? » など）を正確に理解し、自分でもそのような文をきちんと書けるか確認してみることをおすすめします。

(2) この文では日本語の「ベストを」がフランス語の de son (　　) に対応するのであろうと想像できますから、副詞 bien の最上級を名詞化して mieux を入れることはむずかしくないでしょう。得点率は41%でした。誤答としては *meilleur* が2割あったほか、*effort*、*courage*、*tout* などがありました。

この機会に『ラルースやさしい仏仏辞典 Niveau 1』の mieux の項をひき、そこに載っているさまざまな例文（« Bon ! je vous fais confiance, faites pour le mieux. » « En mettant les choses au mieux, nous n'arriverons pas avant 20 heures. » など）と説明をよく読み、用法が身についているか確認するとよいでしょう。

(3) 日本語では「悪くない案だと思うよ」と言っているところを、フランス語では否定文で Je ne suis pas (　　) cette proposition. としていますから、「～に反対して」を意味する前置詞 contre を入れればよいと気づくことができるでしょう。得点率は45%でした。誤答としては *mal* が3割近くあったほか、*opposé*、*opposite* などがありました。

この機会に『ラルースやさしい仏仏辞典 Niveau 1』の contre の項をひき、多様な表現の例文を熟読し、同義表現として載っているものもよく読み、自分でもそれらを使った文が作れるかどうか確認するとよいでしょう。

(4) 「これが最後ですよ」という日本語に対応するフランス語は、Je vous le dis une fois pour (　　). と印刷されています。「1回限り」「これを最後に」という意味の副詞句 une fois pour toutes が思い出せれば toutes が入るとわかるでしょう（toute も可）。得点率は8%でした（ちなみに2010年に同じ表現が出題された際は2%でした）。誤答としては *dernier*、*tout*、*fin*、*finir* などがありました。

『ラルースやさしい仏仏辞典 Niveau 1』の fois の項をひき、そこにあげられている例文（« Paul est à la fois gentil et sévère. » « Pascal mange deux fois plus que toi, mais il n'est pas plus gros. » など）がきちんと身についているか確認しておくとよいでしょう。

(5) 「鍵が合わない」という文がフランス語で ce n'est pas la (　　) clé ! と印刷されていますから、適切な形容詞を考えれば、bon の女性形 bonne がふさわしいと思いつくでしょう。得点率は26%でした。誤答としては *vraie*、*même*、*propre* などがありました。

『ラルースやさしい仏仏辞典 Niveau 1』の bon の項をこの機会に読み、そこに載っているさまざまな表現を例文（« Toi qui es bon en mathématiques, tu ne pourrais pas m'aider à faire ce problème ? »）とともに熟読しておくとよいでしょう。よく知っていると思っている単語でも、意外に身についていない表現があるものです。

解答　(1) revient　(2) mieux　(3) contre　(4) toutes　(5) bonne

3　**解説**　2つの文 **A** と **B** があたえられており、**B** の文には1語だけ空欄があります。**A** と **B** がほぼ同じ意味になるように、不定詞の形であたえられた8つの動詞のなかから適切なものを選び、それを必要な形に活用させて空欄をうめるという問題です。せっかく正しい動詞を選んでも、時制と叙法でまちがえたり、活用形のつづりをきちんと書けなかったりする受験者が少なくありません。日ごろから手を使って活用の練習をしておけば試験の際に迷うことはないでしょう。

問題全体の得点率は17%で、例年より低い結果でした。それでは各設問をくわしく見ていきましょう。

(1) **A**の文は「Vincentの没後、彼の工場は閉鎖された」と訳せるでしょう。**B**の文は「Vincentの逝去が彼の工場の閉鎖を〜した」という意味ですから、空欄には「(ある結果を) もたらす」を意味する動詞entraîner（またはentrainer）を直説法複合過去3人称単数にしてa entraînéまたはa entrainéを入れればよいとわかるでしょう。得点率は18%でした。誤答としてはa *tourné*、a *retenu*、a *renversé*などがありました。

この機会にentraînerを『ラルースやさしい仏仏辞典 Niveau 1』の項目で調べてみるとよいでしょう。多様な例文（« C'est un garçon faible, il n'est pas responsable : il s'est laissé entraîner par ses camarades. »など）がきちんと理解できているでしょうか。

(2) **A**の文は「議論するのは、彼女の出発を待ってからにしましょう」という意味です。**B**の文は「彼女が〜前には議論は始めないでおきましょう」という意味になると想像できますから、空欄には「出発する」を意味する動詞partirを接続法現在ないし過去3人称単数parteまたはsoit partieにして入れれば正解です。得点率は20%でした。誤答としては、正しい動詞を選びながら直説法現在*part*や直説法未来*partira*とした答案が多かったほか、parte *pas*とした受験者もいましたが、この文のneは虚辞です（avant queにみちびかれる節であるために使われています）ので、否定形のne ... *pas*にしてはいけません。ほかに、*revient*という誤答もありました。

この機会に『ラルースやさしい仏仏辞典 Niveau 1』のavantの項をひき、ここで使われている表現の例文（« Rentrons vite avant qu'il pleuve. »など）だけでなく、その他の用法もしっかり身についているか確認するとよいでしょう。

(3) **A**の文は「君の発言のおかげで、彼の上司は彼が帰宅するのを許してくれた」という意味です。**B**の文は「君の指摘がなかったら、上司によって彼は会社に〜」となりそうですから、空欄には「〜を引きとめる」を意味する動詞 retenir を受動態にしたうえで、条件法過去 3 人称単数 aurait été retenu にして入れれば正解です。得点率は 5%でした。誤答としては、正しい動詞を選びながら *a* retenu、*a* été retenu などと書いてしまったり、条件法過去に活用させたのに受動態にしなかったりした場合が散見したほか、*revenir*、*remplacer*、*renverser* などを選んで活用させた答案も見られました。受動態が苦手な場合には、まず être retenu を書き、そのあとで être を必要な叙法と時制に変化させるという手順をとればよいでしょう。条件法が身についていない場合には、教科書や参考書を参照し、おもな使い方を例文とともに覚えておくことをおすすめします。

『ラルースやさしい仏仏辞典 Niveau 1』の retenir の項には retenir qqn (quelque part) というこの設問で使われている用法（例文は « Il m'a retenu plus d'une heure dans son bureau pour me dire qu'il n'était pas content. » など）だけでなく、その他の多様な表現も載っています。意味のちがいに注意して例文（« Retiens-toi, ne te mets pas en colère ! » など）をよく読んでおきましょう。

(4) **A** の文は「これらの家を解体したあと、運動場が作られるだろう」と訳せるでしょう。**B** の文は強調構文で「これらの家～のは運動場である」という意味でしょうから、空欄には「～に代わる」を意味する remplacer を直説法未来 3 人称単数に活用させて remplacera と記入すればよいとわかるでしょう。得点率は 42%でした。誤答としては、正しい動詞を選びながら直説法現在 *remplace*、直説法複合過去 *a remplacé* その他の時制にしたり、*entraîner*、*renverser* を選んで活用させたりした答案などがありました。

『ラルースやさしい仏仏辞典 Niveau 1』の remplacer の項でさまざまな例文と説明を読んで用法を確認するだけでなく、派生語が身についているかも注意して熟読してみましょう。それと同時に、この動詞の活用が正しく書けるかどうか手を使って書いて再確認するとよいでしょう。

(5) **A** の文は「それほどの勇気（根性、熱意）はあなたの友人たちを驚かせていました」という意味です。**B** の文は「あなたの友人たちはそれほどの勇気（根性、熱意）で～」と訳せそうですから、空欄をふくむ動詞表現の部分には「～驚く」を意味する n'en pas revenir を使えばよいとわかるでしょう。つまり動詞 revenir を選んでそれを直説法半過去 3 人称複数 revenaient にして記入すれば正解です。得点率は2%でした。この動詞を選んだ受験者はごくわずかでした。誤答としては *savoir* を選んで *savaient* と書いた答案が4割もありました。

上記の2(1)に関する解説でも述べたとおり、『ラルースやさしい仏仏辞典 Niveau 1』の revenir の項には多様な用法が載っています。この設問で使われている表現（例文は « Non ! Paul a dit ça ? Je n'en reviens pas ! »）だけでなく、その他の表現の例文をよく読んで、自分でもそれらの文が書けるかどうか確認してみることをおすすめします。

さらに、この設問で un tel courage の形で使われている tel の項も熟読するとよいでしょう。冠詞とともに使う場合もふくめ、意外に正確な用法は身についていないものです。

解答　(1) a entraîné　(2) parte / soit partie　(3) aurait été retenu
(4) remplacera　(5) revenaient

4　**解説**　長文に5つの空欄が設けられており、それぞれ3つの選択肢のなかから文章の流れに合うものを選ぶ問題です。それぞれの選択肢はどれを入れても文法的に正しいようにできていますので、空欄の前だけを見て選ぼうとしてもうまくいきません。空欄をうめてから空欄のうしろも読み、さらに文章全体の論理展開に合うかどうか検討してください。

この問題全体の得点率は70%で、例年並みの数字でした。それでは各設問を見ていきましょう。

(1)　第1段落ではまず、事故はParisの南で水曜日の午後に起きたと言われ、午後2時ころ、Bagneuxの駅前でバスが方向転換していたという状況が説明されています。第3文で、そのバスが隣接する墓地に全速力で突進し、並ぶ墓の間でようやく停止したと述べられているところに第1の空欄があります。「(1)の理由で」という箇所をうめる選択肢は①「最強者の」、②「いまだに解明されていない」、③「より深刻な」という意味ですから、第3段落冒頭で警察が捜査中であると述べられていることを考慮すれば正解は②であるとわかるでしょう。得点率は57%でした。③を選んだ答案が3割近くありましたが、比較の対象もありませんし、ここでは適切ではないでしょう。①で使われているのはLa raison du plus fort est toujours la meilleure.

という La Fontaine の寓話 *Le Loup et l'agneau* に起源がある、ことわざ的表現（「最強者の言い分はいつでも正しい」の意味）です。

(2) つづく第4文に第2の空欄があり、「奇跡的に、運転手も乗客も（ 2 ）が、少なくとも7つの墓が破壊された」という内容の文です。選択肢は ①「もう生きていない」、②「けがしなかった」、③「なにも見なかった」という意味です。文が par miracle「奇跡的に、運よく」で始まっていますから、文脈に合うのは ② であるとわかるでしょう。得点率は84%でした。

(3) 第2段落冒頭の文に第3の空欄があります。墓地の責任者が現地で写真撮影をしながら話していることで、「賠償するために（ 3 ）を見つけないといけません」という意味です。選択肢は ①「事故の犯人たち」、②「逃走中の運転手たち」、③「破壊された墓に関係する家族の人々」という意味です。損害賠償が話題になっていることを考えれば、文脈に合うのが ③ であるとするのはさほどむずかしくはないでしょう。得点率は77%でした。

① で使われている auteur の項を『ラルースやさしい仏仏辞典 Niveau 1』で参照し、この名詞がどういう例文によって説明され、同義語として何があげられているか、確認するとよいでしょう。

(4) 第3段落では、警察が捜査中であり、運転手が経験豊富であるとだれもが言っていると述べられたあと、墓地に毎日来ている Anne-Marie の最初の発言に第4の空欄があります。「事故が起きたとき、（ 4 ）墓地のこのあたりには墓参りの人はいませんでした」という文です。彼女のせりふの最後に Quelle chance ! とあることに注目すれば、選択肢 ①「幸い」、②「それにもかかわらず」、③「突然」のなかで ① を選ぶことはむずかしくはないでしょう。得点率は90%でした。

③ で使われている coup の項を『ラルースやさしい仏仏辞典 Niveau 1』で読んでおくことをおすすめします。多様な表現がありますから（例文は « J'ai compris après coup pourquoi il m'avait dit ça. » など）、それらが身についているか確認するよい機会でしょう。

(5) Anne-Marie の発言の後半が最後の空欄をふくむ文になっています。「もしそれが（事故が起きたのが）日曜日だったなら、バスはだれか（ 5 ）」

の空欄をうめる選択肢として、①「(だれかを) 殺そうとしていました」も ②「(だれかによって) 襲撃されるはずだったでしょう」もふさわしくなく、③「(だれかを) ひき殺していたでしょう」が適切だと容易に判断できるはずですが、① を選んだ答案が4割以上あり、得点率は40%でした。

仮定の表現と条件法の使い方が身についていない受験者が少なくないのではないかと思われます。教科書や参考書で再確認することをおすすめします。

解答　(1) ②　(2) ②　(3) ③　(4) ①　(5) ③

5　**解説**　対話形式の長文に5つの空欄が設けられており、それぞれに適合する文を7つの選択肢から選ぶ問題です。近年の傾向としてはジャーナリストによるインタビュー形式の出題が多く、今回もそのような問題でした。

問題全体の得点率は83%で、例年より高い結果でした。それでは各設問をくわしく見ていきましょう。

(1)「ポーランドから2014年にいらっしゃってChâteau-d'Œxに住むようになられましたね」というジャーナリストの発言のあとに空欄があり、それに対してMarekは「まずオーストリアで仕事をさがしましたが、結局はここ、Château-d'Œxで観光ガイドの職をみつけました」と答えています。この地名がどこの国か知らなくても、あとを見ればスイスの話をしているとわかりますから、選択肢のなかでMarekの返答にふさわしいのは ⑤ Qu'est-ce qui vous a amené à vivre en Suisse ?「どうしてスイスで暮らすことになったのですか」であると選ぶのはさほどむずかしくないでしょう。得点率は79%でした。

この機会に『ラルースやさしい仏仏辞典 Niveau 1』のamenerの項をひき、例文（« Très simplement, Pierre a amené la conversation sur le sujet qui l'intéressait. » など）が正確に理解できるか、自分でもそこにあるような文を作ることができるか確認してみることをおすすめします。

(2)「半分だけです。残りの半分はスイス人です。ここの人たちが自分の国をもっとよく知りたいという気持ちになるように私は努めています」といった趣旨のMarekの返答から、彼がどういう人たちを対象にガイドをしているのかジャーナリストが尋ねたのだろうと推測できます。選択肢のなかからそれに合うものをさがすと、⑥ Vos clients sont-ils tous des étrangers ?「お客さんは全員外国人ですか」がみつかるでしょう。得点率は 79％でした。

この選択肢で使われている tous をどう発音するか、わかっているでしょうか。代名詞として使われていますから語尾の s は発音します。『ラルースやさしい仏仏辞典 Niveau 1』の tout の項は長いですが、例文（« Il est gentil comme tout, ce docteur. » など）と説明を熟読してみると、よく知っていると思っている単語でも身についていない用法があることがわかるかもしれません。

(3)「よく山歩きをするか、スポーツをします。スイスはそういったことには最適ですね」という内容の返答を Marek がしています。仕事以外に何をしているのかジャーナリストが尋ねたのだろうと想像しながら選択肢の文を読むと、① Comment occupez-vous votre temps libre ?「余暇は何をして過ごしていらっしゃいますか」が最適だとわかるでしょう。得点率は 87％でした。

(4) Marek は「もちろんです。ヨーロッパの中心にいる利点がここにはありますし、ここの生活の質は世界有数です」といった趣旨の返答をしています。Bien sûr. で返答が始まっていますから、Oui. か Non. で答えるような質問がなされたのだろうと考えられます。すでに(2)で使った ⑥ 以外では ② Pensez-vous rentrer dans votre pays un jour ?「いずれは故郷にお帰りになるつもりですか」と ⑦ Vous êtes donc content de vous être installé dans ce pays ?「そうするとこの国にお住みになって満足していらっしゃるのですね」が候補になるでしょうが、返答の内容にふさわしいのは後者でしょう。得点率は 77％でした。

この選択肢で不定詞 s'installer が複合形で使われていること、主語に合わせて再帰代名詞が vous になっていることは問題なく理解できているでしょうか。自分でこのような文を作れるかどうか、ためしてみるとよいでしょう。

この設問に ④ Qu'est-ce qu'il y a d'avantageux dans le fait d'être étranger en Suisse ?「スイスに外国人としていることにはどういう利点がありますか」を選んだ受験者が 2 割近くいましたが、この疑問文は Oui. か Non. で答えるタイプではないことから排除されます。選択肢の文がどのような形式かにも注目すると答えやすくなるでしょう。

(5) Marekの最後の発言は「地方語は本当にむずかしいです。スイスにはそれほどたくさんあるのですから」といった趣旨です。スイスに住んで困ったことはないかといった質問をジャーナリストがしたのだろうと想像できます。それに適するものを選択肢のなかでさがすと、③ Quels sont les inconvénients de la vie en Suisse ?「スイスで暮らすことでの不都合はどういったものですか」だろうと容易に推測できるでしょう。得点率は92%でした。

解答　(1) ⑤　(2) ⑥　(3) ①　(4) ⑦　(5) ③

6 **解説** 長文の内容一致の問題です。あたえられた7つの文が本文の内容に一致しているか否かを判断します。

問題全体の得点率は78%で、例年よりやや低い数字でした。正誤が問われている問題の文を順に確認しながら、本文の内容と一致しているか見ていきましょう。

(1) Stéphane utilise uniquement des animaux pour examiner la qualité de leur nourriture.「動物のえさの質を検査するためにStéphaneは動物だけを使う」という文です。本文第1段落冒頭において、6年を超す以前からStéphaneがイギリスの会社の依頼によってペットフードの質を検査している、彼はあらゆる種類の調合物を試食していると述べられています。したがってこの文は本文の内容に一致していません。さほどむずかしくはないはずですが、得点率は67%でした。

(2) C'est Stéphane lui-même qui a décidé de goûter la nourriture pour animaux.「ペットフードを試食することをきめたのはStéphane自身である」という文です。本文第1段落でStéphaneのせりふ« En fait, on ne m'a jamais demandé de goûter la nourriture pour animaux. »「じつはペットフードを試食するように、だれからもたのまれたことはありません」が引用されています。つまり自発的に試食することをきめたわけですから、短文が本文の内容と一致していると判断できるでしょう。得点率は81%でした。

このせりふで使われている en fait の用法はきちんと身についているでしょうか。『ラルースやさしい仏仏辞典 Niveau 1』の fait の項をひき、例文（« On pensait passer juste le week-end chez eux, en fait on est restés huit jours ! »）が正しく理解できるか確認してみるとよいでしょう。ついでに en effet の項も熟読し、これらの表現がどう使われるか再確認することをおすすめします。

(3)　Selon Stéphane, la nourriture pour animaux est absolument délicieuse.「Stéphane によれば、ペットフードはとてもおいしい」という文です。本文第 1 段落の第 5 文で、Selon lui, cette nourriture n'a pourtant pas tellement de goût.「しかし彼によれば、この食べものにはそれほど味がない」と述べられています。したがってペットフードがおいしいものではないというのが彼の感想ですから、短文は本文の内容と一致していません。得点率は 91％でした。

(4)　Pour les chats, le goût est plus important que l'odeur.「猫にとっては、味のほうがにおいより重要である」という文です。本文第 1 段落の最後に引用されている Stéphane のせりふで « Ils sont plus sensibles aux odeurs qu'aux goûts. »「猫は味よりにおいに敏感です」と言われていますから、この文は本文の内容に一致していません。せりふで使われている人称代名詞 ils が何をうけているかまちがえなければ容易に答えられるでしょう。得点率は 79％でした。

この短文で使われている形容詞 important の意味はきちんと身についているでしょうか。意味は「重要な」だけだと思っている場合には『ラルースやさしい仏仏辞典 Niveau 1』の項をひき、例文と説明を熟読して確認するとよいでしょう。例文 « C'est une usine importante ? — Oh ! oui, il y a plus de mille employés. » がどういう意味での用法だと説明されているかわかりますか。

(5)　En général, les propriétaires d'animaux préfèrent la nourriture ressemblant à celle des êtres humains.「一般に、動物の飼い主たちは人間の食べものに似たえさのほうを好む」という文です。本文第 2 段落第 2 文で「人間の食べものに似たえさにすればするほど、人々はそれを買うものである」と述べられていますから、この文は本文の内容に一致します。得点率は85％でした。

本文で使われている表現plus ... plus ...は使いこなせるでしょうか。この機会に『ラルースやさしい仏仏辞典 Niveau 1』でplusの項をひいてみるとよいでしょう。本文中の表現だけでなく、多様な用例を例文（« Je n’ai pas envie de le voir et, en plus, j’ai autre chose à faire. » « Alors comment trouves-tu Jacques ? — Il est sympathique, sans plus. » など）で確認し、派生語と同義表現にも注目すると、語彙を確実にふやすことができるでしょう。

(6) Stéphane ne s’intéresse qu’à la saveur et l’odeur de la nourriture.「Stéphaneはえさの味とにおいにしか関心をもたない」という文です。本文第3段落でStéphaneがイギリスの会社が禁じている成分が入っていないかを見分ける訓練をしたと述べられていますから、味とにおいだけでなく、材料にも注意をはらっていることがわかります。したがって短文は本文の内容に一致していません。得点率は84％でした。

この短文で使われているne ... queと、本文第3段落冒頭にあるne ... pas queはきちんと身についているでしょうか。教科書や参考書で再確認し、うっかりまちがえないように気をつけましょう。

(7) La nourriture pour animaux doit être très dure.「ペットフードはとても固くないといけない」という文です。本文第3段落の最初の2文で「重要なのは味だけでなく、ドライフードとはいってもやわらかい必要がある」と説明されています。したがって、やわらかさも考慮しないといけないとわかります。したがってこの文は本文の内容に一致していません。得点率は60％でした。

この設問でまちがえた受験者は形容詞tendreの意味を十分に理解していなかったのでしょうか。この単語を『ラルースやさしい仏仏辞典 Niveau 1』でさがしてみましょう。動詞tendreの次に第2の項目として載っています。例文（« Cette viande n’est pas tendre, je n’arrive pas à la couper. » など）を読みながら、この形容詞は「やさしい」だけを意味するのではないことを確認するとよいでしょう。

解答　(1) ②　(2) ①　(3) ②　(4) ②　(5) ①　(6) ②　(7) ②

7 **解説** 対話文に設けられた5つの空欄に、それぞれ4つの選択肢から適切なものを1つ選んで入れる問題です。筆記試験5も対話文の空欄補充問題ですが、質問文を尋ねるものでした。7では、やりとりのなかの文や文の一部が問われます。対話文が自然な流れになるように気をつけながら解答していく必要があり、受験者には意外に難問になるところもあるようです。日ごろからフランス語で会話をする練習をしたり、さまざまな媒体で実際の会話のようすに接したりする工夫をするとよいでしょう。

今回、この問題全体の得点率は55%で、例年より低い数字でした。それでは対話文の流れを追いながら、各設問のポイントを見ていきましょう。

(1) Gaston に会った Louis が元気かいと尋ねると、相手は「疲れ気味なんだ、この1週間、皿洗いをしているのでね」と答えています。それにつづく Louis のせりふの前半が第1の空欄になっています。彼がつづけて「食洗機はないのかい」と質問していることにも注目すれば、家事をしている相手に同情しているのだろうと推測できます。選択肢 ① C'est tout「それで全部です」、② Jamais「1度もありません」、③ Mon pauvre「かわいそうに」、④ Quelle merveille「すばらしい」のなかからふさわしいのは ③ であるとすぐにわかるはずですが、④ を選んだ答案が3割以上あり、得点率は54%でした。

選択肢で使われている pauvre には「貧しい」だけでなく「かわいそうな」の意味があることは知っているでしょうが、定冠詞または1人称の所有形容詞とともに La / Le pauvre ! または Ma / Mon pauvre ! とすると「かわいそうに」という意味の感嘆文になります。この機会に『ラルースやさしい仏仏辞典 Niveau 1』の pauvre の項を熟読してみるとよいでしょう。さまざまな例文（« La pauvre, je la plains, elle en a eu des malheurs dans sa vie ! » など）をとおして用法を理解しましょう。

(2) 「食洗機はないのかい」と言われて Gaston が「いやあるんだけど、こわれたんだ」と答えると、Louis は「どうして奥さんやお嬢さんに手伝ってもらわないんだね」と尋ねます。それに対する Gaston の返答に第2の空欄があります。「妻や娘がお皿を割るのを（ 2 ）なんだ」という文の空欄をうめるのにふさわしい表現をさがすと、選択肢 ① que j'ai peur「(割るのではと) 心配だから」、② que je préfère「(割るほうが) 好みだから」、③ qu'il n'arrive pas「(割ることが) 起きないから」、④ qu'on voudrait「(割って) ほしいから」のなかで、文脈に合うのは ① であることは容易にわかるでしょう。得点率は 86%でした。空欄をふくむ文の次に Louis が「彼女たちはそれほど不器用なのかい」と言っていることからも、Gaston が心配していることは明らかでしょう。

(**3**) Louis が「彼女たちはそれほど不器用なのかい」と言ったのに対する Gaston の返答に第 3 の空欄があります。「彼女たちはちゃんと気をつけてくれないと（　3　）」という文です。そのあとに Louis が「君は他人を信頼しないんだね」と指摘していることに注目すると、奥方とお嬢さんはじつはそれほど不器用なわけではなく、Gaston が心配性なのだという文脈がわかるでしょう。そのような理解のうえで空欄をうめるにふさわしいものを選択肢 ① Disons plutôt「むしろ言おう」、② Je promets「約束するよ」、③ On ne dirait pas「言うことはできないだろうね」、④ S'il faut dire「もし言うとすれば」のなかからさがすと、① が Gaston の気質に合っているとわかるでしょう。② と ③ と ④ を選んだ受験者がそれぞれ 4 割、1 割、2 割いたため、得点率は 30%でした。会話の流れを追って状況を思い描くと答えやすくなるでしょう。

(**4**)「君は他人を信頼しないんだね」と Louis が言うのに対する Gaston の返答の前半に第 4 の空欄があり、それにつづけて「私の性格なんだ」と言っています。選択肢 ① Oh ! encore toi「ああ、また君かい」、② Qu'est-ce qui se passe「何が起きたんだ」、③ Que veux-tu「仕方ないじゃないか」、④ Tu ne trouves pas「そう思わないのかい」のなかから前後の文脈にふわさしいものをさがすと、③ であると判断できますが、④ を選んだ答案がほぼ 6 割あり、得点率は 28%でした。④ がもし肯定文であれば Tu trouves ?「そう思うかい」となりますが、選択肢では否定形になっていることに注意しましょう。

Que veux-tu ?という慣用句になじみがない場合には、この機会に『ラルースやさしい仏仏辞典 Niveau 1』の vouloir の項でこの表現がどう説明されているか、例文（« Et voilà, les vacances sont finies ! Que voulez-vous, c'est comme ça ! »）と説明を熟読しておくとよいでしょう。ついでにその他の用法もきちんと身についているか確認することをおすすめします。

(**5**) 「私の性格なんだ」と言う Gaston に Louis が「それなら、そんなに疲れていると不満を言うべきじゃないよ」と指摘したのに対する Gaston のせりふの前半に第5の空欄があり、それにつづけて「じゃあ帰宅することにするよ」と言っています。選択肢 ① C'est sympathique「すてきだね」、② Loin de là「それどころではないよ」、③ Tant mieux「それはよかった」、④ Tu as raison「君の言うとおりだね」のなかで最適なのは ④ です。得点率は80%でした。

すべての空欄をうめたあとに対話全体を読みなおすと、2人がどういう調子で話をしているのか、状況がイメージとともに確認できるでしょう。

解答 (1) ③ (2) ① (3) ① (4) ③ (5) ④

書き取り・聞き取り試験

解説・解答

書き取り試験

解説 書き取り試験では、音を正確に聞き取って適切な単語や表現に結びつけ、その音を正確につづり、さらに文法的に正確な文として組み立てる必要があります。とくに、語末の子音、複数の s や x など、発音されない箇所を書き足すことに気をつけなくてはいけません。その他、性数一致、動詞の活用などの注意点もあります。これらの点は日ごろから気をつけていないと、受験の際についまちがえてしまうものです。

試験では、問題文は全部で 4 回読まれます。ふつうの速さで読まれる 1 回目と 2 回目は、キーワードをメモする程度におさえ、文章全体の流れを理解するようにしましょう。この段階で最初から書き取ろうとすると、書いている間に問題文を聞き逃がしてしまいます。3 回目に句読点をふくめてゆっくり読まれますので、このときに 1 語 1 語しっかり書き取ってください。最後にもう 1 回読まれるときは、自分が書いた文章にまちがいがないか、こまかい点にも注意してチェックしましょう。意味がきちんとつながるか、単数形と複数形が適切であるか、動詞の時制、人称などに合った活用ができているか、などさまざまな点を見なおすとよいでしょう。

今回は、月に行きたいと若い頃夢見ていた人の話です。得点率は 38%で例年より低い数字でした。落ちついて書き取ることを心がけてください。第 1 文から順に見ていきましょう。

第 1 文ではまず冒頭の petite はきちんと書けたでしょうか。話者が男性か女性かを区別するために重要な形容詞です。男性形 *petit* を書かないように気をつけましょう。

同じ第 1 文の主節の動詞 rêvais については、直説法半過去 1 人称単数であることと、e にアクサン記号を正しくつけることがすぐにわかったでしょうか。新つづりでも accent circonflexe は必要ですから、*revais* はまちがいですし、*révais* も正しくありません。*rêve* と書いた受験者は、動詞の語尾の母音の発音をよく確認する必要があるでしょう。

同じ第 1 文にある sur la Lune（小文字で lune と書いてもかまいません）はそれほどむずかしくはないはずですが、sur la *nuit*、sur la *ville* といった誤答が散見しました。

第 2 文では最初の Mais と lycée のうしろにある virgule はしっかり書けたでしょうか。句読点もおろそかにしないように気をつけましょう。

この第 2 文の動詞の部分、je n'aimais も第 1 文の場合と同様に、直説法半過去 1 人称単数であることがすぐに認識できたでしょうか。je n'*aime* と現在形にした答案が 1 割以上ありました。動詞の活用において語尾のつづりと発音は重要なポイントです。会話の場合でもそれがしっかりわかっていないと正確な理解はできませんし、自分の言いたいことが相手に伝わらないことにもなりますから、日ごろから手を使って書いたり何度も発音練習をしたりして身につけるようにしましょう。

同じ第 2 文にある la physique と les mathématiques も正しく書けたでしょうか。前者を *phisique* としないように気をつけましょう。後者にはつまづいた受験者が多く、単数形を書いたり、アクサン記号を忘れたりした答案が半数近くありました。基本的な単語のつづりはよく確認しましょう。

この第 2 文で使われている ni ... ni ... は 2 つとも書けましたか。この単語の用法をこの機会に『ラルースやさしい仏仏辞典 Niveau 1』の ni の項をひいて、例文（« Vous ne prendrez pas de fruits ? — Non. — Ni de glace ? — Non plus, merci. » など）と説明をよく読み、用法が身についているか確認することをおすすめします。

第 3 文の冒頭にある J'ai donc abandonné においては、過去分詞は正しく書けたでしょうか。abandonner は基本的な単語ですし、第 1 群規則動詞の活用ですから容易なはずですが、*abondoné*、*abondonné* などと書いた答案が 3 割近くありました。せっかく abandonner の活用であることはわかっても、女性形の *abandonnée* にした受験者もいました。この場合、主語は女性ですが他動詞ですから過去分詞は主語と性数一致はしません。複合形の活用での過去分詞の性数一致はまちがえやすい事項ですから、教科書や参考書で基本的な規則を復習しておくことをおすすめします。

ついでに abandonner の項を『ラルースやさしい仏仏辞典 Niveau 1』のなかでさがし、例文（« Pour un champion, abandonner à la première étape de la course, bravo ! » など）だけでなく説明も読み、同義表現（capituler、 laisser tomber、quitter など）にも注目するとよいでしょう。

この第3文でつづく箇所にある名詞 rêve に関しては、上述の動詞 rêver の場合と同様に正しいアクサン記号を書かないといけないことはすぐにわかったでしょうか。

同じ第3文では、後半の節の動詞の部分、je suis devenue もきちんと書けたでしょうか。これは devenir の活用ですから助動詞が être であることと、過去分詞が主語と性数一致をすることを思い出してください。半数の受験者は正しく devenue と書けましたが、男性形 *devenu* を書いた答案が2割近くありました。ほかの誤答としては不定詞 *devenir* や、別の動詞を使った *revenue* も散見しました。

第3文でつづく箇所にある secrétaire も基本的な単語ですから正しく書けるはずですが、うっかりアクサンを忘れて *secretaire* と書いたり、アクサンをつける箇所をまちがえて *sécretaire* と書いたりした答案がありました。

第4文は短いですから問題はなさそうですが、代名動詞 se marier の活用でつまづいた受験者もいて、je me suis mariée という直説法複合過去1人称単数女性形にすべきところを、男性形にして je me suis *marié* と書いた答案が2割弱ありました。英語の影響からか、r を2つ書いて je me suis *marriée*、je me suis *marrié* としてしまった受験者もいました。

この機会に『ラルースやさしい仏仏辞典 Niveau 1』の marier (se) の項をひいて、例文をとおして用法を確認し、関連する単語として何があげられているかを読むとよいでしょう。

同じ第4文の最後に名詞として使われている scientifique はきちんと書けたでしょうか。よく知っているつもりの単語であっても、いざ書いてみようとすると意外にまちがえるもので、誤答としては *scientific*、*scientiphique*、*sientifique* などがありました。

第5文も平易ですからあわてずに構造を把握しつつ書いていけばよいでしょうが、動詞 inventer の直接目的語にあたる un appareil は正しく書けたでしょうか。これも基本単語のはずですが、つづりをまちがえて *appareille*、*apareil*、*apparail* などと書いた答案が散見しました。

『ラルースやさしい仏仏辞典 Niveau 1』の appareil の項を参照し、例文（« Il fait très froid chez nous : notre appareil de chauffage est en panne. » など）と説明を熟読して用法が身についているか確認するとよいでしょう。

同じ第5文にある pour observer の部分では不定詞 observer はきちんと書

けましたか。この単語は見たことはあるはずですが、正しい発音（b を [p] と読みます）が身についていない受験者がいたようで、この部分を空欄にした答案が 3 割近くあったほか、*opserver* や *server*、*servir* などと書いた受験者もいました。基本的な単語の発音は日ごろからよく確認しましょう。

『ラルースやさしい仏仏辞典 Niveau 1』の observer の項を熟読し、例文（« Permettez-moi de vous faire observer que vous êtes en retard ! » など）と説明をとおして用法を確認しておきましょう。例文を何度も自分で発音してみると、書き取りで聞いたときに認識しやすいでしょう。

この動詞 observer の直接目的語にあたる les trous noirs はむずかしかったようで、正しく書けた答案は 1 割もありませんでした。複数名詞 trous であることがわからないと、それにかかる形容詞も noirs とは書けません。これを単数の *noir* とした答案が半数以上あったほか、空欄にした答案も多く見られました。

この機会に『ラルースやさしい仏仏辞典 Niveau 1』の trou の項をひき、例文（« Qu'est-ce qui t'est arrivé pour faire un trou pareil à ta chemise ? » など）を自分で発音してみるとよいでしょう。単語を正しく発音できれば、書き取りのときに思い出しやすいものです。

この第 5 文の最後にある l'espace はきちんと書けたでしょうか。語尾を -ce とせずに l'*espas*、l'*espase*、l'*espasse* などとした答案が散見したほか、余計なアクサンをつけて l'*éspace* とした受験者が 2 割近くいました。

『ラルースやさしい仏仏辞典 Niveau 1』の espace の項をひき、例文（« En l'espace de dix minutes, il a trouvé le temps de me raconter pratiquement toute sa vie. » など）を発音したり、手で書き写してみたりするとよいでしょう。よく知っていると思っている単語であっても、いざ書こうとすると意外にまちがえるものです。日ごろから手を使って書く練習をすることをおすすめします。

最後の第 6 文では後半にある les étoiles もアクサン記号と語末の複数の s を忘れずに書けたでしょうか。誤答としては les *etoiles*、les *étoile* などがあったほか、空欄にしてしまった答案もありました。

『ラルースやさしい仏仏辞典 Niveau 1』の étoile の項をひき、そこに載っている挿絵のキャプションを想像してみましょう。正解例は同書 889 ページにあります。

解答 （読まれる文） Quand j'étais petite, je rêvais d'aller sur la Lune. Mais, au lycée, je n'aimais ni la physique ni les mathématiques. J'ai donc abandonné mon rêve et je suis devenue secrétaire dans une université. Ensuite, je me suis mariée avec un scientifique. Mon mari a inventé un appareil pour observer les trous noirs dans l'espace. Je ne peux pas aller sur la Lune, mais je peux admirer les étoiles avec lui.

聞き取り試験

1

（読まれるテキスト）

Jeanne : Tiens, tu vas refaire la salle à manger ?

Marc : Oui, je vais peindre le plafond en jaune foncé et les murs en bleu, blanc et rouge.

Jeanne : Pourquoi tu as choisi ces couleurs ?

Marc : En jaune foncé, le plafond donnera beaucoup de lumière à la pièce. C'est important, car les fenêtres ne sont pas grandes.

Jeanne : Et les murs ?

Marc : Le mur gauche sera bleu, le mur droit, rouge et celui d'en face, blanc, parce que j'adore la Révolution française.

Jeanne : Et tu ne peins pas la porte ?

Marc : Si, elle sera rayée en vert et marron.

Jeanne : Pour quelle raison ?

Marc : Parce que ce sont tes couleurs préférées, bien sûr !

Jeanne : Vert et marron ? Tu me connais bien mal !

(読まれる質問)

un : Marc va-t-il refaire sa chambre ?
deux : En quelle couleur sera peint le plafond ?
trois : Pour quelle raison Marc a-t-il choisi pour le plafond la couleur dont il parle ?
quatre : Pourquoi les murs seront peints en bleu, blanc et rouge ?
cinq : Pourquoi la porte sera rayée en vert et marron ?

解説 対話を聞いたあと、それについての5つの質問を聞き、それに対する答えを完成させる問題です。あらかじめ問題冊子に印刷されている答えの文を読んでおくと、聞き取るべきポイントをある程度予測することができるでしょう。

対話は全部で3回読まれます。1回目に読まれるときは全体の流れを把握するようにしましょう。次に質問が読まれますから、質問の内容を理解し、2回目に対話を聞くときにポイントをおさえるとよいでしょう。2回目に質問が読まれるときには、それぞれの質問文の間にポーズがおかれますから、その間に空欄をうめてください。対話で使われている単語をそのまま書けばよい場合が多いですが、ときには変化させないといけない場合もあります。3回目に対話が読まれる際には、自分が記入した答えが対話の内容に即しているか、質問の形式に合っているか、空欄をうめてできあがった答えの文が正確であるかなどをチェックしましょう。

今回は、食堂（ダイニング・ルーム）の塗りかえをするMarcとJeanneの対話です。問題全体の得点率は44％で例年より高い数字になりました。各設問ごとに見ていきましょう。

(1) 「食堂（ダイニング・ルーム）を塗りかえるの？」というJeanneの質問にMarcは「そうだよ。天井は濃い黄色に塗って、壁は青・白・赤に塗るんだ」と答えています。第1の質問「Marcは彼の部屋（寝室）を塗りかえるのですか」はこの部分に対応しています（refaireは「なおす」「修理する」などの意味ですが、この対話ではMarcの応答から「塗りかえる」の意味だとわかります)。問題冊子に「いいえ、彼は（　）（　）を塗りかえるところです」という意味の文が印刷されていますから、第1と第2の空欄にはJeanneが使っているsalleとmangerをそれぞれ入れれば正解です。得点率は前者が57%、後者が66%でした。salle à mangerは基本的な語彙ですからさほど問題はないはずです。前者の誤答としては、つづりをまちがえて*sal*などと書いたり、*chambre*と書いたりした答案がありました。後者の誤答としては空欄のまま、あるいは*mangé*、*monger*などがありました。

この機会に『ラルースやさしい仏仏辞典 Niveau 1』のsalleの項をひき、どのような用法があるか、説明で使われている単語（pièce、localなど）もふくめてよく読むと、日本語の語感とのちがいを再確認できるでしょう。

(2) 第2の質問「天井は何色に塗られるのでしょうか」はMarcの最初の応答の真ん中の部分に対応しています。「（　）（　）で」という内容の文が問題冊子に印刷されていますから、対話で使われている、「濃い黄色」を意味する語句をそのまま使い、第1の空欄にはjauneを、第2の空欄にはfoncéを記入すれば正解です。得点率は前者が19%、後者が9%でした。対話で使われている単語をそのまま書けばよいのですが、前者の誤答としてはつづりをまちがえて*jeune*、*jean*、*jeanne*、*janne*などと書いたものが散見したほか、*bleu*や*blanc*などを書いた答案もありました。後者はなじみがなかったためか、*français*と書いた受験者が4割以上いました。

『ラルースやさしい仏仏辞典 Niveau 1』のjauneの項をひくと、jaune foncéだけでなくjaune citronという色もあることがわかるでしょう。ついでにfoncéの項も参照し、どのように使われるか、同義語と反意語は何かに注目して熟読することをおすすめします。色の具体的なイメージを思い描くとよいでしょう。

(3) Jeanneが「どうしてそんな色を選んだの？」と尋ねると、Marcは「天井を濃い黄色にすると部屋が明るくなるんだ。これは大切なことだよ。窓が大きくないからね」と答えています。第3の質問「Marcは天井に関して、どういう理由で彼が言う色を選んだのですか」はこの部分に対応しています。問題冊子には「窓が（　）ない部屋にたくさんの（　）をあたえるためです」という趣旨の文が印刷されていますから、第1の空欄にはlumière（luminosité、clartéも可）を、第2の空欄にはgrandes（largesも可）を記入すれば正解です。得点率は前者が53%、後者が51%でした。第1の空欄の誤答としては、つづりをまちがえて *lumier*、*lumiére*、*lumiere* などと書いたものが散見したほか、複数形 *lumières* もありましたが、複数形にすると比ゆ的な「知恵、知識」といった意味になるのでこの場合にはふさわしくありません。第2の空欄の誤答としては *grande*、*grands*、*grand* などがありました。女性名詞複数形 fenêtres に合わせて形容詞を女性形複数にすることを見落とさなければ容易に正解が書けるはずです。

(**4**) Jeanne が「で壁のほうは？」と尋ねると、Marc は「左の壁は青くして、右の壁は赤に、正面の壁は白くするんだ。ぼくはフランス革命が大好きだからね」と答えています。第4の質問「なぜ壁は青・白・赤に塗られるのでしょうか」はこの部分に対応しています。問題冊子には「Marc はフランス革命を（　　）からです」という趣旨の文が印刷されていますから、インタビューで使われている単語をそのまま使い、adore を記入すれば正解です（aime でも可）。得点率は86%でした。誤答としてはつづりが正しく書けなかったもの（*adorent*、*adort* など）が散見しました。主語が何かを確認しつつ、第1群規則動詞の活用でまちがえないように気をつけましょう。

(**5**) 「ドアは塗らないの？」と Jeanne が質問すると Marc は「いや、緑と栗色の縞にするんだ」と答え、それに「どうして？」と Jeanne が尋ねるので Marc が「もちろん君の好きな色だからだよ」と応答すると、最後に Jeanne が「緑と栗色が？　私のことがわかっていないわね！」と言って対話が終わります。第5の質問「なぜドアは緑と栗色の縞になるのでしょうか」はこの部分に対応しています。「彼はそれが Jeanne の（　　）色だと思っていたからです」という趣旨の文が問題冊子には印刷されていますから、空欄には préférées（favorites も可）を記入すれば正解です。adorées、aimées はこの場合にはふさわしくありません。得点率は10%でした。誤答には女性形にすることを忘れて *préférés* と書いたり、複数にしないで *préférée*、*préféré* などとしたものがあったほか、多様なつづりのミスをした答案が頻出しました。préférer は基本的な動詞ですから、活用形によってどうアクサンをつけるか、よく注意して何度も手で書いて日ごろから練習しておく必要があるでしょう。

『ラルースやさしい仏仏辞典 Niveau 1』の préférer の項をひき、例文（« On

peut rentrer à pied, si tu préfères. — Non, j'aime autant prendre le métro. »など）を熟読し、意味を理解するだけでなく、例文の人称や時制を書きかえたらどういう活用形になるかもためしてみることをおすすめします。

解答　(1) (salle) (manger)　(2) (jaune) (foncé)
(3) (lumière) (grandes)　(4) (adore)　(5) (préférées)

2

（読まれるテキスト）

Je travaille chez un boulanger, et ma femme Nicole, dans une entreprise de construction. Nous avons un enfant, Christophe, qui a six ans. D'habitude je rentre le premier à la maison, et puis je vais chercher notre fils à l'école. Mardi dernier, quand j'ai ouvert la porte en rentrant chez moi, il m'a semblé que quelque chose avait changé. J'ai été surpris par une odeur. Cela ressemblait à un parfum de savon. En entrant dans la chambre de Christophe, je me suis aperçu avec surprise qu'elle avait été parfaitement rangée ! Le reste de la maison était aussi bien nettoyé. Mais qui avait bien pu faire cela ? En tout cas, rien n'avait été volé...

Le soir, quand Nicole est revenue, je lui ai parlé de l'événement, et nous avons essayé de comprendre ce qui s'était passé. Notre conclusion, c'est qu'une femme de ménage est entrée par erreur chez nous. Elle a sans doute trouvé par hasard la clé qui est toujours cachée dans la boîte aux lettres. Notre fils, lui, était bien content de ne pas avoir à ranger sa chambre.

（読まれる内容について述べた文）

un : Émile travaille dans une entreprise de construction.

deux : Le fils d'Émile et de Nicole a six ans.

trois : En général, Émile va chercher son fils à l'école avant de rentrer chez lui.

quatre : Mardi dernier, avant d'ouvrir la porte de la maison, Émile a remarqué que quelque chose avait changé.

cinq : Émile a senti une odeur qu'il connaissait bien.

six : Toute la maison avait été nettoyée, sauf la chambre de Christophe.

sept : La personne qui est entrée dans la maison n'a rien volé.

huit : Le soir, Émile a parlé avec sa femme de l'événement mystérieux.

neuf : Émile et sa femme pensent qu'une femme de ménage a nettoyé leur maison en se trompant d'adresse.

dix : Christophe était mécontent que sa chambre ait été rangée.

解 説 ある程度の長さの文章を聞き、つづいて、その内容について述べた 10 の短文を聞き、それぞれについて正誤を判断する問題です。最初に問題文が 2 回読まれます。1 回目は、どんな人が語っているのか、いつ、だれが、どこで、何をしたのかといったことに気をつけながら全体を理解していきましょう。2 回目はポイントになりそうなところ、時間、数字などをメモしながら聞くとよいでしょう。つづいて 10 の短文が読まれます。それぞれについて記憶とメモを頼りに正誤を判断してください。10 の短文がもう 1 回読まれるときに、聞きまちがいがないかをチェックし、あやふやなところはこのときに確認しましょう。最後に問題文がもう 1 回読まれます。10 の短文に関連するところに注意しながらよく聞き、正誤を最終確認するとよいでしょう。

今回は、Émileという男性が帰宅したら家のなかをだれかが掃除してくれていたという話です。問題全体の得点率は64%で、例年より低い結果でした。10の短文をそれぞれ見ていきましょう。

(1)「Émileは建設会社で働いている」という文です。本文第1文でÉmileは「私はパン屋で働いていて、妻のNicoleは建設会社で働いています」と語っていますから、この短文は本文の内容に一致していません。それぞれの職場を勘ちがいしなければ容易に答えられるでしょう。得点率は89%でした。

(2)「ÉmileとNicoleの息子は6歳である」という文です。本文第2文で「私たちにはChristopheという子どもがいて、彼は6歳です」とÉmileは説明しています。したがって短文は本文の内容に一致しています。さほどむずかしいところはないはずですが、得点率は80%でした。

(3)「たいていÉmileは帰宅する前に息子を学校に迎えにいく」という文です。本文第3文でÉmileは「ふだん、私が最初に家に帰り、そのあと学校に息子を迎えにいきます」と語っていますから、「迎えにいく」のが「帰宅する前」ではないことはわかります。したがって短文は本文の内容に一致しません。得点率は62%でした。「息子を迎えにいく」という点だけに注目するとまちがってしまいますから、文をよく聞いて正確に理解しましょう。

(4)「先週の火曜日、家のドアを開ける前にÉmileはなにかが変わっていたことに気づいた」という文です。本文第4文で「先週の火曜日、帰宅してドアを開けたとき、なにかが変わっているように思いました」とÉmileは語っていますから、異変に気づいたのがドアを開ける前ではないことがわかります。したがって短文は本文の内容に一致していません。得点率は30%でした。短文のなかで「先週の火曜日」と「なにかが変わっていたことに気づいた」だけに着目するとまちがってしまいます。文には複数のポイントがふくまれていますから、よく聞いて理解したうえで答えるとよいでしょう。

短文で使われている動詞remarquerがどう説明されているか、『ラルースやさしい仏仏辞典 Niveau 1』の項を参照するとよいでしょう。さまざまな例文（« Tâche de ne pas trop te faire remarquer au cours de la réunion. » など）をとおして用法が身についているか確認するよい機会です。

(5)「Émileは彼がよく知っているにおいをかいだ」という文です。本文第5文と第6文で「あるにおいに私は驚きました。それは石けんのにおいに似ていました」とÉmileは話しています。したがって、よく知らないが石けんのようなにおいを家のなかでかいで驚いている状況だと理解できますから、短文は本文の内容に一致していません。得点率は46%でした。

『ラルースやさしい仏仏辞典 Niveau 1』でodeurの項をひき、例文をとおしてどのように使われるかを理解するだけでなく、説明のなかにあげられている同義語（arôme、puanteurなど）がどういう場合の同義なのかに注目し、さらに派生語（odorat、inodore、désodorisant、déodorant）にも目を向けると語彙をふやすことができるでしょう。

(6)「家じゅうが掃除してあったが、Christopheの部屋だけはしてなかった」という文です。本文第7文と第8文で「Christopheの部屋に入ったとき、すっかり片づけられているのを見て驚きました。家のその他の場所もおなじく掃除されていました」とÉmileが語っていますから、息子の部屋もふくめて家じゅうがきれいになっていたことはすぐにわかるでしょう。したがって短文は本文の内容に一致していません。saufをよく理解しなかったためか、得点率は67%でした。

『ラルースやさしい仏仏辞典 Niveau 1』でsaufの項をひき、例文（« Je n'irai pas, sauf si tu viens avec moi. »など）をとおして用法を確認し、同義表現として何があるかにも注目しておくとよいでしょう。ついでに反意表現のy comprisをcomprendreの項でさがしてみることもおすすめします。

(7)「家のなかに入った人はなにも盗まなかった」という文です。本文第9文と第10文で「いったいだれがこんなことをしたのだろう。ともかく、なにも盗まれてはいなかった」とÉmileは語っていますから、短文は本文の内容には一致しています。得点率は77%でした。本文の受動態が能動態になっているだけですから容易に答えられる設問でしょう。

pouvoirは「～することができる」の意味でよく知っているでしょうが、ほかにも用法があります。この単語の項を『ラルースやさしい仏仏辞典 Niveau 1』で参照し、本文の« Mais qui avait pu faire cela ? »に対応する例文がどこにあるかさがしてみましょう。« Où est-ce que j'ai bien pu mettre mes lunettes, je ne les trouve pas ! » がそれであることはすぐにわかりましたか。その用法の説明も熟読しておくと、自分でも使えるようになるでしょう。

(8)「その晩、Émile はこのふしぎな出来事の話を妻とした」という文です。本文第 11 文で「その晩、Nicole が帰宅したとき、私はこの出来事の話をし、私たちは何が起きたのかを理解しようとしました」と Émile は述べています。したがって、短文は本文の内容に一致しています。得点率は 70%でした。短文と本文で使われている表現はほとんど変化していませんから、さほど迷うところはないはずです。

(9)「Émile と妻は、住所をまちがえた家政婦さんが彼らの家を掃除したのだと考えている」という文です。本文第 12 文と第 13 文で Émile は「私たちの結論は、ある家政婦さんがまちがえて私たちの家に入ったということです。おそらく、郵便受けにいつも隠してある鍵をたまたま見つけたのでしょう」と語っています。したがって、ある家政婦が訪問先の住所をまちがえたとはいえ、鍵が偶然見つかったので家に入って掃除をすることができたという推測を Émile と Nicole がしていることがわかりますから、短文は本文の内容に一致しています。得点率は 64%でした。本文の表現とちがう文になっていてもきちんと理解すればさほどむずかしくはないはずです。

『ラルースやさしい仏仏辞典 Niveau 1』で sans doute の項をひき、同義語としてあげられている peut-être とどうちがうか確認しておくとよいでしょう。sans doute のほうが確信の度合いが強く、peut-être は「もしかすると」「ひょっとしたら」といった程度の確信ですから、両方とも「おそらく」と訳してしまってはニュアンスの相違が伝わりません。

(10)「Christophe は彼の部屋が片づけられていたことに不満だった」という文です。本文最後の文で Émile は「息子は、自分の部屋を片づけなくてよくて喜んでいた」と語っていますから、短文は本文の内容に一致していません。本文の content と短文の mécontent のちがいを聞き取ることが要求されていますが、そこでつまづいたらしい受験者が多く、得点率は 53%でした。

本文で使われている avoir à + inf. は「～しなければいけない」という意

味ですが、否定形 ne pas avoir à + inf. になると「〜しなくてよい」という意味になり、「〜すべきではない」にはなりません。「〜すべきではない」と言いたい場合には devoir を否定形にします。日常的な表現ですから、このような細部にも注意しておくとよいでしょう。

解答　(1) ②　(2) ①　(3) ②　(4) ②　(5) ②
(6) ②　(7) ①　(8) ①　(9) ①　(10) ②

1次試験配点表

筆記試験	1	2	3	4	5	6	7	小計	書き取り	小計	聞き取り	1	2	小計	合計
	4点	10	10	10	10	14	10	68		14		8	10	18	100

2 次 試 験

解 説

面接試験は、フランス語のネイティブスピーカーと日本人の面接委員が 1 組になっておこないます。試験時間は約 5 分です。明るく Bonjour ! とあいさつしながら入室しましょう。面接委員が受験者の名前を確認したあと、あらかじめ用意された質問のなかから受験者に適切と思われるものを選んで質問します。それを糸口にして会話が始まります。

2 級の面接試験では、日常生活と関連のある話題について基本的なフランス語表現を使ってコミュニケーションをすることができるかどうかが問われます。したがって、リラックスして会話を楽しもうという姿勢が大切です。どんな質問をされても、母語で会話をするときと同じように自分の答えやすい形で答え、さらに、自分の話したいことを追加していけば、面接委員との間に自然な会話が進んでいきます。

質問がよく聞き取れなかったり、質問の意味がよくわからなかったりした場合は、あわてることなく、Je n'ai pas bien compris, vous pouvez répéter, s'il vous plaît ? などと言って、質問を繰り返してもらったり、わかりやすく言いかえてもらったりしましょう。とまどって黙ってしまってはいけません。

質問に答える際には、問われたことに単語 1 語だけで答えるのは避けたほうがよいでしょう。Oui か Non だけで答えたり、名詞 1 語で答えたりするより、できるだけ主語と述語をそろえた文にして答えましょう。複雑な構文やむずかしい単語を使う必要はありませんから、簡単な構文で自分の言いたいことを落ちついて話していけばよいでしょう。質問されたことから出発して適当なエピソードなども思いつけば、それを話してみることも悪くありません。質問に対する答え自体には正答も誤答もありません。あくまで会話を始めるきっかけにすぎないのです。面接委員は、その質問を出発点にして受験者がどれだけ充実した会話をつづける能力をもっているのかを見きわめようとしています。ゆっくりでいいですからていねいに文を組み立てながら、できるだけ積極的に自分のことを面接委員に伝えることが大切です。

試験時間が終了して退室するときは、Au revoir, bonne journée ! などとあいさつをして退出しましょう。

面接試験の対策としては、まずはできるだけフランス語を聞く機会をふやすことです。面接委員の質問が聞き取れなくては困りますから。教材のCDなど以外にも、インターネットや映画など、さまざまなメディアを活用し、日常的にフランス語の音声にふれて耳を慣らすように心がけましょう。ラジオなどでよくインタビューが流れていますから、そういった番組を聞いてみることもよいでしょう。年配の人が話すフランス語は比較的聞き取りやすいものです。

自分でフランス語を話す機会をなるべく作ることも大切です。フランス語のネイティブスピーカーと話す機会がなくても、同じようにフランス語を学ぶ日本語話者どうしでフランス語の会話をしてみるのもよいでしょう。あるいは、いままで出された2次試験の問題をもとに、自分でフランス語の答えを書いてみて、それを何度も発音するといった練習方法もあるでしょう。気に入ったフランス語の文章を暗唱してみるのもよいかもしれません。フランス語を発音することへの心理的抵抗をなくすのが重要です。

2021年度春季
実用フランス語技能検定試験
筆記試験問題冊子　〈 2 級 〉

問題冊子は試験開始の合図があるまで開いてはいけません。

筆 記 試 験		14 時 00 分 ～ 15 時 30 分 (休憩 20 分)
書き取り 聞き取り	試験	15 時 50 分から約 35 分間

◇**筆記試験と書き取り・聞き取り試験の双方を受験しないと欠席になります。**

◇問題冊子は表紙を含め 12 ページ、全部で 7 問題です。

注　意　事　項

1　途中退出はいっさい認めません。

2　筆記用具は **HB または B の黒鉛筆** (シャープペンシルも可) を用いてください。ボールペンや万年筆等でマークした解答は機械による読み取りの対象とならないため、採点されません。

3　解答用紙の所定欄に、**受験番号**と**カナ氏名**が印刷されていますから、まちがいがないか、**確認**してください。

4　**マーク式の解答は、解答用紙の解答欄にマークしてください**。たとえば、1 の (1) に対して ③ と解答する場合は、次の例のように解答欄の ③ にマークしてください。

例 **1**

解答番号	解　答　欄
(1)	① ② ● ④ ⑤ ⑥ ⑦ ⑧

5　記述式の解答の場合、正しく判読できない文字で書かれたものは採点の対象となりません。

6　解答に関係のないことを書いた答案は無効にすることがあります。

7　解答用紙を折り曲げたり、破ったり、汚したりしないように注意してください。

8　問題内容に関する質問はいっさい受けつけません。

9　不正行為者はただちに退場、それ以降および来季以後の受験資格を失うことになります。

10　**携帯電話等の電子機器の電源はかならず切って、かばん等にしまってください**。通信機能のある時計は使用を禁じます。

11　**時計のアラームは使用しないでください**。

12　この試験問題の複製 (コピー) を禁じます。また、この試験問題の一部または全部を当協会の許可なく他に伝えたり、漏えいしたりすることを禁じます (インターネットや携帯サイト等に掲載することも含みます)。

1　次の (1) ～ (4) の (　　) 内に入れるのにもっとも適切なものを、下の ① ～ ⑧ のなかから1つずつ選び、解答欄のその番号にマークしてください。ただし、同じものを複数回用いることはできません。(配点　4)

(1) Ce film est, (　　) loin, le meilleur de l'année.

(2) Je vais quelquefois à la piscine le samedi, mais jamais (　　) semaine.

(3) Les vêtements (　　) mesure ne sont pas toujours très chers.

(4) Tu connais la jeune fille avec un sac (　　) dos bleu ?

① à　② avec　③ dans　④ de
⑤ devant　⑥ en　⑦ par　⑧ sur

(解説・解答 ▶ p.90)

2　次のフランス語の文 (1) ～ (5) が、それぞれあたえられた日本語の文が表わす意味になるように、(　　) 内に入れるのにもっとも適切な語 (各1語) を解答欄に書いてください。(配点　10)

(1) Aller danser ? Je ne dis pas (　　).
踊りに行く？ いいですね。

(2) Ça saute aux (　　).
見たらわかるよ。

(3) Nos bureaux se trouvent à deux (　　).
職場はすぐ近くだ。

(4) Où l'avez-vous perdue de (　　) ?
どこで彼女を見失ったのですか。

(5) Tu peux prendre n'importe quel plat, (　　) que tu le finisses.
好きな料理を何でも注文していいよ。全部食べられるならね。

(解説・解答 ▶ p.92)

3 次の (1) ～ (5) について、**A**、**B** がほぼ同じ意味になるように、(　　) 内に入れるのにもっとも適切なものを、下の語群から 1 つずつ選び、必要な形にして解答欄に書いてください。ただし、同じものを複数回用いることはできません。(配点　10)

(1) **A** Il y a beaucoup de jouets dans la vitrine.
B La vitrine (　　) de jouets.

(2) **A** Ne comptez pas sur notre aide.
B (　　) sans nous.

(3) **A** Quand il était jeune, il avait l’estomac fragile.
B Il (　　) souvent de l’estomac dans sa jeunesse.

(4) **A** Si vous voulez, je prends le volant.
B Vous voulez que je (　　) ?

(5) **A** Un débat aura lieu après la projection du film.
B La projection du film (　　) d’un débat.

conduire	déborder	se débrouiller	se réunir
se serrer	souffrir	suivre	supporter

(解説・解答 ▶ p.95)

4

次の文章を読み、（ 1 ）～（ 5 ）に入れるのにもっとも適切なものを、それぞれ右のページの ① ～ ③ のなかから 1 つずつ選び、解答欄のその番号にマークしてください。（配点　10）

Le 31 juillet, Juliette Roche, une habitante d'Annecy, a emmené sa fille Noémie dans un magasin en liquidation de stock* afin de lui acheter une paire de chaussures neuves. Là, sa fille a remarqué un modèle (1) l'une de ses camarades de classe. Noémie a donc demandé à sa mère de l'acheter pour son amie. (2) la pointure** de celle-ci, Juliette a dit au caissier, par plaisanterie, qu'elle allait prendre toutes les tailles. C'est alors que la mère et la fille ont eu une idée : elles ont décidé d'acheter toutes les paires du magasin pour offrir de nouvelles chaussures à des enfants pauvres. (3), Juliette a acheté 1 400 paires pour enfants de tous âges.

La ville a félicité Juliette pour cet acte généreux. Des gens ont même suivi son exemple. Ainsi, des églises et des entreprises organisent actuellement un grand événement pour la rentrée : des coupes de cheveux gratuites, des dons de vêtements et autres articles dont les enfants (4) pour la nouvelle année scolaire. Les habitants sont contents. Ils disent qu'il (5) dans ce monde.

* liquidation de stock : 在庫一掃セール
** pointure : 靴のサイズ

(1) ① obtenu par
② qu'avait porté
③ qui plairait à

(2) ① Essayant de mesurer
② N'ayant qu'à prévoir
③ Ne connaissant pas

(3) ① Au total
② Malgré elle
③ Sans cela

(4) ① devraient être mécontents
② pourraient avoir besoin
③ voudraient se débarrasser

(5) ① existe des habitants si méchants
② reste des gens bien
③ y a des chaussures drôles

（解説・解答 ▶ p.97）

5

次の文章は、Sabine に対するインタビューの一部です。インタビュアーの質問として（ 1 ）〜（ 5 ）に入れるのにもっとも適切なものを、右のページの ① 〜 ⑦ のなかから 1 つずつ選び、解答欄のその番号にマークしてください。（配点 10）

Le journaliste : Vos parents sont des acteurs célèbres et vous avez commencé à travailler très tôt dans le monde du spectacle. (1)

Sabine : J'étais une petite fille plutôt timide, un peu rêveuse.

Le journaliste : (2)

Sabine : Il est vrai que ce n'était pas simple d'avoir des parents comme les miens, même si je me suis toujours très bien entendue avec eux.

Le journaliste : (3)

Sabine : Au début, non. Être sur scène était pour moi quelque chose de très dur.

Le journaliste : (4)

Sabine : C'est le fait d'être comparée à ma mère. Je me demandais toujours si j'arriverais à jouer aussi bien qu'elle.

Le journaliste : (5)

Sabine : Pas activement, parce qu'ils savaient que c'est une profession difficile qui donne autant de déceptions que de bonheur. Mais ils m'ont laissée faire.

① Faire du théâtre vous a plu immédiatement ?

② Peut-on avoir une enfance normale quand on est la fille d'acteurs célèbres ?

③ Préfériez-vous jouer au cinéma ou au théâtre ?

④ Quand avez-vous commencé les études de théâtre ?

⑤ Quel genre d'enfant étiez-vous ?

⑥ Qu'est-ce qui vous a le plus gênée ?

⑦ Vos parents vous ont-ils encouragée dans cette voie ?

（解説・解答 ▶ p.99）

6　次の文章を読み、右のページの (1) ～ (7) について、文章の内容に一致する場合は解答欄の ① に、一致しない場合は ② にマークしてください。(配点　14)

S'il y a un choix qui est vraiment difficile à faire, c'est bien celui des prénoms. En Angleterre, un parent sur sept regrette le choix du prénom que porte son enfant, selon une enquête réalisée en 2017 par le bureau d'études *Family*. Parmi les 2 000 personnes interrogées, beaucoup de parents, dont autant de pères que de mères, avaient cru donner un prénom original à leur bébé. Cependant, ils ont réalisé après coup que beaucoup d'autres enfants portaient le même. 5 % de ces parents en ont été si déçus qu'ils appellent leur enfant d'un autre prénom dans la vie de tous les jours. Plus de 14 % ont pensé changer officiellement le prénom d'origine. La plupart d'entre eux ont fini par le garder, mais ils ont hésité sérieusement.

En France, le journaliste Yves Lepic a, lui aussi, fait des recherches sur la mode des prénoms. D'après celles-ci, le nombre de Français qui ne sont pas satisfaits du prénom de leurs enfants est beaucoup moins important que chez les Anglais. D'ailleurs, ses études montrent que le nombre de prénoms donnés en 2018 s'élève à environ 40 000. C'est 20 fois plus qu'il y a un siècle. Un enfant a donc moins de chances qu'autrefois de porter le prénom de son voisin de classe. L'orthographe est également plus variée qu'avant : ainsi, « Killian » s'écrit de 36 façons différentes ! « Aujourd'hui, beaucoup d'enseignants ont du mal à écrire correctement le prénom de leurs élèves », dit Yves Lepic.

2級 秋
2級 春

(1) En Angleterre, en 2017, la majorité des parents regrettent le choix du prénom de leur bébé.

(2) Selon l'enquête de *Family*, les pères qui voulaient donner un prénom original à leur bébé étaient plus nombreux que les mères en 2017.

(3) D'après l'enquête de *Family*, certaines personnes utilisent en fait un autre prénom que celui qu'elles ont donné à leur bébé.

(4) L'enquête de *Family* nous apprend que plus de 14 % des parents interrogés ont changé officiellement le prénom de leur bébé.

(5) Les études d'Yves Lepic montrent qu'il y a, en France, moins de parents insatisfaits du prénom de leur bébé qu'en Angleterre.

(6) Il y a un siècle, le nombre de prénoms donnés en France était d'environ 20 000.

(7) Selon Yves Lepic, en France, de plus en plus d'enseignants ont des difficultés à écrire correctement le prénom de leurs élèves.

(解説・解答 ▶ p.101)

2級 秋
準2級 秋
準2級 春
準2級 秋

7　次の対話を読み、(1) ~ (5) に入れるのにもっとも適切なものを、それぞれ右のページの ① ~ ④ のなかから 1 つずつ選び、解答欄のその番号にマークしてください。(配点　10)

François : Ah, Coline, te voilà.
Coline : Je te cherchais partout ! Tu n'as toujours pas de portable ?
François : Non, (1), tu peux me le dire ?
Coline : Mais c'est très utile. Tout le monde en a !
François : (2), mais pourquoi je devrais en avoir un, moi ?
Coline : Parce qu'avec un portable, je pourrais te contacter plus facilement.
François : Donc, si j'en achète un, ça sera surtout utile pour toi ! (3), qu'est-ce que je ferai quand je voudrai rester seul ?
Coline : C'est très simple : (4) l'éteindre.
François : Un autre problème, c'est que j'aurai peur de l'oublier n'importe où, moi qui perds tout.
Coline : (5), tu t'habitueras vite.

(1) ① à qui tu téléphones
② à quoi ça me servirait
③ on va où
④ qu'est-ce que tu as

(2) ① Ça va aller
② Ça y est
③ Je sais bien
④ Pas de quoi

(3) ① Dans l'ensemble
② En conséquence
③ Par contre
④ Tôt ou tard

(4) ① c'est interdit de
② je veux bien
③ on ne peut pas
④ tu n'auras qu'à

(5) ① Comme ça
② Ne t'en fais pas
③ Sois gentil
④ Tu n'en peux plus

(解説・解答 ▶ p.103)

2級 秋
2級 春
2級 秋
準2級 秋
準2級 春
準2級 秋

2021年度春季
実用フランス語技能検定試験
聞き取り試験問題冊子 〈2 級〉

書き取り・聞き取り試験時間は、 15 時 50 分 から 約 35 分 間

先に書き取り試験をおこないます。解答用紙表面の書き取り試験注意事項をよく読んでください。書き取り試験解答欄は裏面にあります。

この冊子は指示があるまで開かないでください。

◇**筆記試験と書き取り・聞き取り試験の双方を受験しないと欠席になります。**

◇問題冊子は表紙を含め 4 ページ、全部で 2 問題です。

書き取り・聞き取り試験注意事項

1 途中退出はいっさい認めません。

2 書き取り・聞き取り試験は、CD・テープでおこないます。

3 解答用紙の所定欄に、**受験番号**と**カナ氏名**が印刷されていますから、まちがいがないか、**確認**してください。

4 CD・テープの指示にしたがい、中を開いて、日本語の説明をよく読んでください。フランス語で書かれた部分にも目を通しておいてください。

5 解答はすべて別紙の書き取り・聞き取り試験解答用紙の解答欄に、**HB または B の黒鉛筆**（シャープペンシルも可）で記入またはマークしてください。ボールペンや万年筆等でマークした解答は機械による読み取りの対象とならないため、採点されません。

6 問題内容に関する質問はいっさい受けつけません。

7 **携帯電話等の電子機器の電源はかならず切って、かばん等にしまってください。**通信機能のある時計は使用を禁じます。

8 **時計のアラームは使用しないでください。**

9 この試験問題の複製（コピー）を禁じます。また、この試験問題の一部または全部を当協会の許可なく他に伝えたり、漏えいしたりすることを禁じます（インターネットや携帯サイト等に掲載することも含みます）。

書き取り・聞き取り試験

（試験時間：約 40 分間）

書き取り試験

注意事項

フランス語の文章を、次の要領で 4 回読みます。全文を書き取ってください。

- 1 回目、2 回目は、ふつうの速さで全文を読みます。内容をよく理解するようにしてください。
- 3 回目は、ポーズをおきますから、その間に書き取ってください（句読点も読みます）。
- 最後に、もう 1 回ふつうの速さで全文を読みます。
- 読み終わってから 3 分後に、聞き取り試験にうつります。
- 数を書く場合は、算用数字で書いてかまいません。（配点　14）

［ 音声を聞く順番 ］ 08 → 08 → 09 → 08

（解説・解答 ▶ p.106）

聞き取り試験

1

- まず、Louis へのインタビューを聞いてください。
- つづいて、それについての 5 つの質問を読みます。
- もう 1 回、インタビューを聞いてください。
- もう 1 回、5 つの質問を読みます。1 問ごとにポーズをおきますから、その間に、答えを解答用紙の解答欄にフランス語で書いてください。
- それぞれの (　　) 内に 1 語入ります。
- 答えを書く時間は、1 問につき 10 秒です。
- 最後に、もう 1 回インタビューを聞いてください。
- 数を記入する場合は、算用数字で書いてください。
  (メモは自由にとってかまいません) (配点　8)

［ 音声を聞く順番 ］ 10 → 11 → 10 → 12 → 10

(1) Non, il travaille dans une clinique comme (　　) de (　　).

(2) (　　) soir.

(3) Il a fermé la porte de la (　　) et aidé les malades à (　　) au rez-de-chaussée.

(4) Parce qu'il (　　) très fort.

(5) Il estime que son (　　) de pompier volontaire lui a beaucoup (　　).

（解説・解答 ▶ p.109）

2

- まず、Christian の話を 2 回聞いてください。
- 次に、その内容について述べた文 (1) ～ (10) を 2 回通して読みます。それぞれの文が話の内容に一致する場合は解答欄の ① に、一致しない場合は ② にマークしてください。
- 最後に、もう 1 回 Christian の話を聞いてください。
(メモは自由にとってかまいません) (配点　10)

［ 音声を聞く順番 ］ ⑬ → ⑬ → ⑭ → ⑭ → ⑬

（解説・解答 ▶ p.113）

2 次 試 験

試験方法

○ 2 次試験は個人面接です（面接時間：5 分）。
○指示にしたがい試験室に入室し、はじめに氏名の確認がありますから、フランス語で答えてください。
○次に、面接委員によりフランス語で質問がありますから、フランス語で答えてください。

＊注意＊　試験入室前に携帯電話等の電子機器の電源を切ってください。

◆ Le jury choisit un(des) sujet(s) dans la liste en fonction des intérêts de chaque candidat.

1. Aimez-vous chanter ou danser ?
2. Aimez-vous étudier au café ?
3. Aimez-vous les enfants ?
4. Comment êtes-vous venu(e) ici aujourd'hui ?
5. Dans quelle ville voudriez-vous habiter en Europe ?
6. Demain, qu'est-ce que vous allez faire ?
7. Quelle saison préférez-vous ?
8. Quels sont vos gâteaux préférés ?
9. Qu'est-ce que vous aimiez faire quand vous étiez petit(e) ?
10. Qu'est-ce que vous faites le dimanche quand il pleut ?

(解説 ▶ p.118)

2021 年度春季 2 級

今季の出願者は 1232 名（うち 1 次試験免除者数 53 名）、1 次試験の実受験者数は 1065 名でした。また 1 次試験の合格者は 398 名（対受験者合格率 37.4%）、1 次試験の平均点は 58 点でした。1 次試験免除者をくわえた 2 次試験の実受験者は 434 名、1 次試験と 2 次試験の両方に合格した最終合格者数は 358 名（最終合格率 32.5%）でした。

出題内容のあらまし

1次［筆記］

1 前置詞（穴うめ・選択）
2 フランス語文の完成（和文つき／穴うめ・記述）
3 フランス語文の完成（動詞を選択活用／穴うめ・記述）
4 説明文（子どもへの寄贈／穴うめ・選択）
5 インタビュー（舞台俳優／穴うめ・選択）
6 説明文（名づけはむずかしい／内容一致・選択）
7 対話文（携帯電話をもつ、もたない／穴うめ・選択）

［書き取り］ 談話文（叔母からの電話）

［聞き取り］

1 対話文（医院での火事／仏問仏答完成／穴うめ・記述）
2 談話文（自転車での通学／内容一致・選択）

2次［面接］（個人面接方式）受験者が試験室に入室後、面接委員がフランス語で質問し、受験者がそれに答える。（試験時間約5分間）

1 次 試 験

筆記試験

解説・解答

1 **解説** 適切な前置詞を選択する問題です。同様の形式の問題が 1 級にいたるまで出題されていることからもわかるように、前置詞はフランス語の文章を組み立てるにあたってきわめて重要な役割をはたします。前置詞は、数が限られているうえに形の変化もありませんので、動詞などにくらべるとその学習は比較的容易に見えます。たしかに問われる前置詞は、à や de、そして dans、en、pour など、いずれも初級文法の授業で習う基本的なものばかりです。しかし 1 つの前置詞がさまざまな意味や用法をもっているため、使い分けに注意が必要で、上級者でも油断ができません。多くの文章にふれるにつれて、次第に、à は「～（場所・時間）に」、de は「～（場所・時間）から」といった、初級文法で最初に覚えた意味では対応できない表現に出会うようになります。そのとき感じる違和感こそが、フランス語上達のための大きなチャンスです。今さら前置詞を調べるなんてと面倒くさがらずに辞書をひき、文脈にもっともよくあてはまる用法はどれなのか、説明と例文を熟読してみつけてください。その際、辞書をひくときはつねにそうですが、当該の用法以外の用法についても目を通し、頭のなかを整理しておいてください。疑問をもつたびにそれを繰り返していれば、文章に出てくるすべての前置詞について、用法をきちんと説明できるようになるでしょう。同じ前置詞でも組み合わされた動詞や形容詞によってことなった意味で用いられるということを、実例をもって十分に理解しておくことが大切です。

もう 1 点重要なのは、前置詞そのものの学習というよりも、動詞や形容詞、名詞について学ぶ際に、それと結びついて用いられる前置詞をいっしょに覚えておくことです。また前置詞は特定の単語と結びついて日本語話者の感覚からかけ離れた成句的な表現を作ることもあります。勘に頼らず辞書をこまめにひいて確認するようにしましょう。前置詞それ自体の用法とほかの品詞による特定の前置詞の要求との双方の側面に注意していれば、前置詞は着実に身についていくはずです。

今回、この問題の全体の得点率は32%で、例年にくらべて低めの結果となりました。

それでは、設問ごとにくわしく見ていきましょう。

(1) Ce film est, (de) loin, le meilleur de l'année.「この映画は、今年のなかで断然一番よい」という意味です。de loin は「はるかに、断然」という意味の副詞句です。loin と de の結びつきとしては、loin de ...「～から遠くに」を知っている受験者は多いでしょう。前置詞 de の位置が変わることで意味と用法が変わることに注意しましょう。なお、de loin には「はるかに」のほかに「遠くから」という意味もあります。『ラルースやさしい仏仏辞典 Niveau 1』の loin (de) の項を見ると、« Regarde de loin, ne t'approche pas, c'est dangereux. »「遠くから見なさい、近づかないで、危ないよ」という例文が載っています。この設問の得点率は低めで、29%でした。

(2) Je vais quelquefois à la piscine le samedi, mais jamais (en) semaine.「土曜日にはときどきプールに行きますが、平日にはけっして行きません。」まず、前半の le samedi について、定冠詞のついた曜日名は同一の曜日に反復される動作を示します。単数 le samedi、複数 les samedis のどちらでも「土曜日ごとに」の意味です。なお、定冠詞がついていない場合は、反復の意味がなくなります。つづいて、後半の semaine には「週」「1週間」という意味のほかに、「平日」という意味があることを覚えておきましょう。この例文では土曜日と平日が対比されています。en semaine と同じ意味になる表現として、pendant la semaine をあげることができます。誤答としては *dans* と *par* がめだちました。dans につづく場合は定冠詞が必要で、dans la semaine になります。par semaine は表現としては可能ですが、par は配分を示し「1週間ごとに」という意味ですから、ここでは不適切です。なお『ラルースやさしい仏仏辞典 Niveau 1』の semaine の項には、« Nous dînons avec les Legrand deux fois par semaine. »「私たちは、週に2度ルグランさんたちと夕飯を食べます」という例文が載っています。この設問の正答率は39%でした。

(3) Les vêtements (sur) mesure ne sont pas toujours très chers.「オーダー

メイドの衣類はかならずしもとても高価なわけではない。」前問の semaine 同様、mesure も複数の前置詞と結びつく可能性のある単語です。ここでは、sur mesure「寸法に合わせて（オーダーメイドで）」という意味で用いられています。この成句に見られるように、sur には「～を基準にして、～にしたがって」という意味があります。この設問の正答率はかなり低く、13% にとどまりました。多くの受験者は *en* を選びました。これでは音楽での「拍子に合わせて」という意味になるため、文の意味が通りません。

(4) Tu connais la jeune fille avec un sac (à) dos bleu ?「青いリュックサックをもっている女の子を知っていますか」という意味です。sac à dos が「リュックサック」という意味であると知っていれば問題なく解答できるでしょう。関連する名詞句として sac à main は「ハンドバック」の意味です。定型表現として覚えるだけではなく、これらの表現における à の用法をこの機会に確認しましょう。『ラルースやさしい仏仏辞典 Niveau 1』の à の項には、先ほどの sac à main のほかに、tasse à thé「ティーカップ」、verre à eau「(水を飲むための) グラス」、verre à vin「ワイングラス」といった例があげられています。à に先立つ語に対して、à につづく語はそれが何の「用途」で用いられるのかを示す機能をもちます。この問題の得点率は 45%でした。

解答　(1) ④　(2) ⑥　(3) ⑧　(4) ①

2　**解説**　自然な日本語の文をフランス語の文に書きかえる際に必要となる語を空欄に記す問題です。ここで注意しなければならないのは、日本語の文がフランス語の文に 1 語 1 語対応しているわけではないということです。そのため、空欄に対応する日本語の単語をさがして、それをそのままフランス語に訳しても正解は得られません。

この問題を解くにあたっては、まず日本語の文の内容をよく理解しましょう。次にフランス語の文を読みます。空欄にどのような品詞のどのような形が入るのかを文の構造から推測し、日本語の文と同じ内容の正しい文になる単語をさがします。そのとき、日本語の言い回しにとらわれるのではなく、むしろあたえられたフランス語文にひきつけて日本語文を言いかえられないかどうかを考えると答えやすくなります。そして解答を書く際には、つづりのまちがいをしないように十分注意しましょう。

この問題に備えるためには、1つの単語がほかのどのような単語と組み合わされて使われるかを意識的に覚えていきましょう。また成句表現に特有な言い回しや、日常的な口語表現についても、どのような文脈で使われるかもふくめて、きちんと身につけておくことが大切です。

この問題全体の得点率は例年より高く、26%でした。

それでは、各設問をくわしく見ていきましょう。

(1) 日本語の「いいですね」に対応する表現として、Je ne dis pas (　　). の空欄に non を入れれば正解です。日本語を見ると、踊りに行くか行かないかという提案に対して承諾を示していることがわかります。フランス語の後半は否定文になっています。そこで、空欄には否定を示す語を入れ、二重否定にすればよいということに思いあたります。誤答として、*mal* や *rien* がめだちました。*rien* を用いるならば pas が不要なため、文法的に不適切です。*mal* は dire と結びつく動詞句があり、dire du mal de qqn で「(人を)悪く言う」の意味ですが、この設問には文法的にも意味としても不適切です。ほかの誤答としては *pourquoi* がありました。文法的には空欄に入れることができますが、それでは「なぜかは言いません」となってしまい、日本語に対応しません。ただし、pourquoi pas という表現ならば、「もちろん（どうして駄目なことがあろうか)」と承諾を示します。この設問の得点率は30%でした。

(2) 「一目瞭然である」という意味の慣用表現 sauter aux yeux を思いつけるかどうかが鍵になります。直訳すると「両目に飛び込む」という表現が比喩的な意味をもっています。「目」を示す œil / yeux には、このように具体的な意味から比喩的な意味に発展した表現がいくつかあります。『ラルースやさしい仏仏辞典 Niveau 1』の œil の項には、jeter un coup d'œil「ざっと目を通す」、ne pas fermer l'œil「眠れない」、といった表現が載っています。誤答のなかには、日本語の「見たら」の影響からか、*regard(s)* など、目や視線に関連する語がめだちました。「目」を示す語の単数形の œil あるいは複数形の yeux を書こうとしながら、つづりをまちがえた解答も散見しました。単数形と複数形でまったくことなるつづりになる単語としてよく注意される単語ですので再確認しましょう。この設問の得点率は46%でした。

(3) à deuxという前置詞と数詞の組み合わせにつづく単語として、複数名詞をさがせばよいことがわかります。「すぐ近く」を示すためには、「一歩」を意味するpasを空欄に入れれば正解です。別解として、「(時間の) 分」を示すminutesや「ブロック（通りの一区画)」を示すblocsも可能です。どの正答も、距離や時間を具体的に示す単語ということが共通しています。誤答としてめだった*pieds*「足」や*secondes*「秒」も発想は同じわけですが、これらが不適なのは慣用表現としてこうした表現が用いられないという単純な理由によります。この設問の得点率は37%でした。

(4) 「見失う」にあたる表現として、「なくす」perdre（過去分詞はperdu）をふくむものを思いつけるかどうかが鍵になります。perdre qqn de vueは「(人を) 見失う」の意味で使いますから、vueを入れれば正解です。「見る」という意味の動詞voirの派生語のvueには、「視覚、視線、見ること」という意味があります。なお、l'avez perdueのl'は、直接目的語代名詞のlaがエリジヨンをおこしたものです。過去分詞perduがそれより前に置かれた直接目的語に性数一致した結果、女性形になっていることにも注意しましょう。空欄に「彼女を」に対応させるためと思われる語を記入した誤答がありましたが、まったくの見当違いです。この設問の得点率は18%でした。

(5) 「全部食べられるならね」という言い回しにふくまれる仮定の意味から*si*を用いたくなります。実際、誤答としてもっとも多かった*si*ですが、空欄のあとにqueがつづいているため不適切です。ほかの誤答には*alors*、*bien*、*ce*、*ainsi*がありましたが、いずれも意味が合いません。条件を表わす接続詞句を使おうとして、à condition que「〜という条件で」にならって*condition*を入れた受験者もいますが、*condition que*では表現として成立しません。tant que「〜する限り」を思い出して*tant*を入れた受験者もいますが、この場合、queにつづく節の動詞は直説法であり、設問ではfinissesがfinirの接続法現在ですからその点ですでに不適です。tant que「〜する限り」は「〜する間は」という時間的な意味であることも確認しましょう。そこで、*si*と同様に仮定を示す接続詞句、節のなかで動詞が接続法になる接続詞句、という2つの条件をみたす表現をさがすとpourvu que「〜であれば、〜しさえすれば」(ある行為が実現するために必要十分な条件を仮定して示すものです）がありますから、空欄にpourvuを入れれば正答です。この設問の得点率はわずか1%でした。誤答には *autant* もありましたが、autant que には、直説法がつづく「～と同じだけの」という用法と、接続法がつづく「～の限りでは」という用法の2つの用法があるとはいえ、後者がこの設問で不適切なのは、「(あることを述べる際に) ある限定を示す」ものだからです。« Autant que je sache, on n'a fait aucune expérience avec cette nouvelle méthode. » といった文で autant que je sache は「私が知る限り」という意味ですから、pourvu que とのちがいを理解しましょう。「～の限り」という日本語の語感にまどわされてはいけません。

解答 (1) non　(2) yeux　(3) pas　(4) vue　(5) pourvu

3

解説 2つの文**A**と**B**があたえられており、**B**の文には1語だけ空欄があります。**A**と**B**がほぼ同じ意味になるように、不定詞の形であたえられた8つの動詞のなかから適切なものを選び、それを必要な形に活用させて空欄をうめるという問題です。

同じ内容であっても別の表現で言い表わすために、筆記試験の2のように発想の転換が必要になります。もちろん、**A**と**B**の構文が同じで、**A**の1つの単語の類義語をさがせばよい場合もありますが、どちらかといえば例外です。大半は、**A**と**B**がことなる構文で、空欄に対応するのが品詞のことなる複数語の表現である場合です。

そのうえで忘れてはならないのは、**A**の時制と叙法を見きわめて、選んだ動詞をそれに合わせて活用させることです。その際、活用形のつづりをまちがえないように注意しましょう。

この問題全体の得点率は例年よりやや低く、16%でした。

それでは、各設問をくわしく見ていきましょう。

(1) **A**の文は、「ショーウインドウにはおもちゃがたくさんある」という意味です。**B**の文は、「ショーウインドウはおもちゃで（　　）」となっています。déborder de qqch は「～でいっぱいである、あふれる」という意味ですので、選択肢のなかから déborder を選び、直説法現在3人称単数 déborde に活用させれば正解です。誤答として、*se serrer* や *se réunir* を活用させた解答がめだちましたが、どちらの動詞も前置詞 de に結びつく構文をもちません。得点率は13%でした。なお、数は多くありませんが、誤答として *est* *débordée*がありました。この解答はなぜ不適切なのでしょうか。『ラルースやさしい仏仏辞典 Niveau 1』の déborder の項には、« être débordé (de travail, d'occupations, etc.) » が「人を主語にもつ」という指摘があり、« Je suis débordé de travail, je ne sais plus par quoi commencer. »「私は仕事がいっぱいで、何から始めたらよいのかもうわかりません」という例文があげられています。動詞の用法に関して、主語が人なのか、ものなのか、この辞書はていねいに説明していますから、熟読するとよいでしょう。

(**2**)　**A** の文は、「私たちの援助を当てにしないでください」という意味の否定命令文です。**B** の文は「私たちなしに、(　　)」となっており、命令が述べられているはずだとわかります。まず、**A** の文の compter sur「当てにする」という意味を確認しましょう。つづいて、「当てにしない」という意味になりそうな動詞を選択肢からさがすと、「切り抜ける、うまくやっていく」という意味の se débrouiller が見つかります。最初に確認したように命令ですからこの代名動詞を命令形にしますので、Débrouillez-vous が正解です。もっとも多かった誤答は *Supportez* でした。supporter には「耐える」という意味がありますので文脈には合致するように見えますが、他動詞として直接目的が必要なため不適切です。得点率は22%でした。

(**3**)　**A** の文は「若いころ、彼は胃が弱かった」という意味で、**B** の文は「若いころ、よく胃に(　　)」と訳せます。**A** で用いられている形容詞 fragile には「(事物が) こわれやすい」という意味にくわえて、「(身体が) 弱い」という意味があります。選択肢には前置詞 de とともに使えば「～で苦しむ」を意味する動詞 souffrir があり、**B** の文では de l'estomac というように動詞のあとに de を介して名詞がつづいているので使えそうだと判断できます。つづいて、動詞の時制を考えます。**A** では、主節も副詞節もどちらも半過去ですので、**B** では souffrir を半過去にした souffrait が正答になります。半数以上の答案が souffrir をもとに解答していますが、半過去の選択とつづりに苦戦したようです。得点率は34%でした。半過去ではなく複合過去 a souffert を書いた答案もありましたが、**A** の文に合わせて理解すれば、始点と終点を明示した時間表現として dans sa jeunesse が使われているとは判断できず、むしろ過去の状態、習慣を示す文であるため、複合過去は不適切です。

(4) **A**の文は、「よろしければ、私が運転します」という意味です。**B**の文は「私が（　　）しましょうか」となっています。**A**と**B**は若干構文がことなりますが、ともに「私が〜することを、あなた望みますか」という提案をしています。提案の内容は**A**にあるとおり、prendre le volant「運転する」ことです。選択肢には同じ意味になる動詞としてconduireがあります。それでは、この動詞をどのように活用させたらよいでしょうか。動詞はvous voulez que、つまりvouloir queでみちびかれた節のなかに位置しています。願望を示す表現につづく節のなかの動詞は接続法になる、という規則に合わせ、接続法現在1人称単数に活用させたconduiseが正解です。conduireを選択できた解答は3割に届かず、接続詞の活用も適切にできた正答は8%にとどまりました。

(5) **A**の文は「映画の上映のあとに討論会が開かれる予定です」、**B**の文は「映画の上映は討論会に（　　）」という意味になります。**A**と**B**では構文が大きくことなります。**A**の文の「あとに」という意味を**B**の文の空欄で表現しなければなりません。時間の前後を表現できるのは、選択肢のなかではsuivre「つづく」です。ただし、この動詞を能動態で活用して「映画の上映が討論につづく」という文を作ってしまうと、出来事の順序が逆になってしまいますし、前置詞deの説明がつきません。そこで受動態を用いると、順序は適切になり、かつ、空欄につづく前置詞deとも適切につながります。時制は、**A**の文に合わせて単純未来形にしてsera suivieとするのが正解です。ただし現在形でも、実現性の高い近い未来の予定や計画を示すことができるため、est suivieも可能です。最後の注意点として、受動態を用いる際は過去分詞を主語と性数一致させる必要があります。くれぐれもsera (est) *suivi*としないようにしましょう。受験者の半数近くがsuivreを選択できていましたが、そのうちの多くが受動態にすることに気がつかなったようで*suivra*と解答しています。この設問の得点率は5%にとどまりました。

解答 (1) déborde　(2) Débrouillez-vous　(3) souffrait
(4) conduise　(5) sera suivie

4 **解説** 長文に5つの空欄が設けられており、それぞれ3つの選択肢のなかから文章の流れに合うものを選ぶ問題です。各選択肢はどれを入れても文法的に正しいようにできていますので、空欄の前後だけを見て選ぼうとしてもうまくいきません。まずは文章全体の論理展開をよく理解しましょう。そのうえで、空欄の前後をよく読み、自然な流れとなる語句を選択肢のなかから選びます。

この問題の全体の得点率は例年よりも高く、81%でした。

それでは、各設問を見ていきましょう。

(1) まず第1文で、Annecy市に住むJuliette Rocheという女性が娘のNoémieをともない在庫一掃セール中のお店に行き、娘のために靴を購入しようとしている、という趣旨が述べられます。空欄1をふくむ第2文は、「そこで、彼女の娘は、クラスメイトの1人が（　1　）モデルに気がついた」と訳せます。ここでモデルと訳したun modèleは商品の「型」の意味です。選択肢を見ると、いずれも過去分詞または関係代名詞を用いてmodèleを説明しています。①はクラスメイトの1人が「入手した」靴のモデル、②はおなじくクラスメイトの1人が「履いていた」靴のモデル、というように、すでにクラスメイトがその靴をもっているという内容です。一方、③は、クラスメイトに「気に入るだろう」靴のモデル、という意味になり、クラスメイトはその靴をまだもっていません。空欄につづく文を見ると、Noémieは、友人のためにそれを買うよう母親にたのんだ、という趣旨が書いてありますので、正解は③です。この選択肢③のなかのplairaitが動詞plaireの条件法現在で、過去における未来を示していることがわかれば容易に解答できるでしょう。得点率は71%でした。

(2) **(1)**で確認したように、Noémieはクラスメイトのために靴を買おうと母Julietteにたのみます。空欄2をふくむ第4文は、「この人（クラスメイト）の靴のサイズを（　2　）、Julietteは、すべてのサイズを買いましょうとレジ係に冗談で言った」という意味です。選択肢の①「（サイズを）測ろうと試みながら」は友人がこの場にいるという情報がないため不適切、②「（サイズを）予測するほかないので」は、適当なサイズの靴を買うという流れになってしまい、実際には予測ができないためすべてのサイズを買うという冗談が発せられたことを考えると不適切です。③「（サイズを）知らなかったため」が正解です。得点率は76%でした。

(3) つづく第 5 文では、Juliette と Noémie の 2 人が、お店にあるすべての靴を購入して恵まれない子どもたちに贈るという考えを思いついた、という趣旨が書いてあります。空欄 3 をふくむ第 1 段落の最終文は、「(3)、Juliette はあらゆる年齢の子どもたちのために 1400 足の靴を購入した」とあります。選択肢の②「いやいや（不承不承）」も、③「それなしでは」も、文脈には合いません。①「合計で」が正解です。得点率は 97%でした。

(4) 第 2 段落の冒頭の 2 文では、Juliette のこの無私の行動を市が称賛し、真似する人々が現れた、と述べられます。第 3 文ではまず、今では教会や会社が新学年のためにイベントを企画している、と述べられます。空欄 4 をふくむ節では、イベントの具体的な事例が述べられます。「無料のヘアカット、衣類や、学校の新年度に子どもたちが（ 4 ）その他の品々の寄付。」空欄の前には関係代名詞 dont があり、どの選択肢も de を介して先行詞である autres articles を説明する表現が用いられています。選択肢の①「(子どもたちが) 不満になるにちがいない（その他の品々）」、③「(子どもたちが) 処分したいと思っている（その他の品々）」のいずれでも、文脈に合いません。②の「(子どもたちが) 必要になるかもしれない（その他の品々）」が正解です。得点率は 80%でした。

(5) 最後の 2 文です。「住民たちは満足している。彼らは、この世の中には（ 5 ）と言っている。」いずれの選択肢も、空欄直前の il を非人称とする表現です。選択肢の①「これほど意地悪な住民がいるものだ」、③「面白い靴があるものだ」はいずれも文脈に合いません。②「立派な人々がいるものだ」が正解です。なお、選択肢②の des gens bien の bien は性数一致を起こしていません。bien は、副詞として用いられる場合だけではなく形容詞として用いられる際も無変化だからです。得点率は 80%でした。

解答 (1) ③ (2) ③ (3) ① (4) ② (5) ②

5 **解説** 対話形式の長文に 5 つの空欄が設けられており、それぞれに適合する文を 7 つの選択肢から選ぶ問題です。近年の傾向としては、ジャーナリストによるインタビュー形式の出題が多く、今回もそのような問題でした。インタビューの相手は、舞台俳優である女性 Sabine です。

この問題にとりかかるにあたっては、対話文を読む前に、まず7つの選択肢にざっと目を通すのがよいでしょう。どのような質問があるのかをあらかじめ頭に入れてから、対話文を読み始めます。解答に際しては、応答の文意はもちろんですが、応答の形式に十分な注意をはらうことが大切です。oui か non、あるいはそれに近い表現であるか、または特定の情報（原因、時間、期間、場所など）をあたえるものであるかによって、選択肢をしぼり込むことができるでしょう。問題全体の得点率は例年よりやや高く83％でした。

それでは、各設問をくわしく見ていきましょう。

(1) ジャーナリストによる最初の1文から、Sabine の両親が有名な俳優であり、Sabine 自身も若くして芸能活動を始めたことがわかります。ジャーナリストの発言につづく Sabine の返答は、「私は、むしろ恥ずかしがり屋で、少々夢見がちな女の子でした」とあります。空欄1のジャーナリストの発言には、幼いころの Sabine の性格に関する質問が入るのだろうと推測できます。それに合致するのは選択肢のうち、⑤「あなたは、どのような子どもでしたか」です。得点率は88％でした。

(2) つづいてジャーナリストが発した質問に、Sabine は長い返事をします。「たしかに、私の両親のような両親をもつことは単純ではありませんでした、私が両親といつも大変仲がよかったとしてもです。」少々複雑な内容ですが、Sabine の返答は両親との関係に関しています。それに合う質問を選択肢のなかでさがすと、②「有名な俳優どうしの娘だと、ふつうの幼年時代を送れるものなのでしょうか」が最適だとわかるでしょう。得点率は85％でした。

(3) 両親との関係を答えた長い返事ののち、空欄3のジャーナリストの質問をはさんで、Sabine は「最初はちがいました」と答えます。そこで空欄3の質問には、oui か non での返答を求める質問が入ると推測できます。該当する選択肢はいくつかありますので、Sabine の発言を読み進めます。「舞台にあがることは、私にとってひじょうに困難なことでした」という趣旨で、Sabine と俳優業との関係を述べているので、①「お芝居をすることは、すぐに気に入りましたか」が最適だと判断できるでしょう。誤答としては、選択肢の③「映画と舞台とどちらで演技するのが好きでしたか」がめだちました。この質問は、映画と舞台という2つからどちらかを選ぶことを求めているので、「最初はちがいました」という返事をみちびく質問としては不適切です。得点率は75%でした。

(4) 空欄4のジャーナリストの質問ののちに、Sabineは「母と比較されることです。彼女と同じくらいじょうずに演じられるだろうかと、いつも考えていました」と答えます。この応答にふさわしい質問は、⑥「一番困ったのはどういう点でしたか」です。得点率は84%でした。

(5) Sabineは応答で、「積極的というわけではありませんでした。彼らは、それが喜びと同じくらい失望をもたらすむずかしい職業であることを知っていたからです。でも私には自由にさせてくれました」と述べています。ils「彼ら」はSabineの両親を指します。この返事につながる質問は、⑦「あなたの両親はこの道に入ったあなたを励ましてくれましたか」以外に考えられないでしょう。得点率は85%でした。

解答 (1) ⑤ (2) ② (3) ① (4) ⑥ (5) ⑦

6 **解説** 長文の内容一致問題です。あたえられた7つの短文が問題文の内容に一致しているか否かを判断します。まずは問題文全体を通してよく読み、内容を十分に理解するよう努めましょう。そのうえで、短文に目を通していきましょう。そしてそれぞれの短文に関係する箇所を問題文中にさがし出して、ていねいに読みなおしながら正誤の判断をしましょう。2級の場合は、(1)から(7)の短文はだいたい問題文の流れに沿ってならべられています。ただし、問題文の複数の箇所を組み合わせて判断しないと答えられないものもありますので、注意しましょう。今回は子どもの名前（ファーストネーム）のつけ方に関する文章でした。問題全体の得点率は例年並みの79%でした。

それでは、短文をひとつひとつ見ていきましょう。

(1) 短文は、「2017年イギリスでは、親たちの大半は、赤ちゃんの名前の選択を後悔している」という内容です。本文第1段落の第2文に、「Familyという研究機関によって2017年におこなわれた調査によると、イギリスでは、7人に1人の割合の親が、子どもの名前の選択を後悔している」とありますので、短文の内容は本文と一致しません。得点率は71%でした。

(2) 短文は、「Familyの調査によると、2017年、独創的な名前を赤ちゃんにつけようとした父親は、母親よりも多かった」という内容です。本文の第1段落中盤の第3文に「調査対象の2000人のうち、多くの親は（そのなかには父親も母親も同じくらいいた)、独創的な名前を赤ちゃんにつけたと考えていた」とありますので、短文の内容は本文に一致しません。得点率は66%でした。関係代名詞dontがみちびく節では、この第3文のように動詞を省略することができます。『ラルースやさしい仏仏辞典 Niveau 1』でdontの項を参照し、例文（« Plusieurs personnes sont venues me voir, dont ton père. »など）と説明で用法を確認するとよいでしょう。

(3) 短文は、「Familyの調査によると、赤ちゃんにかつてあたえた名前とはことなる名前をじつは使う人たちもいる」と訳せます。本文第1段落の後半、第4文と第5文には、「けれども、彼らは、ほかの多くの子どもたちも同じ名前をつけられていることにあとになって気がついた。こうした親たちの5%は、それで失望した結果、毎日の生活においては、別の名前で子どもを呼んでいる」と述べられています。短文の内容は本文に一致します。得点率は80%でした。

(4) 短文は、「Familyの調査によると、調査対象となった親たちの14%を超える人たちが、赤ちゃんの名前を正式に変更したことがわかる」という意味です。本文第1段落の最後の2文には、「14%を超える人たちが、もとの名前を正式に変更しようと考えた。そのうちの大多数は、結局もとの名前のままにしたものの、真剣に迷った」と述べられています。penser + inf.は「～するつもりだ」と意図を示し、finir par + inf.は「最後には～する」という意味があるため、変更する意図はあったものの実際には変更しなかったわけです。したがって、短文は本文の内容と一致しません。得点率は67%でした。

(5) 短文は、「Yves Lepicの研究は、赤ちゃんの名前に不満をいだいている親たちは、イギリスよりもフランスでのほうが少ないことを示している」という内容です。本文第2段落の第2文に、「これ（＝Yves Lepicの研究）によると、子どもの名前に満足していないフランス人の数は、イギリス人におけるよりも、はるかに少ない」と記されていますので、短文の内容は本文に一致します。得点率は79％でした。

(6)　短文は、「1世紀前、フランスでつけられた名前の数は、おおよそ2万種類であった」という内容です。本文第2段落の第3文には、「ところで、彼の研究は、2018年につけられた名前の数がおおよそ4万種類に達していることを示している」とあり、つづく第4文には、「これは、1世紀前にくらべて、20倍である」と記されていますから、100年前には2000種類の名前がつけられていたことがわかります。したがって短文は本文の内容に一致しません。得点率は95％でした。

(7)　短文は、「Yves Lepic によると、フランスでは生徒の名前を正確に書くことに苦労する教員の数がふえている」という内容です。本文の最後で、「『今日では多くの教員が、生徒の名前を正確に書くことに苦労しています』、と Yves　Lepic は語っている」と述べられているため、短文の内容は本文に一致します。得点率は96％でした。

解答　(1) ②　(2) ②　(3) ①　(4) ②　(5) ①　(6) ②　(7) ①

7

解説　対話文に設けられた5つの空欄について、それぞれ4つの選択肢から適切なものを1つ選ぶ問題です。筆記試験5も対話文の空欄補充問題ですが、質問文のみを尋ねるものでした。こちらの7では、やりとりのなかの文や文の一部が問われます。対話は日常的な口語体のもので、問われる表現も日常生活でよく使われる短めの慣用表現が多くなっています。この問題に対処するためには、ふだんからフランス語の授業やさまざまなメディアをとおして日常会話にふれる機会を積極的につくり、フランス語らしい応答の仕方に注意するようにしましょう。また、この問題で問われる表現はある程度きまっているので、過去問によく目を通しておくのも有効です。

今回、この問題全体の得点率は例年並みの72％でした。

それでは、各設問をくわしく見ていきましょう。

(1)　「ここにいたんだ」という François に、Coline は「君をあちこちさがしたよ」と応じており、2人が待ち合わせに苦労したことが想像できます。つづいてColineが、「あいかわらず携帯をもっていないの？」と質問し、それに対してFrançoisは「いや（もっていないよ）、（　1　）、それをぼくに言ってくれる？」と聞き返します。中性代名詞le「それ」の内容は、空欄1に入る選択肢の内容だと推測できます。①「君はだれに電話するの」、③「どこに行こうか」、④「どうしたの」はいずれも不適切で、②「それがぼくに何の役にたつの」が正解です。得点率は76%でした。

(2)「とても便利だよ。みんなもっているよ」と応じるColineに対して、Françoisは「（　2　）、でも、どうしてぼくがもたなくちゃならないんだ、このぼくが」と述べます。①「大丈夫」、②「これでよし」、④「どういたしまして」はいずれも会話の流れに合いません。③「わかっているよ」が正解です。得点率は83%でした。

(3)「携帯があれば、もっと簡単にきみと連絡が取れるじゃないか」と言うColineにFrançoisは、「つまり、ぼくが買うのは、きみにとって便利だからというわけだね」と応答し、空欄3のあとFrançoisは視点を変え、「ひとりでいたいとき、ぼくはどうすればいいんだい？」とつづけます。空欄3の前後で、Colineの視点とFrançoisの視点が交替しているため、選択肢のなかでは③「それに対して」が最適です。誤答としては②「その結果」がめだちましたが、空欄の前の内容の結果が空欄のあとに述べられているわけではありません。①「全体として」、④「遅かれ早かれ」はいずれも不適切で、得点率は78%でした。

(4) Françoisの疑問に対して、Colineは「とても単純だ、その電源を切ること（　4　）」と答えます。選択肢にはいずれも、動詞の不定詞に結びつく表現が並んでいます。①「（その電源を切ることは）禁止されている」、②「ぼくは（その電源を切ることを）したい」、③「（その電源を切ることは）できない」は、いずれも文脈から大きくはずれています。正解は、④「君は（その電源を切り）さえすればよいんだ」です。得点率は69%でした。

(5) Françoisは携帯電話をもたない理由として、自分はなんでも失くしてしまう人間なので、携帯をどこにでも忘れてしまうのではないか心配になるだろう、とうったえます。この危惧に対するColineの反応が空欄5に入ります。空欄につづけてColineは、「きみはすぐに慣れるよ」と携帯電話をもつことへのFrançoisの不安をぬぐい去ろうとします。空欄5には、①「こんな風に」、③「やさしくしなよ」、④「きみはもう力尽きている」は、いずれも不適切で、正解は②「心配するな」です。①「こんな風に」を選んだ受験者が散見しましたが、忘れやすいと言っている相手を安心させるのには、そのことばだけでは十分な説明にならず、ほかの説明を追加しないといけないでしょう。選択肢の②と④のいずれにも中性代名詞がふくまれる成句表現が用いられていますが、ne pas s’en faire「心配しない」、n’en pouvoir plus「力尽きている」という意味ですから、④を選んだ受験者はよく意味がわからないままに選んだと思われます。これらの表現が身についていない場合は、『ラルースやさしい仏仏辞典 Niveau 1』のfaireとpouvoirの項を参照し、その例文（« Ne vous en faites pas, tout se passera bien. » « Ah ! Que je suis fatigué ! Je n’en peux plus ! » など）と説明を熟読するとよいでしょう。得点率は55%でした。

解答　(1) ②　(2) ③　(3) ③　(4) ④　(5) ②

書き取り・聞き取り試験

解説・解答

書き取り試験

解説 書き取りは、単に「音」の聞き取り能力をためすためだけの試験ではありません。さまざまな要素から、「音」としては聞こえていない部分もくみ取って適切なフランス語の文を組み立てるという、総合的なフランス語の能力をはかる試験です。もちろん、読まれた音を正しく聞き取る能力と、聞こえてきた単語を知っているという単語力は必須です。そのうえで、単語を知っているだけでなく、正確なつづりで書くことができなければなりません。フランス語では、1 つの単語のように聞こえる音がエリジョンやリエゾンによって結びついた 2 つの単語であることもしばしばです。日ごろから教材の CD を聞いたり音読練習をしたりして、つづりと発音の関係に注意をおこたらないようにしましょう。ただし、気をつけるべきことはそれだけではありません。フランス語には、動詞の活用や過去分詞、形容詞などで、発音は同じでも形が変わるものが多々あります。動詞を正しく活用するには、主語の人称にくわえ、その文章の文脈でどのような叙法が要求されているのかを理解する必要があります。形容詞や受動態および複合時制の文における過去分詞に関しては、それぞれがどの名詞・代名詞と結びついているのかが把握できなければ性数一致はおこなえません。複合時制で直接目的語が前に出ている場合の過去分詞の性数一致も注意すべき重要なポイントです。直接目的語は代名詞でうけている場合も多いので、代名詞が何を指しているのかはつねに確認しておく必要があります。こういった統語上の知識を身につけておくことが、結局は、書き取りでもおおいに役立つことになります。

こうした統語上の問題は、文章全体の展開を前もって把握しておくと、はるかに判断しやすいものとなります。試験では、問題文は全部で 4 回読まれます。問題文がふつうのスピードで読まれる 1 回目と 2 回目はキーワードをメモする程度におさえ、文章全体の流れを理解することに努めましょう。この段階で最初から書き取ろうとすると、書いている間に問題文を聞き逃がしてしまうおそれがあります。3 回目には、句読点もふくめてゆっくり読み上げられます。このときに1語1語しっかり書き取ってください。最後に、もう1回ふつうのスピードで読まれます。このときは自分が書き取った文章にまちがいがないか、語末などの細部にもよく耳を澄ませてください。そのあと3分間時間があたえられます。この時間に自分の書き取った文章を読みなおし、「音」だけでは判断できない事項、つまり前述の統語上の諸事項について隅々までチェックするようにしましょう。文意に沿った叙法が選択できているかどうか、従属節のなかは適切な叙法になっているかどうか、受動態および複合時制の過去分詞や形容詞は主語の人称や直接目的語に合った性数一致ができているかどうか、などのチェックによって、自分の書き取った文章が文法的な誤りのない適切なフランス語であることを確認しておきましょう。

例年、全体として気になるのは、基本的な単語のつづりが正確に書けていないことです。書く練習をせずにつづりがあやふやなまま単語を覚えている受験者が多いことを実感します。単語として存在しないつづりを耳に頼って書き取ったものも多く見られます。また過去分詞などの性数一致ができておらず、統語上の理解が十分でない受験者が多いことがわかります。そしてアクサン記号をあいまいに記した答案がめだちます。採点者にきちんとわかってもらえるように、その傾斜の向きや形は明瞭に書きましょう。

今回の書き取り試験の得点率は43%で、例年並みの数値でした。

それでは、1文ずつ順を追って見ていきましょう。

第1文と第2文は、Allô という表現と Jeanne への呼びかけ、話者の名乗りなどから、叔母さんから Jeanne への電話だとわかります。叔母にあたる ta tante という表現はごく基本的な単語のはずですが、意味を正確に聞き取った解答も、つづりを正確に書けている解答も多くはありませんでした。語尾の e が脱落した誤答のほか、*attente*、*tant*、*temps* など聞こえた音から誤った語を類推したものもめだちました。

第3文は基本的な構文で、平叙文の語順でイントネーションによる疑問文になっています。à l'hôpital を完璧に正確なつづりで書くことは簡単ではなかったようです。前置詞 à のアクサン記号の脱落のほか、*hopital*、*hopitâl* といったアクサン記号の脱落や位置のまちがい、エリジオンした l' の脱落や無音の h の脱落 à l'*opital* など、基本的な語彙と文法事項を思い出すことで避けられたはずのミスがめだちました。

第4文の前半、代名動詞の複合過去 s'est cassé は半数以上の受験者が正確に書き取っていました。誤答には c’*est cassé* などがありましたから、代名動詞であることに気がつくことがポイントです。後半の近接未来形で用いられている代名動詞 se faire も多くの受験者が正確に書き取っています。一方、最後の opérer はひじょうに得点率が低い結果となりました。過去分詞の *opéré* という誤答が多く見られました。音のうえではたしかに opérer と区別がつきませんが、使役の代名動詞 se faire の次には動詞の不定法がくるという文法的な知識を動員することでまちがいは避けることができます。ここでも、*operer* といったアクサン記号の脱落のミスがめだちました。

第 5 文も、基本的な構文の文章ですが、ここで述べられている内容を把握しておかないと、そのあと述べられる事態の理由がわからなくなります。

第 6 文は、前半が命令法、後半はその命令に付随する表現になっています。命令法については、faire の活用を書いた受験者が多かったものの、*Fait*、*Faite*、*Faites* といった誤答がめだちました。2 人称単数の命令形が *fait* ではなく fais であることは直説法現在の活用から類推できますし、2 人称単数の命令形 fais と 2 人称複数の命令形 *faites* は、語末の [t] の音の有無で聞き分けられるはずです。vite は多くの受験者が正確に書き取っていましたが、語末の e を脱落させてしまったミスもありました。また、Fais vite の 2 単語を、対話の相手に名前で呼びかける表現だと思い込んでいる誤答も見られました。後半の je t’en prie は定型表現とはいえ、意外に苦労した受験者が多く、je t’*empris*、je *ton* prie、je t’*attends* などの誤答が散見しました。。

第 7 文の前半、à l’étranger は先ほどの à l’hôpital と同様、アクサンテギュの脱落 à l’*etranger* やエリジオン l’ の脱落といったミスがめだったほか、女性形 *étrangère* にしてしまった誤答もありました。後半では、y renoncer を正確に書くことはむずかしかったようで、*annoncer* と聞きまちがえてしまった誤答がめだちました。中性代名詞 y に気がつかず、主語人称代名詞 *il* で始めたり、*ir-* や *ig-* で始まる動詞を創作した例など、音だけで判断した結果、意味をなさない答案がほとんどでした。

第 8 文の最初の 84 ans の聞き取りは、ans の脱落や *44* ans との聞きまちがいがめだちました。et à という基本的な接続詞と前置詞の連続については、et は正確に書けていながらも à を脱落あるいはアクサンテギュを脱落した *a* にしてしまう誤答がめだちました。

未来形の j’aurai とすべきところでは、正答よりも条件法現在の *j’aurais* にした誤答の方が多くありました。ここで用いられているのは je ne sais pas si「かどうかはわからない」という間接疑問節をみちびく構文ですから、現在の時点から見て将来のことを考えている以上、条件法は出てきません。視点が過去にずれて主節が半過去になれば、過去における未来ということで間接疑問節で条件法が使われます（筆記試験5のSabineの4番目の発言 « Je me demandais toujours si j'arriverais à jouer aussi bien qu'elle. » を参照してください）。間接話法における時制の一致を参考書などで再確認するとよいでしょう。このsiの用法は仮定を表わす場合とはちがいますので、その点も確認しましょう。この未来形は、耳で聞いて理解できた受験者が少なかったようで、空白にした答案がめだちました。

未来形につづくune autreもひじょうにむずかしかったようです。アンシェヌマンにまどわされたためか、半数以上の受験者がuneなしで*notre*と書き取っています。それにたいして、最後のd'allerは多くの受験者が正確に書いていました。

解答　（読まれる文）　Allô, Jeanne ? C'est ta tante. Tu peux venir tout de suite à l'hôpital ? Ton oncle s'est cassé la jambe et il va se faire opérer. Je dois prendre l'avion dans trois heures pour aller au Japon. Fais vite, je t'en prie. C'est mon premier voyage à l'étranger et je ne veux pas y renoncer. J'ai 84 ans, et à mon âge, je ne sais pas si j'aurai une autre occasion d'aller aussi loin.

聞き取り試験

1

（読まれるテキスト）

La journaliste : Vous êtes étudiant et vous travaillez dans cette clinique comme garde de nuit. C'est lundi soir que l'incendie a eu lieu ?

Louis : Non, c'est mardi.

La journaliste : Que s'est-il passé exactement ?

Louis : Il était à peu près 21 heures quand j'ai entendu une explosion. En regardant par la fenêtre, j'ai vu de la fumée qui sortait de la cuisine, au premier étage.

La journaliste : Comment avez-vous réagi ?

Louis : Je suis monté au premier étage. J'ai fermé la porte de la cuisine, et puis j'ai aidé les malades à descendre au rez-de-chaussée.

La journaliste : Qu'est-ce que vous avez fait après ?

Louis : Ensuite, je leur ai demandé de rester à l'intérieur parce qu'il pleuvait très fort.

La journaliste : Comment saviez-vous ce qu'il fallait faire ?

Louis : J'ai été pompier volontaire, et cette expérience m'a bien servi.

（読まれる質問）

un : Louis est-il infirmier ?

deux : Quand est-ce que l'explosion a eu lieu ?

trois : Comment Louis a-t-il réagi quand il a vu de la fumée ?

quatre : Pourquoi Louis a-t-il demandé aux malades de rester à l'intérieur ?

cinq : Pourquoi Louis a-t-il su bien réagir ?

解説 対話を聞いたあと、それについての 5 つの質問を聞き、それに対する答えを完成させる問題です。あらかじめ問題冊子に印刷されている答えの文を読んでおくと、聞き取るべきポイントをある程度予測することができるでしょう。

対話は全部で3回読まれます。1回目に読まれる際には、全体の流れを把握することに努めましょう。次に質問が読まれますので、質問の内容をよく把握し、2回目に対話を聞くときにはポイントをおさえながら聞きましょう。

2回目に質問が読まれる際には、それぞれの質問文の間にポーズがおかれますので、その間に空欄をうめてください。2級では本文で用いられた単語をそのまま書けば答えになる場合が大半ですので、落ちついて聞きましょう。ただし、構文がことなるために、本文とは活用形などを変えなければならない場合もあります。どのような形に単語を変えれば同じ内容になるかを考えましょう。

3回目に対話が読まれる際には、自分が記入した答えが対話の内容に即しているかどうか、質問の形式に合っているか、聞きながら念入りにチェックしてください。そのうえで、十分に見なおして、自分の答えが正しくつづられているかどうか、性数一致や動詞の活用形などに文法上の誤りがないかどうかを確認してください。

今回、この問題全体の得点率は例年よりかなり高く、59%でした。

読まれるテキストは、病院で夜間当直のアルバイトをしている学生のLouisへのインタビューです。それでは、各設問をくわしく見ていきましょう。

(1)　第1の質問は「Louisは看護師ですか」という意味ですが、これはジャーナリストの最初の発言に対応します。ジャーナリストは「あなたは学生で、この病院で夜間当直の仕事をしていますね」と言っています。clinique「病院」（より正確には、規模の小さい私立病院を指し、hôpitalとは区別されます）という単語に関連するinfirmier「看護師」という語が質問に用いられていることにまどわされることなく、ジャーナリストの発言通りに、問題冊子の1つ目の空欄にはgardeを、2つ目の空欄にはnuitを書き入れます。1つ目の空欄には、gardeの代わりに類義語のgardienを書き入れても正解です。得点率はそれぞれ63%、82%でした。gardeが書けずに*garder*、*guard*、*guarde*などと書いた答案が散見しました。

(2)　第2の質問「爆発はいつ起きたのですか」は、読まれる文章の2つの箇所に対応します。ジャーナリストの最初の質問「火事が起きたのは月曜日の夜ですね」に、Louisは「いいえ、火曜日です」と答えます。この時点で、問題冊子の空欄にMardiを書き入れた受験者も多かったかもしれません。ただし、より正確には、火事が月曜の夜に起きたという最初の情報が火曜日に訂正されただけです。つづいて、「正確には何が起きたのですか」というジャーナリストの2つ目の質問への答えで、Louisは「21時ころに爆発を耳にしたのです」と答えています。ここで、ようやく火曜日の夜であること、さらに、第2の質問で用いられていたexplosion「爆発」という語がジャーナリストの最初の発言で用いられたincendie「火事」と同一の事件であることが判断できます。得点率は82%でした。現在のフランス語で曜日を書く場合、ふつう小文字でよいのですが、ここでは文頭なので最初を大文字にすることにも注意しましょう。

(3)　第3の質問は「Louisは煙を見たとき、どのように反応しましたか」ということです。これは、Louisが「窓から見ると、2階のキッチンから煙が出ているのが目に入りました」という発言に対してジャーナリストがした「あなたはどのように反応したのですか」という質問、さらにその質問に対するLouisの応答に対応します。彼は「2階に上がりました。キッチンの扉を閉め、それから、患者さんたちが1階に降りるよう助けたのです」と言っています。問題冊子の1つ目の空欄にはcuisineを、2つ目の空欄にはdescendreを書き入れます。2つ目の空欄には、*déscendre*、*dessendre*を中心に、つづりのミスが大変めだちました。得点率はそれぞれ、89%と41%でした。なお、第3の質問で使われているde la fuméeは不可算名詞に合わせて部分冠詞を使っている場合ですから、deを「〜から」の意味の前置詞と解釈してはいけません。

(4)　第4の質問は「なぜLouisは、屋内にいるよう患者たちに言ったのですか」という意味です。これは、「そのあと何をなさったのですか」と尋ねるジャーナリストの第4の質問へのLouisの返答内容に対応します。彼は「それから、雨が強く降っていたので、屋内にいるよう彼らに言いました」と答えています。問題冊子の空欄には、非人称動詞pleuvoir「雨が降る」の直説法半過去pleuvaitが入ります。ここでも、*pluvait*、*plurait*、*prouvait*を中心につづりのミスがめだったほか、動詞*trouver*と聞きまちがえた誤答*trouve*、*trouvait*もありました。得点率は31%でした。

(**5**) 第 5 の質問は「なぜ Louis はきちんと反応できたのですか」となっています。これは、「なぜあなたは、何をすべきかがわかっていたのですか」と尋ねるジャーナリストの最後の質問に対する Louis の返答に対応します。彼は、「私は、消防団員であったことがあります、この経験がとても役立ちました」と述べています。したがって、問題冊子の 1 つ目の空欄には expérience が入ります。アクサン記号を脱落させ *experience* とした誤答が大変めだちました。なお、pompier volontaire とは日本の消防団に相当する制度で、本業を別にもつ人が一時的に消防士として働くことを指します。そのため、空欄に travail を書き入れても正解ですが、*service* は義務の観念が入りこみ、制度上自発的であることと矛盾するため不適切です。さらに、2 つ目の空欄には動詞 servir の過去分詞 servi が入ります。こちらも、*servis*、*servir* といったミスが見られました。得点率はそれぞれ、26%と 54%でした。

解答 (1) (garde) (nuit)　(2) (Mardi)　(3) (cuisine) (descendre)
(4) (pleuvait)　(5) (expérience) (servi)

2

(読まれるテキスト)

J'habite dans un petit village, à 40 kilomètres de Toulouse. N'ayant pas le permis de conduire, je me déplace toujours à vélo. Il y a quelques mois, j'ai décidé de suivre un cours d'italien, langue qui m'intéressait depuis longtemps. Le cours se tenait dans une bibliothèque à Toulouse. Pour arriver là-bas à quatorze heures, je partais de chez moi à midi. Et après quatre heures d'étude, je prenais le chemin du retour. La nuit, rouler à côté des voitures n'est pas sans risque. J'ai failli me faire renverser plusieurs fois. Cela a duré quelques semaines. Comme j'étais très fatigué par le trajet, on m'a conseillé de loger en ville. Mais ma situation économique ne me permet pas de payer une chambre d'hôtel. Finalement, je n'ai plus eu l'énergie d'aller assister au cours, et j'ai abandonné.

（読まれる内容について述べた文）

un : Christian habite dans un petit village.
deux : Christian n'a pas le permis de conduire.
trois : Christian a suivi un cours de langue à Toulouse.
quatre : Le cours de Christian commençait à midi.
cinq : Après le cours, Christian rentrait à la maison à vélo.
six : Pour Christian, la route n'était pas si dangereuse la nuit.
sept : Christian a été renversé plusieurs fois en rentrant chez lui.
huit : Pour Christian, l'aller-retour à vélo était très fatigant.
neuf : Christian gagne très bien sa vie.
dix : Christian a suivi son cours d'italien jusqu'au bout.

解 説 ある程度の長さの文章を聞いたあと、その内容について述べた 10 の短文を聞き、それぞれについて正誤を判断する問題です。最初に問題文が 2 回読まれます。1 回目は、どんな人が語っているのか、いつ、だれが、どこで、何をしたのか、といったことに気をつけながら、全体を理解するよう努めましょう。2 回目は、ポイントになりそうな場所、時間、数字などをメモしながら聞くとよいでしょう。つづいて 10 の短文が読まれます。それぞれについて、記憶とメモを頼りに正誤を判断してください。10 の短文がもう 1 回読まれます。聞きまちがいがないかをチェックし、あやふやなものはこのときに確認してください。最後に、問題文がもう 1 回読まれます。10 の短文で問題となっているポイントに注意しながらあらためてよく聞き、正誤を最終確認してください。

今回、この問題の全体の得点率は例年並みで、69％でした。

小さな村に住む Christian という男性が、Toulouse でのイタリア語の授業に自転車で通ったという経験を語っています。10 の短文をそれぞれくわしく見ていきましょう。

(1) 短文は、「Christianは小さな村に住んでいる」という意味です。読まれるテキストの第1文で「私は、Toulouseから40キロ離れた小さな村に住んでいます」と述べられていますから、短文はテキストの内容に一致します。得点率は99%でした。

(2) 短文は、「Christianは運転免許をもっていない」という内容です。テキストの第2文に「運転免許をもっていないため、いつも自転車で移動しています」とありますから、短文はテキストの内容に一致します。得点率は84%でした。

(3) 短文は、「ChristianはToulouseで語学の授業に通った」という内容です。テキストの第3文から第4文にかけて、「数ヵ月前に私は、ずっと前から興味をいだいていた言語であるイタリア語の授業に通うことをきめました。授業はToulouseの図書館でおこなわれていました」と述べられていますので、短文はテキストの内容に一致します。得点率は70%でした。

(4) 短文は、「Christianの授業は正午に開始するものであった」という意味です。テキストの第5文に「そこに14時に到着するために、私は正午に自宅を出発したものです」とありますから、短文はテキストの内容に一致しません。得点率は67%でした。

(5) 短文は、「Christianは授業のあと、自転車で家に帰っていた」という意味です。テキストの第6文には「4時間勉強したのちに、帰路につきました」とありますが、この文だけでは自転車で帰ったのかわかりません。先ほどテキストの第2文で確認したように、Christianはいつも自転車で移動しているという情報があり、また、授業を受けるために40キロ離れた距離を2時間かける（正午に家を出発して14時からの授業に出席する）という情報もあります。こうして帰り道も自転車で帰ったと推測でき、短文はテキストの内容に一致します。さらに、つづく第7文に用いられているrouler「走る」という動詞は、自動車だけではなく自転車についても用いられます。得点率は60%でした。

(6) 短文は、「Christianにとって、夜の道路はそれほど危険ではなかった」という内容です。テキスト第7文で「夜、車の脇を走るのは、危険がないわけではありません」と述べられていますし、実際に危険があったことは、次の設問で確認する第8文で具体的に語られますから、短文はテキストの内容に一致しません。得点率は47%でした。

(7) 短文は、「Christianは家に帰りながら何度もひかれた」という意味です。テキストの第8文では「Christianは何度もあやうくひかれそうになりました」と述べられています。短文はテキストとは逆のことを述べていますので、その内容とは一致しません。se faire renverserは「(車に) ひかれる」という意味で、『ラルースやさしい仏仏辞典 Niveau 1』のrenverserの項には、« Qu'est-ce qui t'est arrivé, tu es tombé ? — Je me suis fait renverser par une voiture. »「『何が起きたの、転んだの？』『車にひかれたんだ』」という例文が載っています。また、faillirという動詞の意味を正確にとらえないと、語られている事態を反対の意味に理解してしまうので注意が必要です。この動詞は、日常では複合過去形でしか用いられることがなく、j'ai failli + inf. で、「私はあやうく〜する（もうすこしで〜する）ところだった」という意味です。『ラルースやさしい仏仏辞典 Niveau 1』のfaillirの項には、« Tu as vu la voiture ? Elle a failli renverser le petit garçon... heureusement qu'elle a freiné à temps ! »「車を見た？　男の子をひきかけたけど…　ブレーキが間に合ってよかった」という例文が載っています。得点率は27%でした。

(8) 短文は、「Christianにとって、自転車での往復はとても疲れるものだった」という意味です。テキストの第10文で、「私が移動にとても疲れたので、町に泊まるようすすめられました」と述べられていますから、短文はテキストの内容に一致します。得点率は83%でした。

(9) 短文は、「Christianは生活に余裕がある」という内容です。テキストの第11文には、「私の経済的な状況から、私はホテルの部屋代を払うことはできないのです」とありますので、短文はテキストの内容に一致しません。得点率は82%でした。

(10) 短文は、「Christianはイタリア語の授業を最後まで受講した」という意味です。テキストの最後の文には、「結局、授業に出席するエネルギーがもうなくなってしまい、やめました」と述べられていますので、短文はテキストの内容に一致しません。jusqu’au bout は「最後まで」という意味の副詞句です。得点率は 73%でした。

解答　(1) ①　(2) ①　(3) ①　(4) ②　(5) ①
(6) ②　(7) ②　(8) ①　(9) ②　(10) ②

1 次試験配点表

筆記試験	1	2	3	4	5	6	7	小計	書き取り	小計	聞き取り	1	2	小計	合計
	4点	10	10	10	10	14	10	68		14		8	10	18	100

2 次試験

解説

面接試験は、フランス語のネイティブスピーカーと日本人の面接委員が 1 組になっておこないます。試験時間は約 5 分です。明るく Bonjour ！とあいさつしながら入室しましょう。面接委員が受験者の名前を確認したあと、あらかじめ用意された質問のなかから受験者に適当と思われるものを選んで質問します。それを糸口にして会話が始まります。

面接試験では、日常生活と関連のある話題について、基本的なフランス語表現を使ってコミュニケーションをすることができるかどうかが問われます。したがって、リラックスして会話を楽しもうという姿勢がなによりも大切です。どんな質問をされても、日本語で会話をするときと同じように、自分の答えやすい形で答え、さらに、自分の話したいことを付け加えていけば、面接委員との間に自然な会話が進んでいきます。

質問がよく聞き取れなかったり、質問の意味がよくわからなかったりした場合も、あわてることはありません。率直に、Je ne comprends pas très bien votre question. Vous pouvez répéter, s'il vous plaît ? などと伝えましょう。そうすれば、面接委員は、同じ質問をゆっくりと繰り返したり、わかりやすく言いかえたりしてくれるはずです。

質問に答える際には、問われた部分に単語 1 語だけで答えるのは避けるべきです。今回出題された質問を例にとれば、Aimez-vous étudier au café ? と質問されて、Oui. または Non. とだけ答えてそれで終わりにしないことです。答えが Oui. であるならば、わざわざ質問されなくても、どんなカフェに行くのが好きなのか、などを自発的に付け加えましょう。1 人で行くのか、友人と行くのか、あるいはコロナの影響であまり行けなくなったといった話を発展させることもできるでしょう。カフェで勉強するのが好きではない場合でも、Non. と答えただけで黙ってしまえば会話は先に進みません。カフェよりも図書館や自宅で勉強するのが好きだとか、その理由はそういった場所のほうが集中できるなどと付け加えるだけで、日常の生活などに話題を転換するきっかけになります。

質問そのものには、正解も不正解もありません。あくまで会話を始めるきっかけにすぎないのです。面接委員は、この質問を出発点にして、受験者がどれだけ充実した会話をつづける能力をもっているのかを見きわめようとしています。ゆっくりでいいですから、ていねいに文を組み立てながら、できるだけ積極的に自分のことを面接委員に伝えることが、スムーズな会話の流れにつながります。そして、試験時間が終了して退出するときには、Au revoir, bonne journée！などとあいさつをして退出しましょう。

面接試験の対策としては、まずはできるだけフランス語を聞く機会をふやすことです。教材CDだけでなく、インターネットや衛星放送、映画など、さまざまなメディアを学習環境や好みに合わせて活用し、日常的にフランス語の音声にふれて耳を慣らすように心がけましょう。

会話の練習のためにフランス語のネイティブスピーカーと話す機会があまりなくても、どんな形でもいいですから、ある程度の長さのフランス語を声に出して発音することを心がけてみてください。録音されたテキストを聞きながら、できるだけ遅れないでいっしょに発音してみてもよいでしょう。録音された音声のイントネーションや息づかいに合わせられるまで何度も繰り返して発声しているうちに、少しずつフランス語を「話す」ことに身体が慣れていくはずです。話す訓練は、実際に声に出してみないことには始まりません。同じようにフランス語を学ぶ仲間がいれば、おたがいに日本語話者であってもフランス語での会話に挑戦してみてはどうでしょうか。

2021年度秋季
実用フランス語技能検定試験
筆記試験問題冊子　〈２級〉

問題冊子は試験開始の合図があるまで開いてはいけません。

筆　記　試　験		14 時 00 分 ～ 15 時 30 分 (休憩 20 分)
書き取り 聞き取り	試験	15 時 50 分から約 35 分間

◇**筆記試験と書き取り・聞き取り試験の双方を受験しないと欠席になります。**

◇問題冊子は表紙を含め 12 ページ、全部で 7 問題です。

注　意　事　項

1　途中退出はいっさい認めません。

2　筆記用具は **HB または B の黒鉛筆** (シャープペンシルも可) を用いてください。ボールペンや万年筆等でマークした解答は機械による読み取りの対象とならないため、採点されません。

3　解答用紙の所定欄に、**受験番号**と**カナ氏名**が印刷されていますから、まちがいがないか、**確認**してください。

4　**マーク式の解答は、解答用紙の解答欄にマークしてください**。たとえば、1 の (1) に対して ③ と解答する場合は、次の例のように解答欄の ③ にマークしてください。

例

1	解答番号	解　答　欄
	(1)	① ② ● ④ ⑤ ⑥ ⑦ ⑧

5　記述式の解答の場合、正しく判読できない文字で書かれたものは採点の対象となりません。

6　解答に関係のないことを書いた答案は無効にすることがあります。

7　解答用紙を折り曲げたり、破ったり、汚したりしないように注意してください。

8　問題内容に関する質問はいっさい受けつけません。

9　不正行為者はただちに退場、それ以降および来季以後の受験資格を失うことになります。

10　**携帯電話等の電子機器の電源はかならず切って、かばん等にしまってください**。通信機能のある時計は使用を禁じます。

11　**時計のアラームは使用しないでください**。

12　この試験問題の複製 (コピー) を禁じます。また、この試験問題の一部または全部を当協会の許可なく他に伝えたり、漏えいしたりすることを禁じます (インターネットや携帯サイト等に掲載することも含みます)。

1　次の (1) ～ (4) の (　　) 内に入れるのにもっとも適切なものを、下の ① ～ ⑧ のなかから 1 つずつ選び、解答欄のその番号にマークしてください。ただし、同じものを複数回用いることはできません。なお、① ～ ⑧ では、文頭にくるものも小文字にしてあります。(配点　4)

(1) Ils ne viendront pas à la fête (　　) toute façon.

(2) Pourquoi tu marches toujours (　　) toute vitesse ?

(3) Ses actes sont souvent en contradiction (　　) ses propos.

(4) (　　) réfléchir, vous ne trouverez pas la réponse.

① à　② avec　③ contre　④ dans
⑤ de　⑥ entre　⑦ sans　⑧ sous

(解説・解答 ▶ p.140)

2　次のフランス語の文 (1) ～ (5) が、それぞれあたえられた日本語の文が表わす意味になるように、(　　) 内に入れるのにもっとも適切な語 (各 1 語) を解答欄に書いてください。(配点　10)

(1) Elles avaient marché dans la campagne. Ça se (　　) à leurs chaussures.
彼女たちは野原を歩いたんだね。靴の様子でわかったよ。

(2) Il faut (　　) du soleil !
晴れ間を楽しまなくては！

(3) Il lit un journal à (　　) ventre.
彼は腹ばいになって新聞を読んでいる。

(4) La police n’a pas encore mis la (　　) sur l’arme du crime.
警察はこの犯罪の凶器をまだみつけていない。

(5) Zut, le document est imprimé de (　　) !
しまった、資料が曲がって印刷されているじゃないか！

(解説・解答 ▶ p.142)

3 次の (1) ～ (5) について、**A**、**B** がほぼ同じ意味になるように、(　　) 内に入れるのにもっとも適切なものを、下の語群から 1 つずつ選び、必要な形にして解答欄に書いてください。ただし、同じものを複数回用いることはできません。(配点　10)

(1) **A** Ce serait mieux si les cours recommençaient une semaine plus tard.
B Nous préférerions qu'on (　　) les cours une semaine plus tard.

(2) **A** Faute de temps, tu ne pourras pas réussir.
B Si tu avais le temps, tu (　　) sans doute par réussir.

(3) **A** Ma décision est prise : je quitte la vie politique.
B J'ai décidé de (　　) de la vie politique.

(4) **A** Ne parle pas quand tu as la bouche pleine !
B (　　) quand tu as la bouche pleine !

(5) **A** Sa colère se traduisait sur son visage.
B Son visage (　　) sa colère.

appeler	exprimer	finir	poser
reprendre	se retirer	se taire	terminer

(解説・解答 ▶ p.144)

4　次の文章を読み、(1)～(5)に入れるのにもっとも適切なものを、それぞれ右のページの ①～③ のなかから1つずつ選び、解答欄のその番号にマークしてください。(配点 10)

Depuis longtemps, les vieilles photographies passionnent André. L'an dernier, un de ses amis lui a offert des boîtes en carton contenant plus de 600 photos d'une même famille, prises dans les années 1910. Cet ami, qui les avait achetées chez un libraire, ne savait rien sur leur origine. Maintenant, André (1) ces images. Quelques prénoms sont écrits sur certaines boîtes. Ainsi, il a appris que le mari s'appelait Paul, la femme, Madeleine, et un de leurs enfants, Guillaume. Cependant, c'est (2) tout ce qu'il sait de la famille. Selon lui, ces clichés* n'ont probablement pas été pris par des photographes professionnels, mais par des amateurs** ayant un bon sens (3). On y voit en effet représentés de manière artistique leur maison, leur salle à manger ou leur jardin. De plus, ces gens connaissaient apparemment les plaisirs de la mer et de la montagne, comme une série de paysages bretons ou suisses (4).

Si cette histoire vous intéresse, n'hésitez pas à envoyer un mot à André, qui montre ces photos sur son site internet. Il a déjà reçu plusieurs informations précieuses (5) d'identifier avec succès des quartiers de Reims.

* cliché : 写真
** amateur : アマチュア

(1) ① a complètement oublié
② examine tous les jours
③ ne se soucie plus de

(2) ① encore une fois
② heureusement
③ pour l'instant

(3) ① de la mise en scène
② de l'économie
③ du service

(4) ① donnent envie de voyager
② le laissent penser
③ ne disent pas grand-chose

(5) ① à cause desquelles il lui est impossible
② qui lui ont interdit
③ qui lui ont permis

(解説・解答 ▶ p.146)

5

次の文章は、Marie に対するインタビューの一部です。インタビュアーの質問として（ 1 ）～（ 5 ）に入れるのにもっとも適切なものを、右のページの ① ～ ⑦ のなかから1つずつ選び、解答欄のその番号にマークしてください。（配点 10）

Le journaliste : Vous dansez dans le ballet de l'Opéra de Paris depuis quelque temps. (1)

Marie : Absolument pas. C'est par hasard qu'à six ans mes parents m'ont inscrite dans un cours de danse.

Le journaliste : (2)

Marie : Les répétitions étaient dures, et j'ai bien failli abandonner.

Le journaliste : (3)

Marie : C'est une émission télévisée sur de jeunes danseurs de l'Opéra.

Le journaliste : (4)

Marie : Quand j'avais neuf ans et demi. Mais je ne savais pas vraiment le travail que demande ce métier.

Le journaliste : (5)

Marie : C'est d'être toujours exigeante avec soi-même.

① Pourquoi avez-vous abandonné ?

② Quand avez-vous décidé d'entrer à l'Opéra ?

③ Quelle a été votre première impression ?

④ Qu'est-ce que vous vouliez devenir ?

⑤ Qu'est-ce qui est le plus important dans votre métier ?

⑥ Qu'est-ce qui vous a fait changer d'avis ?

⑦ Rêviez-vous de devenir danseuse ?

(解説・解答 ▶ p.148)

6　次の文章を読み、右のページの (1) ～ (7) について、文章の内容に一致する場合は解答欄の ① に、一致しない場合は ② にマークしてください。(配点　14)

La ville de Marseille est actuellement secouée par une tempête politique et sociale. À deux semaines des vacances d'été, de nombreux parents crient au scandale à la suite d'une nouvelle décision de la mairie concernant les cantines* scolaires : à la rentrée de septembre prochain, il n'y aura plus qu'un menu unique, sans porc ni bœuf ni poulet. C'est une mauvaise nouvelle pour les enfants qui souffrent de la pauvreté, et ne mangent de la viande qu'à la cantine.

Jusqu'à présent, les élèves avaient le choix entre trois entrées et deux plats principaux, dont un préparé avec de la viande ou du poisson. Mais le service prenait du temps à cause des hésitations des enfants, et ceux-ci ne réussissaient souvent pas à terminer leur repas. La mairie a donc décidé de proposer un seul menu pour raccourcir le temps du déjeuner.

Mais pourquoi supprimer la viande ? Quelques hommes politiques de Marseille défendent la décision : en effet, par habitude familiale ou pour raison religieuse, la moitié des élèves ne choisissaient déjà pas la viande. Dans ces conditions, on peut penser qu'un plat de poisson ou des œufs satisferont tout le monde.

Face à l'incompréhension de certains parents, le ministre de l'Éducation va envoyer des fonctionnaires sur place lundi prochain afin de tenter une conciliation**.

* cantine : 食堂

** conciliation : 調停

(1) Peu de parents marseillais trouvent scandaleuse la nouvelle décision de la mairie sur les cantines scolaires.

(2) À Marseille, il n'y aura qu'un menu sans viande dans les cantines scolaires après les vacances d'été.

(3) La cantine scolaire est le seul endroit où beaucoup d'enfants pauvres avaient l'occasion de manger de la viande.

(4) Les élèves pouvaient toujours manger de la viande ou du poisson à la cantine.

(5) À la cantine, les enfants manquaient fréquemment de temps pour finir leur déjeuner.

(6) À Marseille, tout le monde condamne la décision de la mairie.

(7) Dans les cantines marseillaises, un élève sur deux ne choisissait déjà pas les plats de viande.

(解説・解答 ▶ p.151)

7　次の対話を読み、(1) ～ (5) に入れるのにもっとも適切なものを、それぞれ右のページの ① ～ ④ のなかから1つずつ選び、解答欄のその番号にマークしてください。(配点 10)

Baptiste : Enfin l'heure de la fermeture !
Aurélie : Ça va, Baptiste ? Tu as l'air un peu fatigué.
Baptiste : Ça va, merci. (1), je trouve qu'il y a beaucoup de clients ces derniers temps.
Aurélie : C'est vrai, mais (2) que notre magasin marche bien.
Baptiste : Oui, mais si ça continue, je vais mourir de fatigue !
Aurélie : (3) ; tu n'es pas si occupé que ça !
Baptiste : Si, je parle sérieusement ! À mon avis, il vaudrait mieux engager une personne de plus.
Aurélie : (4), mais pourquoi pas ? Et tu voudrais travailler avec quel genre de collègue ?
Baptiste : Une personne gentille et sympathique.
Aurélie : Dans ce cas, pas la peine (5) : mon cousin est exactement comme ça !

(1) ① Doucement
② En effet
③ Pas de problème
④ Tout de même

(2) ① ça signifie
② il est impossible
③ j'ignore
④ on ne pense pas

(3) ① Arrête de te plaindre
② Ça ne m'étonne pas
③ Ne dors pas
④ Tu as raison

(4) ① Aucune idée
② C'est décidé
③ Je m'en occupe
④ Je n'y aurais pas pensé

(5) ① d'accueillir les clients
② de chercher
③ de revenir
④ de te reposer

(解説・解答 ▶ p.154)

2021年度秋季
実用フランス語技能検定試験
聞き取り試験問題冊子　〈2級〉

書き取り・聞き取り試験時間は、
15 時 50 分 か ら 約 35 分 間

先に書き取り試験をおこないます。解答用紙表面の書き取り試験注意事項をよく読んでください。書き取り試験解答欄は裏面にあります。

この冊子は指示があるまで開かないでください。

◇**筆記試験と書き取り・聞き取り試験の双方を受験しないと欠席になります。**

◇問題冊子は表紙を含め 4 ページ、全部で 2 問題です。

書き取り・聞き取り試験注意事項

1　途中退出はいっさい認めません。

2　書き取り・聞き取り試験は、CD・テープでおこないます。

3　解答用紙の所定欄に、**受験番号**と**カナ氏名**が印刷されていますから、まちがいがないか、**確認**してください。

4　CD・テープの指示にしたがい、中を開いて、日本語の説明をよく読んでください。フランス語で書かれた部分にも目を通しておいてください。

5　解答はすべて別紙の書き取り・聞き取り試験解答用紙の解答欄に、**HB または B の黒鉛筆**（シャープペンシルも可）で記入またはマークしてください。ボールペンや万年筆等でマークした解答は機械による読み取りの対象とならないため、採点されません。

6　問題内容に関する質問はいっさい受けつけません。

7　**携帯電話等の電子機器の電源はかならず切って、かばん等にしまってください。**通信機能のある時計は使用を禁じます。

8　**時計のアラームは使用しないでください。**

9　この試験問題の複製（コピー）を禁じます。また、この試験問題の一部または全部を当協会の許可なく他に伝えたり、漏えいしたりすることを禁じます（インターネットや携帯サイト等に掲載することも含みます）。

書き取り・聞き取り試験

（試験時間：約 40 分間）

書き取り試験

注意事項

フランス語の文章を、次の要領で 4 回読みます。全文を書き取ってください。

- 1 回目、2 回目は、ふつうの速さで全文を読みます。内容をよく理解するようにしてください。
- 3 回目は、ポーズをおきますから、その間に書き取ってください（句読点も読みます）。
- 最後に、もう 1 回ふつうの速さで全文を読みます。
- 読み終わってから 3 分後に、聞き取り試験にうつります。
- 数を書く場合は、算用数字で書いてかまいません。（配点　14）

［音声を聞く順番］ ⓯ → ⓯ → ⓰ → ⓯

（解説・解答 ▶ p.157）

聞き取り試験

1

- まず、Micheline へのインタビューを聞いてください。
- つづいて、それについての 5 つの質問を読みます。
- もう 1 回、インタビューを聞いてください。
- もう 1 回、5 つの質問を読みます。1 問ごとにポーズをおきますから、その間に、答えを解答用紙の解答欄にフランス語で書いてください。
- それぞれの（　　）内に 1 語入ります。
- 答えを書く時間は、1 問につき 10 秒です。
- 最後に、もう 1 回インタビューを聞いてください。
- 数を記入する場合は、算用数字で書いてください。

（メモは自由にとってかまいません）（配点　8）

［音声を聞く順番］ ⓱ → ⓲ → ⓱ → ⓳ → ⓱

(1) Ils lui disent que l'(　　　) ne fait pas le (　　　).

(2) Elle est (　　　).

(3) Elle leur a demandé d'(　　　) son saucisson.

(4) Non, parce que c'est un (　　　), mais sa (　　　) est prouvée.

(5) (　　　) euros la pièce, mais si on en achète deux, le troisième est (　　　).

(解説・解答 ▶ p.160)

2

- まず、Léa の話を 2 回聞いてください。
- 次に、その内容について述べた文 (1) ～ (10) を 2 回通して読みます。それぞれの文が話の内容に一致する場合は解答欄の ① に、一致しない場合は ② にマークしてください。
- 最後に、もう 1 回 Léa の話を聞いてください。
(メモは自由にとってかまいません) (配点　10)

[音声を聞く順番]　⑳ → ⑳ → ㉑ → ㉑ → ⑳

(解説・解答 ▶ p.164)

2 次 試 験

試験方法

○ 2 次試験は個人面接です（面接時間：5 分）。
○指示にしたがい試験室に入室し、はじめに氏名の確認がありますから、フランス語で答えてください。
○次に、面接委員によりフランス語で質問がありますから、フランス語で答えてください。

＊注意＊　試験入室前に携帯電話等の電子機器の電源を切ってください。

◆ Le jury choisit un(des) sujet(s) dans la liste en fonction des intérêts de chaque candidat.

1. Comment aimez-vous voyager, en train ou en avion ?
2. D'habitude, qui prépare le dîner chez vous ?
3. Écoutez-vous souvent la radio ?
4. En général, vous vous levez à quelle heure le dimanche ?
5. Où allez-vous pendant les vacances ?
6. Pour vous, quel est le meilleur métier du monde ?
7. Préférez-vous le poisson ou la viande ?
8. Que faites-vous dans le train (le bus, etc.) ?
9. Respectez-vous toujours les feux rouges ?
10. Téléphonez-vous souvent à vos amis ?

（解説 ▶ p.170）

2021年度秋季2級

今季の出願者は1313名（うち1次試験免除者数57名)、1次試験の実受験者数は1155名でした。また1次試験の合格者は404名（対受験者合格率35.0%)、1次試験の平均点は55点でした。1次試験免除者をくわえた2次試験の実受験者は424名、1次試験と2次試験の両方に合格した最終合格者数は384名（最終合格率32.7%）でした。

出題内容のあらまし

1 次［筆記］

1 前置詞（穴うめ・選択）
2 フランス語文の完成（和文つき／穴うめ・記述）
3 フランス語文の完成（動詞を選択活用／穴うめ・記述）
4 説明文（古い写真／穴うめ・選択）
5 インタビュー（バレリーナ／穴うめ・選択）
6 説明文（学校給食／内容一致・選択）
7 対話文（過重労働／穴うめ・選択）

［書き取り］ 談話文（旧友との再会）

［聞き取り］

1 対話文（裕福な豚肉屋／仏問仏答完成／穴うめ・記述）
2 談話文（謎の部屋／内容一致・選択）

2 次［面接］（個人面接方式）受験者が試験室に入室後、面接委員がフランス語で質問し、受験者がそれに答える。（試験時間約 5 分間）

1 次 試 験

筆記試験

解説・解答

1 **解説** 適切な前置詞を選択する問題です。前置詞に関しては、基本的な前置詞がどういう機能をはたすのか、辞書で確かめておくことと同時に、動詞や形容詞、名詞を学ぶ際に、それと結びついて用いられる前置詞をいっしょに覚えておくことが大切です。そうすることできちんとしたフランス語の文章を作って話したり書いたりできますし、読んだり聞いたりする場合にも正確に理解できるものです。

今回のこの問題の全体の得点率は46%で、例年より高い結果でした。設問ごとにくわしく見ていきましょう。

(1) Ils ne viendront pas à la fête (de) toute façon.「いずれにせよ、彼らはパーティに来ないだろう」という意味です。名詞 façon は「仕方」、「ふるまい」などの意味で使われる名詞であることはよく知っているでしょう。de toute façon は「いずれにせよ」、「ともかく」という意味の副詞句ですから、前置詞の de を空欄に入れれば正解です。得点率は61%でした。

この機会に『ラルースやさしい仏仏辞典 Niveau 1』の façon の項をひき、この設問で使われている de toute façon だけでなく、その他の用法の例文（« Allez, acceptez sans faire de façons, ne vous faites pas prier. » など）と説明をよく読んでみましょう。自分で同じ文が作れるかためしたり、同意表現や反意表現に注目したりすると単語を確実に身につけ、語彙をふやすことができます。

(2) Pourquoi tu marches toujours (à) toute vitesse ?「なぜ君はいつも大急ぎで歩くの？」という意味です。「速さ」という意味の名詞 vitesse を「大急ぎで」、「全速力で」の意味で使う場合には à toute vitesse という副詞句になりますから、前置詞 à が空欄に入ります。toute がなければ en vitesse という組み合わせに変わります。avec を選んだ受験者が3割以上いて、得点率は39%でした。

『ラルースやさしい仏仏辞典 Niveau 1』の vitesse の項をひき、この設問と同じ用法の例文（« Ça ne sert à rien de conduire à toute vitesse, on est en avance. »）を読んでみると、そこで使われている ça ne sert à rien de + inf. と en avance もきちんと身についているか、自分で使えるかが確認できるでしょう。その他の例文と解説も熟読することをおすすめします。

(3) Ses actes sont souvent en contradiction (avec) ses propos.「彼（または彼女）の行動は発言と矛盾していることが多い」という意味です。名詞 contradiction には「反論」の意味と「矛盾」の意味があり、「～と矛盾している」の意味では être en contradiction avec qqch を使います。したがって空欄には、3割以上の受験者が選んだ contre ではなく avec が入ります。得点率は15%でした。

『ラルースやさしい仏仏辞典 Niveau 1』の contradiction の項をひくと、例文（« Le juge a de nouveau interrogé le témoin ; il y avait trop de contradictions dans ses réponses. » など）以外に、いくつもの同義語が載っていますし、派生語として se contredire があげられていることが確認できます。すでに知っていると思っていても意外に身についていない用法があるものです。熟読することをおすすめします。

(4) (Sans) réfléchir, vous ne trouverez pas la réponse.「よく考えなければ、君たち（あるいはあなた）は答えをみつけられないでしょう」という意味です。「～なしに」という意味の前置詞 sans はよく知っているでしょうが、場合によっては仮定を表わして「～がなければ」、「～しなければ」といった意味になります。それが理解できていれば空欄をうめるのはむずかしくないでしょう。得点率は72%でした。

『ラルースやさしい仏仏辞典 Niveau 1』の sans の項で例文（« Pierre est sorti sans que sa mère le sache. » など）と説明をよく読み、この前置詞の用法が身についているか確認してみましょう。

解答　(1) ⑤　(2) ①　(3) ②　(4) ⑦

2 **解説** 自然な日本語の文をフランス語の文に書きかえる際に必要となる単語を空欄に記す問題です。日本語の文がフランス語の文と1語1語対応しているとはかぎりませんから、日本語の文の内容をよく理解して、それを自然なフランス語にするとどういう表現が可能かを推測したうえで問題文をよく検討してください。

今回のこの問題全体の得点率は6%で、例年になく低い数字になりました。それでは1問ずつくわしく見ていきましょう。

(1) 「彼女たちは野原を歩いたんだね。靴の様子でわかったよ」という日本語の文のなかで、「わかったよ」に対応するフランス語の表現として何を思いつくでしょうか。Ça se (　　) tout de suite. と印刷されているのを見て、se voirという代名動詞を思い出すだけでなく、文意にふさわしい時制である直説法半過去の3人称単数に活用すれば正解に到達します。voyaitだけでなくdevinait、savaitでも正解です。得点率は1%でした。誤答としては、*voit*、*trouve*、*trouvait*、*dit*などがありました。フランス語の第1文が大過去になっていることに注目すれば第2文が現在形ではないと判断できるでしょう。時制の選択には注意が必要です。

『ラルースやさしい仏仏辞典 Niveau 1』のvoirの項をひき、この動詞がどのように使われると説明されているか熟読しておくとよいでしょう。よく知っていると思っている単語であっても、例文（« C'est tout vu, je n'irai pas. » « Cette jeune fille est de votre famille ? — Non, je n'ai rien à voir avec elle. » など）を正確に理解し、自分でもそのような文をきちんと書けるか確認してみることをおすすめします。

(2) 「晴れ間を楽しまなくては！」という日本語の文のなかで「楽しむ」が空欄に対応するのであろうと想像できますから、前置詞deとともに「～を利用する」、「～を楽しむ」の意味で使うprofiterを入れることはむずかしくないでしょう。jouir、bénéficierでも正解です。得点率は13%でした。誤答としては*amuser*、*s'amuser*、*jouer*、*plaisir*などがありました。

この機会に『ラルースやさしい仏仏辞典 Niveau 1』のprofiterの項をひき、そこに載っている例文（« Puisque je vous vois, je profite de l'occasion pour vous dire de nouveau merci. » など）と説明をよく読むとよいでしょう。「利用する」という日本語の語感とprofiterの語感はかならずしも一致しないでしょうから、どのような文脈で使われるか、ふだんから注意することをおすすめします。

(3)「彼は腹ばいになって新聞を読んでいる」という日本語の文のなかで、「腹ばいになって」がà (　　) ventreに対応していることはすぐにわかるでしょう。そこでà plat ventreという表現を思い出せば正解に到達できます。得点率は4%でした。誤答としては*sous*、*sur*、*contre*、*son*などがありました。

この機会に『ラルースやさしい仏仏辞典 Niveau 1』のventreの項をひき、à plat ventreの例文（« À plat ventre sur le tapis, les enfants regardent la télévision. »）を読むだけでなく、反意表現としてsur le dos、sur le côtéがあげられていることにも注目すると、語彙をふやすことができます。

(4)「警察はこの犯罪の凶器をまだみつけていない」という日本語の文に対応するフランス語がLa police n'a pas encore mis la (　　) sur l'arme du crime. と印刷されています。「～をみつける」に対応する動詞句mettre la main sur qqchが思い出せればmainが入るとわかるでしょう。得点率は5%でした。誤答としては*chose*、*clé*、*trouve*、*evidence*、*place*、*raison*などがありました。

この機会に『ラルースやさしい仏仏辞典 Niveau 1』のmainの項をひき、mettre la main sur qqch, qqn（例文は« Mais où est passé ce livre ? Je n'arrive pas à mettre la main dessus. »など）だけでなく、そこにあげられている多様な表現が身についているかどうか、例文をとおして確認するとよいでしょう。

(5)「しまった、資料が曲がって印刷されているじゃないか！」という日本語の文のなかで「曲がって」に対応する箇所がフランス語でde (　　)と印刷されていますから、適切な副詞句を考えれば、de travers（あるいはde biais）を思いつくでしょう。travers（またはbiais）を入れれば正解です。得点率は5%でした。誤答としては*tourner*、*tourné*、*trouner*、*mal*などがありました。

『ラルースやさしい仏仏辞典 Niveau 1』のtravers (à, de, en)の項をこの機会に読み、そこに載っているさまざまな表現を例文（« Pourquoi tousses-tu ? — J'ai avalé de travers. »）とともに熟読しておくとよいでしょう。よく知っていると思っている単語でも、意外に身についていない表現があるものです。

解答　(1) voyait　(2) profiter　(3) plat
(4) main　(5) travers

3　**解説**　2つの文**A**と**B**があたえられており、**B**の文には1語だけ空欄があります。**A**と**B**がほぼ同じ意味になるように、不定詞の形であたえられた8つの動詞のなかから適切なものを選び、それを必要な形に活用させて空欄をうめるという問題です。せっかく正しい動詞を選んでも、時制と叙法でまちがえたり、活用形のつづりをきちんと書けなかったりする受験者が少なくありません。日ごろから手を使って活用の練習をしておけば試験の際に迷うことはないでしょう。

問題全体の得点率は28%で、例年より高い結果でした。それでは各設問をくわしく見ていきましょう。

(1)　**A**の文は「もし授業が1週間遅く再開すれば、そのほうがよいでしょう」と訳せるでしょう。**B**の文は「授業を1週間遅く～するほうが私たちには好ましいです」という意味ですから、空欄には「(仕事、勉強などを) 再開する」を意味する動詞reprendreを接続法現在3人称単数にしてreprenneを入れればよいとわかるでしょう（主節の条件法現在に合わせて接続法半過去3人称単数reprîtにしても正解です)。得点率は13%でした。誤答としては*reprendrait*、*reprenait*、*reprend*、*posait*などがありました。préférer que ... の場合、従属節の動詞は接続法になることを再確認しましょう。

また、この文で使われているreprendreを『ラルースやさしい仏仏辞典Niveau 1』で調べてみるとよいでしょう。多様な例文（« Le malade commence à reprendre des forces : il a un peu marché dans sa chambre. » など）がきちんと理解できているでしょうか。

(2)　**A**の文は「時間がないから君は成功しないだろう」という意味です。**B**の文は「もし君に時間があれば、おそらく～成功するのに」という意味になると想像できますから、**B**のフランス語の文にpar réussirがあることに注目すれば、空欄には前置詞parと組み合わせて「ついには～する」を意味する動詞 finir を条件法現在2人称単数 finirais にして入れればよいとわかるでしょう。得点率は17%でした。接続詞 si のあとに半過去がありますから、主節は条件法現在であると判断できます。誤答としては、正しい動詞を選びながら直説法単純未来 *finiras* とした答案のほか、*terminerais*、*termineras* とした受験者もいました。

この機会に『ラルースやさしい仏仏辞典 Niveau 1』の finir の項をひき、ここで使われている表現の例文（« Arrêtons de nous disputer, nous allons finir par nous fâcher. » など）だけでなく、その他の用法もしっかり身についているか確認するとよいでしょう。

(3) **A** の文は「私は決心しました。政治活動をやめます」という意味です。**B** の文は「政治活動から～を私は決心しました」となりそうですから、空欄には「～から引退する」を意味する動詞 se retirer の再帰代名詞を主語に合わせて1人称にして me retirer と記入すれば正解です。得点率は31%でした。誤答としては、正しい動詞を選びながら *se* retirer と書いてしまった答案のほか、*finir*、*terminer* を選んだ受験者もいました。

『ラルースやさしい仏仏辞典 Niveau 1』の retirer の項には、se retirer de qqch というこの設問で使われている用法（例文は « Deux concurrents se sont retirés de la course. »）だけでなく、その他の用法も載っています。前置詞のちがいなどに注意して例文（« La police lui a retiré son permis de conduire pour un mois. » など）をよく読んでおきましょう。

(4) **A** の文は「口に食べものが入っているときには話してはいけないよ」と訳せるでしょう。**B** の文は「口に食べものが入っているときには～」という意味でしょうから、空欄には「黙る」を意味する se taire を命令法2人称単数に活用させて Tais-toi と記入すればよいとわかるでしょう。文頭ですから大文字にすることを忘れないようにしましょう。得点率は25%でした。誤答としては、正しい動詞を選びながら *Te tais* と書いた答案があったほか、*Pose*、*Posez* と答えた受験者もいました。

『ラルースやさしい仏仏辞典 Niveau 1』の taire (se) の項を、日ごろから読み、例文と説明をとおして用法を確認し、同義表現を身につけていれば容易に解答できる問題でしょう。

(5) **A** の文は「彼（あるいは彼女）の怒りは顔に現れていた」という意味です。**B** の文は「彼（あるいは彼女）の顔は怒りを～」と訳せそうですから、空欄には「表現する」を意味する exprimer を使えばよいとわかるでしょう。直説法半過去 3 人称単数 exprimait にして記入すれば正解です。得点率は 54 %でした。誤答としては *appeler* を選んで *appelait* と書いた答案のほか、*exprime* と書いたものなどがありました。

『ラルースやさしい仏仏辞典 Niveau 1』の exprimer の項だけでなく、traduire の項も読み、多様な用法を例文（« Sa maladie se traduit par des crises de nerfs. » など）をよく読んで再確認し、自分でもそれらの文が書けるかどうかためしてみることをおすすめします。

解答　(1) reprenne　(2) finirais　(3) me retirer
(4) Tais-toi　(5) exprimait

4

解説、長文に 5 つの空欄が設けられており、それぞれ 3 つの選択肢のなかから文章の流れに合うものを選ぶ問題です。それぞれの選択肢はどれを入れても文法的に正しいようにできていますので、空欄の前だけを見て選ぼうとしてもうまくいきません。空欄をうめてから空欄のうしろも読み、さらに文章全体の論理展開に合うかどうか検討してください。

この問題全体の得点率は 63%で、例年より低い数字でした。それでは各設問を見ていきましょう。

(1) 第 1 段落ではまず最初の 3 文で、André が古い写真の愛好家であること、1910 年代にある家族がとった 600 枚を超える写真が入った段ボール箱を去年、友だちの 1 人からもらったこと、ある書店で購入したその友人はどこから写真が来たのか知らない、といったことが述べられています。それにつづく第 4 文に空欄 1 があり、「いま、André はそれらの写真を（　1　）」という意味になりそうです。選択肢は①「すっかり忘れた」、②「毎日調べている」、③「もう気にかけていない」という意味です。この箇所につづく文章で André が写真の謎を解明しようと努力しているようすが語られていますから、その内容を考慮すると正解は②であるとわかります。得点率は 73%でした。空欄の前だけでなく、あともつづけて読めばさほどむずかしくはないでしょう。

(2) つづく第5、第6文で段ボール箱に書いてある名前（ファーストネーム）から、Paul と Madeleine という夫妻で、子どもの1人に Guillaume という子がいるとわかったと述べられたあとの第7文に第2の空欄があり、「とはいえ、（ 2 ）それがこの家族について彼が知っていることすべてである」という内容の文です。選択肢は①「もう1回」、②「幸いにも」、③「今のところ」という意味です。André が写真の謎をさらに探求していることがこの文のあとでも語られていますから、文脈にもっとも合うのは③であるとわかるはずです。得点率は55%でした。この機会に『ラルースやさしい仏仏辞典 Niveau 1』の instant の項を参照するとよいでしょう。③で使われている pour l’instant の例文 « Quand tu seras grand, tu feras ce que tu voudras, mais pour l’instant, tu dois m’écouter. » だけでなく、その他の表現（d’un instant à l’autre、à l’instant など）とその例文と解説も熟読することをおすすめします。

(3) つづく第8文では、それらの写真を撮影したのがプロの写真家ではなく、アマチュアだったようだという André の推理が述べられています。そのアマチュアを主語にもつ現在分詞 ayant の直接目的語 un bon sens の補語にあたる部分に第3の空欄があります。文脈を考慮して理解すれば、選択肢は①「構図の（よいセンスをもっている）」、②「倹約（じょうずである）」、③「人の手助けをする（のが得意である）」という意味だと考えられます。つづく第9文で「というのも」を意味する en effet とともに、写真をとった家族が家や食堂、庭を芸術的に撮影していると説明されていますから、文脈に合うのが①であると判断するのはさほどむずかしくはないでしょう。得点率は78%でした。

空欄の前で使われている sens の項を『ラルースやさしい仏仏辞典 Niveau 1』で参照し、この名詞がどういう例文（« Ne me dis pas que tu lis le journal, tu le tiens dans le mauvais sens ! » など）によって説明され、同義語として何があげられているか、確認するとよいでしょう。第9文で使われている en effet も同じ辞書の en effet の項目（effet の項目とは別にあります）を熟読することをおすすめします。このようなつなぎの表現が身についていると文章の理解に役立ちますし、自分で書いたり話したりする場合にも重宝します。

(4) 第4の空欄をふくむ第10文では写真にうつっている風景が話題になっています。写真をとった家族の人たちが海と山での楽しみも味わっていたようだと述べられ、後半は「一連のブルターニュやスイスの風景が（　4　）ように」という意味になりそうだとわかるでしょう。海と山の行楽の例として具体的な地名があげられているのだと推測すれば、選択肢①「旅行したいという気持ちにさせる」、②「そう考えさせる」、③「たいしたことは示唆しない」のなかで②を選ぶことはむずかしくはないはずです。得点率は25%でした。①を選択した受験者が7割弱いましたが、写真にうつっている風景から、その家族の行動や趣味をAndréがどう推理しているかという文脈に着目すれば②がもっとも適切であると判断できるでしょう。

③で使われているdireの項を『ラルースやさしい仏仏辞典 Niveau 1』で読んでおくことをおすすめします。多様な表現がありますから（例文は« Son visage me dit quelque chose, mais je ne me souviens plus où je l'ai vu. » など）、それらが身についているか、自分で使いこなせるかを確認するよい機会でしょう。

(5) 第2段落の最初の文で「もしこの話に興味をもったら、遠慮なくAndréとコンタクトをとってください。サイトでこれらの写真を公開しています」と述べられたあとの第2文に第5の空欄があります。「すでにいくつもの情報が彼のところに寄せられ」という意味の節と「Reimsのある地区をうまく特定する」という意味の節の間にある空欄をうめる選択肢として、①「（その情報ゆえに特定することは）彼にはできない」も②「（特定することを）彼に禁止した」もふさわしくなく、③「そのおかげで彼は（特定することが）できた」が適切だと容易に判断できるはずです。得点率は88%でした。

解答　(1) ②　(2) ③　(3) ①　(4) ②　(5) ③

5　**解説**　対話形式の長文に5つの空欄が設けられており、それぞれに適合する文を7つの選択肢から選ぶ問題です。近年の傾向としてはジャーナリストによるインタビュー形式の出題が多く、今回もそのような問題でした。

問題全体の得点率は82%で、例年より高い結果でした。それでは各設問をくわしく見ていきましょう。

(1)「あなたはパリ・オペラ座バレエ団でしばらく前から踊っていますね」というジャーナリストの発言のあとに空欄があり、それに対してMarieは「全然ちがいます。偶然、6歳のときに両親が私をバレエのレッスンに入れたのです」と答えています。Absolument pas. という全体否定で答えていることがわかれば、Oui. か Non. を要求する質問がされたのだろうと推測できます。その形式の問いを選択肢のなかでさがすと、⑦ Rêviez-vous de devenir danseuse ?「バレリーナになることを夢見ていたのですか」であると選ぶのはさほどむずかしくないでしょう。得点率は88%でした。

副詞 absolument と pas をいっしょに使う場合、位置によって意味がことなることは理解しているでしょうか。Je ne rêvais absolument pas de devenir danseuse. は全体否定で「バレリーナになることは全然夢見ていませんでした」の意味です（absolument の最初の音節を強く発音します）が、Je ne rêvais pas absolument de devenir danseuse. では部分否定で「バレリーナになることをかならずしも夢見ていたわけではありません」の意味です（absolument を強くは発音しません）。

(2)　6歳でバレエのレッスンを始めたというMarieの最初の発言につづいてジャーナリストの質問の部分に第2の空欄があり、それに「練習はつらかったです。私はほとんどやめるところでした」といった趣旨の返答をMarieがしていますから、バレエのレッスンの初期の話をしているのだろうと推測できます。選択肢のなかからそれに合うものをさがすと、③ Quelle a été votre première impression ?「第一印象はどうでしたか」がみつかるでしょう。得点率は69%でした。① Pourquoi avez-vous abandonné ?「なぜやめたのですか」を選んだ答案が2割以上ありましたが、Marieは faillir を使って「ほとんどやめるところでした」と言っていますから、実際にやめたわけではありません。

この選択肢で使われている impression はすでによく知っている単語でしょうが、『ラルースやさしい仏仏辞典 Niveau 1』の impression の項を参照し、その例文（« Pour ne pas faire une mauvaise impression sur les juges, il s'était habillé d'une façon correcte. » など）をきちんと理解できるか、自分でも同じ文を作れるかためしてみるとよいでしょう。よく知っていると思っている単語でも身についていない用法があることがわかるかもしれません。

Marieの発言のなかにある動詞 faillir に関しては、本書の2021年度春季聞き取り 2 の(7)についての解説を参考にするとよいでしょう（116 頁参照）。

(3) バレエのレッスンをやめかけていたという Marie の発言につづいてジャーナリストが質問している部分に第 3 の空欄があり、それに「それはオペラ座の若い踊り手たちについてのテレビ番組でした」という内容の返答を Marie がしています。レッスンをやめずにすんだ理由をジャーナリストが質問したのだろうと想像しながら選択肢の文を読むと、⑥ Qu'est-ce qui vous a fait changer d'avis ?「何があなたの意見を変えさせたのですか」が最適だとわかるでしょう。得点率は 72％でした。

この選択肢で使われている changer には、changer d'avis のように changer de qqch のタイプもあれば、changer qqch の用法もあるということは身についているでしょうか。『ラルースやさしい仏仏辞典 Niveau 1』の changer の項を参照し、さまざまな例文（« Allons au cinéma, ça te changera les idées. » など）と解説を熟読するとよいでしょう。

(4) Marie は「私が 9 歳半のときでした。でも、この職業が必要とする訓練は本当にはわかっていませんでした」といった趣旨の返答をしています。時間的なことを尋ねたのだろうと推測しながら選択肢の文を読むと、② Quand avez-vous décidé d'entrer à l'Opéra ?「オペラ座に入ることをきめたのはいつですか」がふさわしいとわかるでしょう。得点率は 93％でした。

Marie の発言のなかで travail と métier がならんでいますが、どちらも「仕事」と訳したのでは文の趣旨がよくわからないでしょう。前者は「バレエの練習、訓練」という意味（travailler には「働く」「勉強する」以外に「練習する、訓練する」の意味があります）、後者は「バレリーナという職業」の意味で理解できたでしょうか。

同じ発言のなかに副詞 vraiment があり、上述の absolument と同様に pas との位置関係によって Je ne sais vraiment pas.「私はまったく知りません」という全面否定と、Je ne sais pas vraiment.「私はそれほどは知りません」という部分否定というちがいがあります。

(5) Marie の最後の発言は「いつでも自分にきびしくすることです」といった趣旨です。バレリーナという職業に必要なことは何か、といった質問をジャーナリストがしたのだろうと想像できます。それに適するものを選択肢のなかでさがすと、⑤ Qu'est-ce qui est le plus important dans votre métier ?「あなたの職業で何がもっとも重要ですか」だろうと容易に推測できるでしょう。得点率は 87%でした。

Marie の返答のなかで exigeante が女性形になっているのは、danseuse の職業に関して述べているからです。一般論であるとはいえ、あくまで女性の職業を話題にしているわけです。

解答　(1) ⑦　(2) ③　(3) ⑥　(4) ②　(5) ⑤

6

解説　長文の内容一致の問題です。あたえられた 7 つの文が本文の内容に一致しているか否かを判断します。

問題全体の得点率は 79%で、例年並みの数字でした。正誤が問われている問題の文を順に確認しながら、本文の内容と一致しているか見ていきましょう。

(**1**) Peu de parents marseillais trouvent scandaleuse la nouvelle décision de la mairie sur les cantines scolaires.「学校食堂に関する市役所の新たな決定はとんでもないことだと思う Marseille の親たちはあまりいない」という文です。本文第 1 段落冒頭において、Marseille 市が現在、政治的、社会的に大きくゆれている、夏休みが始まるまで 2 週間という時点で、学校食堂に関する市役所の新たな決定が出て、多くの親たちは言語道断だと叫んでいる、と述べられています。本文で de nombreux parents「多くの親たち」と言っているところが短文で peu de parents「あまり多くない親たち」となっているわけですから、この文は本文の内容に一致していません。基本的な表現に注意すれば容易に答えられるでしょう。得点率は 88%でした。

本文中にある à la suite de の用法はきちんと身についているでしょうか。『ラルースやさしい仏仏辞典 Niveau 1』の suite の項をひき、例文（« À la suite de la réunion, on a eu une grande discussion. »）が正しく理解できるか確認してみるとよいでしょう。その他の例文も熟読し、解説で用法を再確認することをおすすめします。

(**2**) À Marseille, il n'y aura qu'un menu sans viande dans les cantines scolaires après les vacances d'été.「Marseille では夏休みのあと、学校食堂

には肉なしの献立1つしかなくなるだろう」という文です。本文第1段落第2文のdeux-pointsのあとの節で、9月の新学年には豚も牛も鳥もない、1つの献立しかなくなると述べられています。本文のà la rentrée de septembre prochain「9月の新学年に」が短文ではaprès les vacances d'été「夏休みのあと」になっていることなどの軽微な変更にまどわされなければ短文が本文の内容と一致しているとすぐに判断できるでしょう。得点率は79％でした。

(3) La cantine scolaire est le seul endroit où beaucoup d'enfants pauvres avaient l'occasion de manger de la viande.「学校食堂は、多くの貧しい子どもたちが肉を食べる機会のあった唯一の場所である」という文です。本文第1段落最後の文で、それ（市役所の決定）は、貧困に苦しみ、学校食堂でしか肉を食べていない子どもたちにとっては悪いニュースであると述べられていますから、短文は本文の内容と一致しています。得点率は59％でした。本文のne mangent de la viande qu'à la cantineにあるne ... queがきちんと理解できていればむずかしくはないでしょう。

(4) Les élèves pouvaient toujours manger de la viande ou du poisson à la cantine.「生徒たちは学校食堂でいつも肉か魚を食べることができた」という文です。本文第2段落第1文で、現在まで生徒たちは3種類のアントレと2種類のメイン料理から選ぶことができて、メインの1つは肉か魚を使っていたと述べられています。したがって従来、学校食堂で肉か魚がいつも食べられたわけですから短文は本文の内容に一致しています。得点率は77％でした。

(5) À la cantine, les enfants manquaient fréquemment de temps pour finir leur déjeuner.「学校食堂では、子どもたちが昼食を終える時間がないことが頻繁にあった」という文です。本文第2段落第2文で、子どもたちがどれを食べるか迷うために給仕に時間がかかり、食事を終えられないことが多かったと述べられています。短文は本文と同じ内容をことなる表現で言っているわけですから、正解は①です。得点率は76％でした。

本文で使われている表現prendre du tempsは正確に理解して、自分でも使えるでしょうか。この機会に『ラルースやさしい仏仏辞典 Niveau 1』でtempsの項をひいてみるとよいでしょう。この表現の例文（« Qu'est-ce que tu arrives tard, tu as mis un temps fou ! — Eh bien ! j'ai fait les courses, ça m'a pris du temps. »）だけでなく、多様な用法を例文（« Ah ! De mon temps, je vous assure qu'on n'aurait pas fait une chose pareille. » など）で確認し、説明も熟読すると、語彙を確実にふやすことができるでしょう。

短文で使われている動詞 manquer が、ここで manquer de qqch の構文で使われていることも正確に理解できているでしょうか。『ラルースやさしい仏仏辞典 Niveau 1』で manquer の項をひき、同じ用法の例文（« Cette sauce est bonne, mais ça manque de sel, remets-en un peu. » など）だけでなく、その他の使い方も例文と解説を読むことをおすすめします。

(6) À Marseille, tout le monde condamne la décision de la mairie.「Marseille では、だれもが市役所の決定を非難している」という文です。本文第3段落で、なぜ肉を献立からはずすのかが説明されており、Marseille の政治家のなかには市役所の決定を擁護する人たちが数名いると第2文冒頭に明記されています。したがって、市役所の決定を支持する人たちがいることがわかりますから、短文は本文の内容に一致しません。得点率は90%でした。

(7) Dans les cantines marseillaises, un élève sur deux ne choisissait déjà pas les plats de viande.「Marseille の学校食堂では生徒の2人に1人はすでに肉料理を選んでいなかった」という文です。本文第3段落第2文の後半の節と第3文で、市役所が肉を献立からはずす理由があげられ、これまでも家庭の習慣か宗教上の理由で肉を選ばない生徒が半数いた以上、魚か卵の料理でみなが満足するだろうという意見があることが紹介されています。したがってこの文は本文の内容に一致しています。un élève sur deux が la moitié des élèves と同じ意味であることがわかれば容易に答えられるでしょう。得点率は79%でした。

本文で使われている副詞句 dans ces conditions は身についているでしょうか。『ラルースやさしい仏仏辞典 Niveau 1』で condition の項をひき、この副詞句の同義表現として何があげられているか、確認してみましょう。

解答　(1) ②　(2) ①　(3) ①　(4) ①
(5) ①　(6) ②　(7) ①

7 **解説** 対話文に設けられた5つの空欄に、それぞれ4つの選択肢から適切なものを1つ選んで入れる問題です。筆記試験 5 も対話文の空欄補充問題ですが、質問文を尋ねるものでした。7 では、やりとりのなかの文や文の一部が問われます。対話文が自然な流れになるように気をつけながら解答していく必要があり、受験者には意外に難問になるところもあるようです。日ごろからフランス語で会話をする練習をしたり、さまざまな媒体で実際の会話のようすに接したりする工夫をするとよいでしょう。

今回、この問題全体の得点率は56%で、例年より低い数字でした。それでは対話文の流れを追いながら、各設問のポイントを見ていきましょう。

(1) Baptisteが「やっと閉店の時間が来た！」と言うと、Aurélieが「元気？少し疲れているみたいね」と言います。それに答えたBaptisteの「元気だよ」のあとの文の最初に第1の空欄があり、「最近、お客さんが多いように思う」とつづけています。彼は元気ではあるけれど、顧客の多さに疲れているようです。この流れに注目しつつ、選択肢① Doucement「落ちついて」、② En effet「実際」、③ Pas de problème「問題ない」、④ Tout de même「それでも」のなかからふさわしいものをさがせば④であるとわかるでしょう。得点率は14%でした。②を選択した受験者が6割以上いましたが、en effetは先行する文の内容を肯定して同じ方向に話をつづける場合に使いますから、この場合には適していません。空欄の前後をよく読んで判断する必要があります。

選択肢で使われているtout de mêmeの項を『ラルースやさしい仏仏辞典 Niveau 1』で参照するとよいでしょう（mêmeではなくtout de mêmeの形で独立した項目として扱われています）。例文（« Tout de même, tu ne trouves pas que tu exagères ! »など）と説明をとおして用法を理解しましょう。

(2) Aurélieの次のせりふに第2の空欄があり、「そうね、でも、私たちの店が順調である（　2　）」といった内容です。そのあとにBaptisteが同意していることにも着目しつつ、空欄をうめるのにふさわしい表現をさがすと、選択肢① ça signifie「それは（順調である）という意味よ」、② il est impossible「（順調である）のは不可能ね」、③ j'ignore「（順調であることは）私は知らないわ」、④ on ne pense pas「（順調であるとは）私は思わない」のなかで文脈に合うのは①であることは容易にわかるでしょう。得点率は

78%でした。

選択肢②で使われている動詞 ignorer は英語からの影響で「無視する」の意味で使われることはありますが、本来は「～を知らない」という意味です。『ラルースやさしい仏仏辞典 Niveau 1』の ignorer の項をひき、例文（« Tu crois qu'il va faire beau demain ? — Je l'ignore. Comment veux-tu que je le sache ! » など）と解説を熟読し、用法が身についているか確認するとよいでしょう。

(3)　Baptiste が「たしかにそうだ（店は順調である）けれど、もしこれがつづいたら、ぼくは過労死してしまうよ」と言ったのに対する Aurélie の返答に第 3 の空欄があります。「(　3　)、あなたはそれほど忙しくなんかないじゃない」という文です。そのあとに Baptiste が Si を使って「そんなことはない（いや忙しい）」と発言していることにも注目すれば、Aurélie は相手が誇張して愚痴をこぼしていると見なしているようだとわかります。そのような理解のうえで空欄をうめるにふさわしいものを選択肢① Arrête de te plaindre「不平を言うのはやめなさい」、② Ça ne m'étonne pas「驚きはしないわ」、③ Ne dors pas「眠らないで」、④ Tu as raison「言うとおりね」のなかからさがすと、①が適切であるとわかるでしょう。得点率は 48%でした。④を選んだ受験者が 3 割弱いましたが、それでは相手の主張に賛同することになってしまいますからこの文脈では適していません。会話の流れを追って状況を思い描くと答えやすくなるでしょう。

(4)　Baptiste が「そんなことはない、ぼくはまじめに話しているんだ。思うに、もう 1 人雇ったほうがいいよ」と言うのに対する Aurélie の返答の冒頭に第 4 の空欄があり、それにつづけて「たしかにそれもそうね。で、あなたはどんなタイプの人と働きたいの？」と尋ねています。だれかを雇うのもいいかもしれないという方向に流れが変わる前に空欄があることを考慮しつつ、選択肢① Aucune idée「まったく知らない」、② C'est décidé「きまりね」、③ Je m'en occupe「私が引き受けるわ」、④ Je n'y aurais pas pensé「考えもしなかったわ」のなかから前後の文脈にふわさしいものをさがすと、④であると判断できます。得点率は 54%でした。

(5)　「どんなタイプの人と働きたいの？」と尋ねられた Baptiste が「親切で

感じのよい人かな」と答え、それに対して最後にAurélieが発言しているなかに第5の空欄があります。「それなら、（　5　）にはおよばないわね。私の従兄弟がまさにそういう人だから」の空欄をうめるにふさわしいものを選択肢① d'accueillir les clients「お客さんたちを迎える」、② de chercher「さがす」、③ de revenir「もどってくる」、④ de te reposer「あなたが休息をとる」のなかからさがせば、最適なのは②です。得点率は83%でした。

すべての空欄をうめたあとに対話全体を読みなおすと、2人がどういう調子で話をしているのか、状況がイメージとともに確認できるでしょう。

解答　(1) ④　(2) ①　(3) ①　(4) ④　(5) ②

書き取り・聞き取り試験

解説・解答

書き取り試験

解説 書き取り試験では、音を正確に聞き取って適切な単語や表現に結びつけ、その音を正確につづり、さらに文法的に正確な文として組み立てる必要があります。とくに、語末の子音、複数の s や x など、発音されない箇所を書き足すことに気をつけなくてはいけません。また、性数一致、動詞の活用などの注意点もあります。これらの点は日ごろから気をつけていないと、受験の際についまちがえてしまうものです。

試験では、問題文は全部で4回読まれます。ふつうの速さで読まれる1回目と2回目は、キーワードをメモする程度におさえ、文章全体の流れを理解するようにしましょう。この段階で最初から書き取ろうとすると、書いている間に問題文を聞き逃がしてしまいます。3回目に句読点をふくめてゆっくり読まれますので、このときに1語1語しっかり書き取ってください。最後にもう1回読まれるときは、自分が書いた文章にまちがいがないか、こまかい点にも注意してチェックしましょう。意味がきちんとつながるか、単数形と複数形が適切であるか、動詞の時制、人称などに合った活用ができているか、などさまざまな点を見なおすとよいでしょう。

今回は、旧友に思いがけず再会した人の話です。得点率は46%で例年よりやや高い数字でした。落ちついて書き取ることを心がけてください。第1文から順に見ていきましょう。

第1文ではまず冒頭の Hier matin はきちんと書けたでしょうか。基本的な単語ですが、うっかりつづりをまちがえないように気をつけましょう。

同じ第1文の動詞 est allée については、直説法複合過去3人称単数であることは問題なくわかっても、過去分詞が主語の女性 Sophie に合わせて女性形になることに注意が向かわない受験者がいました。過去分詞の性数一致はフランス語を母語にしている人でもまちがえる文法項目ですから、日ごろから注意しておく必要があります。

同じ第1文にある、「徒歩で」を意味する à pied は頻出する副詞句ですから、それほどむずかしくはないはずですが、前置詞 à のアクサンや pied のつづりをまちがえた誤答が散見しました。pied を複数にした答案もありましたが、名詞が複数になるのは、à pieds joints「両足をそろえて」といった場合です。

第1文の最後にある comme d'habitude もよく使われる表現ですから困難はないはずですが、うっかりして h を書かない受験者がいました。ふだんから手で書く練習をすべきでしょう。

第2文では最初の En chemin は正しく書けたでしょうか。鼻母音の発音を聞きまちがえて、*Un* chemin と書いた答案がありましたが、ここでは「途中で」を意味する副詞句であることが文脈でわかれば、音の区別に自信がなくても正確に書けるでしょう。名詞 chemin のつづりをまちがえた受験者も少なくありませんでした。ふだんから手で書く機会をなるべく作るほうがよいでしょう。そのあとにある virgule のような句読点もおろそかにしないように気をつけましょう。

この第2文の主語である quelqu'un も頻出する不定代名詞ですから問題なく書けるはずですが、意外につづりにつまづいた受験者がいました。

同じ第2文の最初の動詞 l'a appelée も第1文の動詞と同様に、過去分詞を女性形にする必要があります。この場合には直接目的語が動詞より前にあり、その l' が la のエリジョンしたものであることを考慮すれば、さほど迷わずに正しく書けるはずです。

それに対して第2文の後半の動詞 s'est approché は主語が quelqu'un ですから、過去分詞を女性形にしてはいけません。登場人物が女性たちであることにつられたのか、女性形にした答案が散見しました。s'est を *c'*est と理解した受験者が少なくなく、その結果、過去分詞 approché がそのあとにつづくことに思いいたらなかった答案もありました。

この第2文の最後にある d'elle も正しく書けたでしょうか。s'approcher de ... で「〜に近づく」の意味ですから、前置詞 de をおろそかにしないように気をつけましょう。

第3文は1単語からなる感嘆文ですが、Surprise ! は問題なく書けたでしょうか。つづりでつまづいた受験者が少なくありませんでした。文頭ですから大文字で始める、感嘆符も忘れずに書くといった基本的なところも、まちがえないように注意しましょう。

この機会に surprise の項を『ラルースやさしい仏仏辞典 Niveau 1』のなかでさがし、例文（« Tu es rentré ? Quelle surprise, je ne m'y attendais pas ! » など）だけでなく説明も読み、同義語にも注目するとよいでしょう。

第 4 文も短いのでむずかしくはないはずですが、冒頭の C'était は問題なく書けたでしょうか。*Cet été* と書いた答案がありましたが、それでは文が成立しませんし、文脈にも合いません。自分が書いた文を読みなおし、意味のうえでも文法的にも適切かどうか、よくチェックしましょう。

同じ第 4 文にある sa meilleure amie の部分では、形容詞も名詞も女性形にすることを忘れないでください。sa *meilleur* amie、sa *meilleur ami*、sa meilleure *ami* などの誤答が散見しました。

第 4 文の最後にある lycée も意外につづりで苦労する単語のようです。日常的によく使う名詞ですが、とっさに最後の e を忘れないよう、日ごろから手で書く練習は必要です。

第 5 文では動詞 faisait は問題なく書けたでしょうか。faire の活用は初級文法で習いますが、つづりと音が合わない活用形として nous faisons、je faisais、en faisant といったものがあることを忘れないように、手で書く練習はふだんからすべきでしょう。

同じ第 5 文の後半には、動詞 se voir が直説法大過去 3 人称複数の否定形で使われています。前とのつながりで qu'elles ne s'étaient pas vues. となっていますから、qu'elles を *quelle*、*quelles* などと書かないように気をつける必要がまずあります。s'étaient が代名動詞の助動詞で、半過去の活用であり、3 人称複数であるといった点がすぐにわかったでしょうか。それがわからないと *c'était*、s'*était*、s'*est* といった誤答になっていまいます。

最後の過去分詞 vues も、女性形複数にしなかった答案が多くあり、*vu*、*vue*、*vus* などが見られました。se voir においては再帰代名詞が直接目的なので過去分詞が主語と性数一致をおこします。代名動詞の過去分詞の性数一致はフランス語母語話者がまちがえる事項の筆頭とも言われる点ですが、基本的な規則を身につけておけばさほど迷わずに正しく書けるはずです。知識があやふやな場合には参考書などで確認しましょう。

第 6 文では間接話法が使われています。直接話法なら Céline lui a dit : « Je viens de louer un studio près de chez toi il y a deux jours. » となる文です（主節が過去であるために、時間表現が直接話法なら il y a deux jours であるところが間接話法で deux jours avant になっている点は理解しているでしょうか)。近接過去を表わす venir de が直説法半過去 3 人称単数 venait de になっていることは容易に聞き取れたでしょうが、前置詞 de につづいて動詞 louer を書くべきところには苦労した受験者が少なくありませんでした。

同じ第 6 文にある près de chez elle のところは、短い単語がならんでいますから、よく聞き取って書き忘れないように注意しましょう。書き取りにおいてはこのような短い単語をきちんと書けない受験者が散見しますが、こまかいところも正しく書かないと文章が成立しません。

最後の第 7 文においては、最初の動詞 était が直説法半過去 3 人称単数であること、形容詞 heureuse が女性形であることは問題なくわかったでしょうか。この形容詞は基本単語ですが、つづりをまちがえた受験者が少なくありませんでした。

同じ第 7 文の後半にある複合過去 est rentrée も過去分詞の性数一致をおろそかにできないところです。

それにつづくジェロンディフ en oubliant は正しく書けたでしょうか。リエゾンにまどわされて en *n'*oubliant などと書かないように気をつけましょう。

解答 (読まれる文) Hier matin, Sophie est allée au supermarché à pied comme d'habitude. En chemin, quelqu'un l'a appelée de loin et s'est approchée d'elle. Surprise ! C'était Céline, sa meilleure amie de lycée. Cela faisait longtemps qu'elles ne s'étaient pas vues. Céline lui a dit qu'elle venait de louer un studio près de chez elle deux jours avant. Sophie était si heureuse qu'elle est rentrée en oubliant de faire les courses.

聞き取り試験

1

(読まれるテキスト)

Le journaliste : Cette année, vous avez fait fortune et vous êtes maintenant une des femmes les plus riches de votre village. Vous êtes heureuse ?

Micheline : Oui ! Les gens me disent que l'argent ne fait pas le bonheur, mais être riche, c'est merveilleux !

Le journaliste : Que faites-vous dans la vie ?

Micheline : Je suis charcutière et je vends mes produits dans mon magasin.

Le journaliste : En général, les charcutiers ne gagnent pas énormément d'argent. Vous avez fait quelque chose de particulier ?

Micheline : J'ai demandé à des scientifiques d'analyser mon saucisson, et ils ont découvert qu'il était meilleur que les autres pour la santé.

Le journaliste : En quoi est-il spécial ?

Micheline : Ça, c'est un secret de la maison, mais sa qualité est prouvée de manière scientifique.

Le journaliste : Combien coûte votre saucisson ?

Micheline : Il coûte 10 euros la pièce. C'est un peu cher, mais, si vous en achetez deux, le troisième est gratuit !

(読まれる質問)

un : Qu'est-ce que les gens disent à Micheline depuis qu'elle est devenue riche ?

deux : Quel est le métier de Micheline ?

trois : Qu'est-ce que Micheline a demandé aux scientifiques ?

quatre : Est-ce que Micheline a expliqué au journaliste pourquoi son

saucisson était meilleur que les autres pour la santé ?
cinq : Quel est le prix du saucisson de Micheline ?

解説 対話を聞いたあと、それについての5つの質問を聞き、それに対する答えを完成させる問題です。あらかじめ問題冊子に印刷されている答えの文を読んでおくと、聞き取るべきポイントをある程度予測することができるでしょう。

対話は全部で3回読まれます。1回目に読まれるときは全体の流れを把握するようにしましょう。次に質問が読まれますから、質問の内容を理解し、2回目に対話を聞くときにポイントをおさえるとよいでしょう。2回目に質問が読まれるときには、それぞれの質問文の間にポーズがおかれますから、その間に空欄をうめてください。対話で使われている単語をそのまま書けばよい場合が多いですが、ときには変化させないといけない場合もあります。3回目に対話が読まれる際には、自分が記入した答えが対話の内容に即しているか、質問の形式に合っているか、空欄をうめてできあがった答えの文が正確であるかなどをチェックしましょう。

今回は、ソーセージで大儲けをしたMichelineへのインタビューです。問題全体の得点率は45%で例年よりやや高い数字になりました。各設問ごとに見ていきましょう。

(1)「今年、あなたは大儲けをして、今では村で1番裕福な女性の1人になりましたね。うれしいですか？」というジャーナリストの質問にMichelineは「もちろんです！　みんなはお金で幸せにはならないと言いますけれど、金持ちであることはすばらしいですよ」と答えています。第1の質問「Michelineが裕福になってから、人々は彼女に何を言ってきますか」はこの部分に対応しています。問題冊子に「彼らは（　　）は（　　）を作らないと彼女に言う」という意味の文が印刷されていますから、第1と第2の空欄にはMichelineが使っていることわざ表現を使い、argentとbonheurをそれぞれ入れれば正解です。得点率は前者が76%、後者が40%でした。どちらも基本的な語彙ですからさほど問題はないはずです。前者の誤答としては、つづりをまちがえて*agen*と書いたり、*riche*を記入したりした答案がありました。後者の誤答としては*bonheure*、*bonneur*などがありました。ふだんから手を使って書かないとつづりは忘れてしまうものです。

(2)　第 2 の質問「Micheline の仕事は何ですか」はジャーナリストの第 2 の質問に Micheline が「私は豚肉屋で、店で自家製の品を売っています」に対応しています。「彼女は（　　）である」という内容の文が問題冊子に印刷されていますから、対話で使われている「豚肉屋」を意味する語をそのまま使い、charcutière を記入すれば正解です（commerçante、marchande、vendeuse も可）。得点率は 7％でした。対話で使われている単語をそのまま書けばよいのですが、つづりをまちがえて *chaquetière*、*chaquetier* などと書いたものが散見しました。なお、「肉屋」という日本語から発想して *bouchère* と書いた受験者もいましたが、それは誤答です。

『ラルースやさしい仏仏辞典 Niveau 1』の charcutier の項をひくと、「豚肉屋、豚肉加工業者」と訳されるこの職業が何を売るものなのか説明されています。熟読し、関連する単語（charcuterie、boudin、jambon、lard、rillettes、saucisse など）にも注目すると語彙をふやすことができます。

(3)　ジャーナリストが「一般的に、豚肉屋はそれほど大きく儲けることはありませんが、何か特別なことをなさったのですか」と尋ねると、Micheline は「ある科学者たちに私のソーセージを分析するよう依頼したところ、他社の製品より健康によいことがわかったのです」と答えています。第 3 の質問「Micheline は科学者たちに何を依頼しましたか」はこの部分に対応しています。問題冊子には「彼女はソーセージを（　　）ことを彼らに依頼した」という趣旨の文が印刷されていますから、空欄には analyser（étudier、examiner も可）を記入すれば正解です。得点率は 21％でした。誤答としては、つづりをまちがえて *analiser*、*analisé*、*analysé* などと書いたものが散見しました。demander à qqn de + inf. の構文ですから空欄に過去分詞が入らないことは印刷された文を見て判断できるでしょう。

(4)　ジャーナリストが「それ（あなたのソーセージ）はどういう点で特別なのですか」と尋ねると、Micheline は「それは店の秘密です。でも、その質は科学的に証明されているのです」と答えています。第 4 の質問「Micheline は、彼女のソーセージが他社の製品より健康によいのがなぜか、ジャーナリストに説明しましたか」はこの部分に対応しています。問題冊子には「いいえ、なぜならそれは（　　）だからであるが、その（　　）は証明されている」という趣旨の文が印刷されていますから、インタビューで使われている単語をそのまま使い、第1の空欄に secret を、第2の空欄に qualité を記入すれば正解です（第2の空欄に valeur を入れるのは、意味がことなりますから不可です）。得点率は前者が18%、後者が46%でした。誤答としては第1の空欄には *maison*、*sucré* など、第2の空欄には *calité*、*carité* などが散見しました。前後の文脈をよく聞き取ること、男性名詞と女性名詞のどちらを記入するか判断すること、基本的な単語のつづりをまちがえないことなどに注意しましょう。

(5)「あなたのソーセージはいくらですか」と最後にジャーナリストが質問すると Micheline は「1本10ユーロです。少し高いですが、もし2本買えば3本目は無料です」と答えています。第5の質問「Micheline のソーセージの値段はいくらですか」はこの部分に対応しています。「1つ（　　）ユーロであるが、もし2本買えば3本目は（　　）である」という趣旨の文が問題冊子には印刷されていますから、第1の空欄には10（Dix も可）を、第2の空欄には gratuit を記入すれば正解です。gratuit の代わりに offert でも可です。得点率は前者が95%、後者が58%でした。数字はよくできていましたが、第2の空欄に記入する単語のつづりをまちがえた答案（*gratuite*、*gratui*、*gratude* など）が散見しました。

解答　(1) (argent) (bonheur)　　(2) (charcutière)
(3) (analyser)　　(4) (secret) (qualité)
(5) (10 / Dix) (gratuit)

2

（読まれるテキスト）

J'habite avec mon copain dans un appartement construit au 19e siècle. La semaine dernière, j'ai fait une découverte incroyable. Depuis que je m'étais installée dans cet appartement, je sentais beaucoup d'air passer dans notre logement. Vendredi 3 mars, j'ai mené une petite enquête et compris que cela venait de derrière la glace de la salle de bains. J'ai donc enlevé la glace. Derrière, il y avait un trou assez grand. En regardant à travers ce trou, j'ai réalisé qu'il y avait une petite pièce de l'autre côté du mur. J'étais très étonnée. La pièce était sombre, et je voyais mal à l'intérieur. Alors, je suis allée prendre une lampe de poche. J'ai passé le bras dans le trou, puis la tête. Après quelques efforts, je me suis retrouvée debout dans la petite pièce. J'ai invité mon copain à venir avec moi, mais il n'a pas voulu. Il n'a pas beaucoup de courage. Donc, j'ai visité la pièce sans lui. C'était une sorte de bureau, avec des meubles très anciens. Mais il y avait surtout beaucoup de poussière. Je pense que l'endroit n'avait pas été visité depuis une centaine d'années.

（読まれる内容について述べた文）

un : Léa partage un appartement avec son copain.
deux : Léa a fait une découverte étonnante il y a un mois.
trois : Dès le début, Léa avait senti des courants d'air dans son appartement.
quatre : Les courants d'air venaient de la salle de bains.
cinq : Derrière la glace, il y avait deux trous.
six : La petite pièce que Léa a découverte n'était pas bien éclairée.
sept : Léa trouve son copain très courageux.
huit : Léa et son copain ont visité la petite pièce ensemble.
neuf : La petite pièce était une cuisine.

dix : Léa pense que quelqu'un a visité la pièce il y a une dizaine d'années.

解説 ある程度の長さの文章を聞き、つづいて、その内容について述べた10の短文を聞き、それぞれについて正誤を判断する問題です。最初に問題文が2回読まれます。1回目は、どんな人が語っているのか、いつ、だれが、どこで、何をしたのかといったことに気をつけながら全体を理解していきましょう。2回目はポイントになりそうなところ、時間、数字などをメモしながら聞くとよいでしょう。つづいて10の短文が読まれます。それぞれについて記憶とメモを頼りに正誤を判断してください。10の短文がもう1回読まれるときに、聞きまちがいがないかをチェックし、あやふやなところはこのときに確認しましょう。最後に問題文がもう1回読まれます。10の短文に関連するところに注意しながらよく聞き、正誤を最終確認するとよいでしょう。

今回は、Léa という女性が浴室の鏡の裏に穴を見つけ、そこを通って秘密の部屋を発見したという話です。問題全体の得点率は81%で、例年より高い結果でした。10の短文をそれぞれ見ていきましょう。

(1)「Léa は恋人と2人でアパルトマンに住んでいる」という文です。本文第1文で Léa は「私は恋人と19世紀に建てられたアパルトマンに住んでいます」と語っていますから、この短文は本文の内容に一致しています。表現はことなりますが、同じことを言っていることがわかれば容易に答えられるでしょう。得点率は91%でした。

短文で使われている動詞 partager の用法を『ラルースやさしい仏仏辞典 Niveau 1』の項で確認することをおすすめします。例文（« Les avis sont très partagés sur cette question : il n'est pas sûr que la loi soit votée. » など）を読み、それらが正確に理解できるか、自分でも作れるかどうかためしてみましょう。

(2)「Léa は1ヵ月前に驚くような発見をした」という文です。本文第2文で「先週、私は信じられないような発見をしました」と Léa は語っています。したがって la semaine dernière と il y a un mois がちがうとわかれば、短文が本文の内容に一致していないと容易に判断できるでしょう。得点率は 86 %でした。

(**3**) 「最初からアパルトマンのなかで Léa はすきま風があると感じていた」という文です。本文第 3 文で Léa は「このアパルトマンに入居してから、室内でずいぶん風があると感じていました」と語っていますから、beaucoup d'air passer が des courants d'air と同じ内容であるとわかれば、短文が本文の内容に一致していると判断できるでしょう。得点率は 77%でした。

(**4**) 「すきま風は浴室から来ていた」という文です。本文第 4 文で「3 月 3 日金曜日、私は少し調べて、それ（すきま風）が浴室の鏡の裏から来ているとわかりました」と Léa は語っていますから、短文は本文の内容に一致しています。得点率は 84%でした。

名詞 glace にいくつの意味があると説明されているか、『ラルースやさしい仏仏辞典 Niveau 1』の項を参照するとよいでしょう。さまざまな例文（« Il a gelé cette nuit, l'eau s'est transformée en glace ! » など）をとおして用法が身についているか確認するよい機会です。同時に派生語にも注目するとよいでしょう。

(**5**) 「鏡の裏には穴が 2 つあった」という文です。本文第 5 文と第 6 文で「そこで私は鏡をはずしてみたところ、その裏にかなり大きな穴が 1 つありました」と Léa は話しています。したがって、穴の数は 2 つではなく 1 つだったわけですから短文は本文の内容に一致していません。得点率は 74%でした。

「穴」を意味する単語は短い音なので聞き取りがむずかしいかもしれません。『ラルースやさしい仏仏辞典 Niveau 1』で trou の項をひき、例文をとおしてどのように使われるかを理解するだけでなく、発音する練習もしてみると、短い音のこの単語に慣れることができるでしょう。

(**6**) 「Léa が発見した小さな部屋はあまり明るくなかった」という文です。本文第 7 文から第 9 文で「その穴から目をこらすと、壁の反対側に小さな部屋があるのがわかり、驚きました。その部屋は暗く、内部はよく見えませんでした」と Léa が語っていますから、発見した部屋があまり明るくなかったことがわかります。したがって短文は本文の内容に一致しています。得点率は73%でした。

『ラルースやさしい仏仏辞典 Niveau 1』で sombre の項をひき、同義語と反意表現として何が載っているかに注目すると、sombre と éclairé の関係がよくわかるはずです。ふだんから単語どうしの関係に注目して語彙をふやしておくと、さまざまな言いかえに対応できます。

(7) 「Léa は恋人がおおいに勇気があると思っている」という文です。懐中電灯をもって穴から入り、秘密の部屋にたどりついたと話したあと、本文第13文と第14文で「恋人にもいっしょに来るように誘ってみましたが、彼は来たがりませんでした。彼はあまり勇気がないのです」と Léa は語っていますから、短文は本文の内容には一致していません。得点率は82%でした。

動詞 trouver は「みつける」の意味以外に「〜だと思う」の意味で使われることはよく知っているでしょうが、ほかにも用法があります。この単語の項を『ラルースやさしい仏仏辞典 Niveau 1』で参照し、短文の « Léa trouve son copain très courageux. » に対応する例文がどこにあるかさがしてみましょう。« Comment trouvez-vous le film ? — On l'a trouvé intéressant mais pas extraordinaire. » などがそれであることはすぐにわかりましたか。その他の用法の例文と説明も熟読することをおすすめします。

(8) 「Léa と恋人はいっしょにその小さな部屋に行ってみた」という文です。恋人にはあまり勇気がないのだと話したあと、本文第15文で「そこで私は彼をおいて部屋に行ってみました」と Léa は述べています。したがって、短文は本文の内容には一致していません。得点率は78%でした。本文で使われている sans lui を聞き取ることができれば、さほど迷うところはないはずです。

(9) 「その小さな部屋は台所であった」という文です。本文第16文で「それ（その部屋）は一種の書斎でした。とても古い家具がありました」と Léa は語っていますから、発見した部屋は台所ではなかったことがわかります。短文は本文の内容には一致していません。得点率は84%でした。

(10) 「その部屋をだれかが10年ほど前に訪れたと Léa は考えている」という文です。本文最後の文で「その場所には100年ほど前からだれも訪れていないと私は考えています」とLéaは語っていますから短文は本文の内容に一致していません。得点率は85%でした。

解答　(1) ①　(2) ②　(3) ①　(4) ①　(5) ②
(6) ①　(7) ②　(8) ②　(9) ②　(10) ②

1次試験配点表

筆記試験	1	2	3	4	5	6	7	小計	書き取り	小計	聞き取り	1	2	小計	合計
	4点	10	10	10	10	14	10	68		14		8	10	18	100

2 次 試 験

解 説

面接試験は、フランス語のネイティブスピーカーと日本人の面接委員が1組になっておこないます。試験時間は約5分です。明るくBonjour !とあいさつしながら入室しましょう。面接委員が受験者の名前を確認したあと、あらかじめ用意された質問のなかから受験者に適切と思われるものを選んで質問します。それを糸口にして会話が始まります。

2級の面接試験では、日常生活と関連のある話題について基本的なフランス語表現を使ってコミュニケーションをすることができるかどうかが問われます。したがって、リラックスして会話を楽しもうという姿勢が大切です。どんな質問をされても、母語で会話をするときと同じように自分の答えやすい形で答え、さらに、自分の話したいことを追加していけば、面接委員との間に自然な会話が進んでいきます。

質問がよく聞き取れなかったり、質問の意味がよくわからなかったりした場合は、あわてることなく、Je n'ai pas bien compris, vous pouvez répéter, s'il vous plaît ?などと言って、質問を繰り返してもらったり、わかりやすく言いかえてもらったりしましょう。とまどって黙ってしまってはいけません。

質問に答える際には、問われたことに単語1語だけで答えるのは避けたほうがよいでしょう。OuiかNonだけで答えたり、名詞1語で答えたりするより、できるだけ主語と述語をそろえた文にして答えましょう。複雑な構文やむずかしい単語を使う必要はありませんから、簡単な構文で自分の言いたいことを落ちついて話していけばよいでしょう。質問されたことから出発して適当なエピソードなども思いつけば、それを話してみることも悪くありません。質問に対する答え自体には正答も誤答もありません。あくまで会話を始めるきっかけにすぎないのです。面接委員は、その質問を出発点にして受験者がどれだけ充実した会話をつづける能力をもっているのかを見きわめようとしています。ゆっくりでいいですからていねいに文を組み立てながら、できるだけ積極的に自分のことを面接委員に伝えることが大切です。

試験時間が終了して退室するときは、Au revoir, bonne journée !などとあいさつをして退出しましょう。

面接試験の対策としては、まずはできるだけフランス語を聞く機会をふやすことです。面接委員の質問が聞き取れなくては困りますから。教材の音源以外にも、インターネットや映画など、さまざまなメディアを活用し、日常的にフランス語の音声にふれて耳を慣らすように心がけましょう。ラジオなどでよくインタビューが流れていますから、そういった番組を聞いてみることもよいでしょう。年配の人が話すフランス語は比較的聞き取りやすいものです。

自分でフランス語を話す機会をなるべく作ることも大切です。フランス語のネイティブスピーカーと話す機会がなくても、同じようにフランス語を学ぶ日本語話者どうしでフランス語の会話をしてみるのもよいでしょう。あるいは、いままで出された2次試験の問題をもとに、自分でフランス語の答えを書いてみて、それを何度も発音するといった練習方法もあるでしょう。気に入ったフランス語の文章を暗唱してみるのもよいかもしれません。フランス語を発音することへの心理的抵抗をなくすのが重要です。

準2級

準 2 級の内容と程度

● 程 度

日常生活における平易なフランス語を、読み、書き、聞き、話すことができる。ヨーロッパ言語共通参照枠（CEFR）の A2 にほぼ対応しています。

標準学習時間：300 時間以上

● 試験内容

読　む	一般的な内容で、ある程度の長さの平易なフランス語の文章を理解できる。
書　く	日常生活における平易な文や語句を正しく書ける。
聞　く	日常的な平易な会話を理解できる。
話　す	簡単な応答ができる。
文法知識	基本的文法事項全般についての十分な知識。

語彙：約 2,300 語

● 試験形式

1 次試験（100 点）

筆　記	問題数 7 問、配点 70 点、試験時間 75 分。マークシート方式、一部記述式。
書き取り	問題数 1 問、配点 12 点。試験時間（下記聞き取りと合わせて）約 25 分。
聞き取り	問題数 2 問、配点 18 点。語記入、マークシート方式。

2 次試験（30 点）

個人面接試験	提示された文章を音読し、その文章とイラストについての簡単なフランス語の質問にフランス語で答える。 試験時間約 5 分。

準2級の傾向と対策

2006年度に新設された準2級も14年を経ました。試験の程度は、「日常生活における平易なフランス語を、読み、書き、聞き、話すことができる」に設定されており、300時間程度フランス語を学習した受験者を想定しています。3級は、一通りフランス語の基本的事項を修得した受験者を対象にした試験ですが、準2級では、基本的事項を確実に身につけ、それを日常レベルで応用できるとともに、基本的知識からもう一歩進んだフランス語力を備えていることが求められます。

準2級は、2級と3級の間にありますが、レベル的には3級のほうにやや近いと言えるでしょう。「一般的なフランス語を、読み、書き、聞き、話すことができる」ことを要求される2級は、実用フランス語としてはかなりのレベルです。準2級は、基本的なフランス語力を基盤として、日常レベルで、ある程度実用性のあるフランス語力を身につけつつある学習者のための試験です。大学などでフランス語関連分野を専攻している人にとっては2年次での目標となるでしょうし、大学で第2外国語として学習している人や仕事をしながら外国語学校で学んでいる人にとっては、日常生活で実際に役に立つレベルのフランス語を身につけたことを証明する試験となるでしょう。

出題の範囲ですが、文法的にはフランス語の基本文法全般を理解していることが求められます。語彙は、2,300語に設定されています。具体的な学習の目安としては、日本で広く使用されている学習辞典（『クラウン仏和辞典』、『Le　Dicoディコ仏和辞典』、『プチ・ロワイヤル仏和辞典』、『プログレッシブ仏和辞典』、『ジュネス仏和辞典』など）でアステリスクが2つ以上ついている語とその派生語は出題範囲の語だと思ってください。

さて、以上をふまえて受験対策ですが、まず、文法知識としては、基本文法書あるいは参考書をマスターすることが基盤となります。準2級から本格化する長文問題については、適切な教材が充実しているとは言えないのが現状です。フランスの新聞や週刊誌、インターネットの記事などは、一般に語彙や表現の点で準2級のレベルを超えています。準2級で出題されるのは、これらの記事の難度を下げて平易にしたレベルの文章です。現時点では、この『仏検公式ガイドブック準2級』収録の長文問題に取り組み、その解説を読むことがよい練習になるでしょう。書き取り・聞き取り試験対策としては、なんといっても数多くフランス語の文章を聞くことです。インターネットでフランス語のラジオをリアルタイムで聞くことができますし、フランスの放送局 TV5 の放送が日本でも日常的に見られるようになっています。フランス語学校などに通学する機会のない勤労者や地方在住者にとって、メディアの利用は大変有効です。

準2級からは、記述式問題がふえます。選択式の問題とちがって記述式の問題では、当然ながら、正確に単語が書けなければ得点できません。日ごろから、アクサン記号の有無、アクサン記号の種類をふくめ、語を正確につづることを心がけましょう。準2級にかぎらず、仏検全般にわたって、記述式問題の得点率は、選択式問題の得点率を大きく下まわっています。3級とくらべて、記述式問題の比重が次第に増していく準2級以上の級では、記述式問題の得点が合否を左右すると言っても過言ではありません。

それでは、以下、過去に出題された問題によって、正解にいたる道を具体的に解説していきます。まず、試験本番のつもりで、例示された問題を解き、そのあと、解説にしたがって解答プロセスを確認してください。

解答用紙（雛型）（67%縮小）

2021年度　秋季　実用フランス語技能検定試験（準２級）筆記試験　解答用紙

会　場　名
氏　　名

会場コード					
⓪	⓪	⓪	⓪	⓪	⓪
①	①	①	①	①	①
②	②	②	②	②	②
③	③	③	③	③	③
④	④	④	④	④	④
⑤	⑤	⑤	⑤	⑤	⑤
⑥	⑥	⑥	⑥	⑥	⑥
⑦	⑦	⑦	⑦	⑦	⑦
⑧	⑧	⑧	⑧	⑧	⑧
⑨	⑨	⑨	⑨	⑨	⑨

受験番号							
⓪	⓪	⓪	⓪	⓪	⓪	⓪	⓪
①	①	①	①	①	①	①	①
②	②	②	②	②	②	②	②
③	③	③	③	③	③	③	③
④	④	④	④	④	④	④	④
⑤	⑤	⑤	⑤	⑤	⑤	⑤	⑤
⑥	⑥	⑥	⑥	⑥	⑥	⑥	⑥
⑦	⑦	⑦	⑦	⑦	⑦	⑦	⑦
⑧	⑧	⑧	⑧	⑧	⑧	⑧	⑧
⑨	⑨	⑨	⑨	⑨	⑨	⑨	⑨

記入およびマークについての注意事項

1. 解答にはかならずHBまたはBの黒鉛筆（シャープペンシルも可）を使用してください。ボールペンや万年筆等でマークした解答は機械による読み取りの対象とならないため、採点されません。
2. 記入は**太線の枠内**に、マークは◯の中を**正確に塗りつぶしてください**（下記マーク例参照）。
   採点欄は塗りつぶさないでください。
3. 訂正の場合は、プラスチック製消しゴムできれいに消してください。
4. **解答用紙を折り曲げたり、破ったり、汚したりしないでください。**

マーク例

良い例	悪い例
●	

1

解答番号	解答欄
(1)	① ② ③ ④ ⑤ ⑥
(2)	① ② ③ ④ ⑤ ⑥
(3)	① ② ③ ④ ⑤ ⑥
(4)	① ② ③ ④ ⑤ ⑥

2

解答番号	解答欄	採点欄
(1)		② ⓪
(2)		② ⓪
(3)		② ⓪
(4)		② ⓪
(5)		② ⓪

3

解答番号	解答欄	採点欄
(1)		② ⓪
(2)		② ⓪
(3)		② ⓪
(4)		② ⓪
(5)		② ⓪

4

解答番号	解答欄
(1)	① ② ③ ④ ⑤ ⑥ ⑦
(2)	① ② ③ ④ ⑤ ⑥ ⑦
(3)	① ② ③ ④ ⑤ ⑥ ⑦
(4)	① ② ③ ④ ⑤ ⑥ ⑦
(5)	① ② ③ ④ ⑤ ⑥ ⑦

5

解答番号	解答欄
(1)	① ② ③
(2)	① ② ③
(3)	① ② ③
(4)	① ② ③
(5)	① ② ③

6

解答番号	解答欄
(1)	① ②
(2)	① ②
(3)	① ②
(4)	① ②
(5)	① ②
(6)	① ②

7

解答番号	解答欄
(1)	① ② ③
(2)	① ② ③
(3)	① ② ③
(4)	① ② ③
(5)	① ② ③

表面

2021年度　秋季　実用フランス語技能検定試験（準２級）書き取り／聞き取り 試験　解答用紙

会　　場　　名

氏　　名

会場コード					
⓪	⓪	⓪	⓪	⓪	⓪
①	①	①	①	①	①
②	②	②	②	②	②
③	③	③	③	③	③
④	④	④	④	④	④
⑤	⑤	⑤	⑤	⑤	⑤
⑥	⑥	⑥	⑥	⑥	⑥
⑦	⑦	⑦	⑦	⑦	⑦
⑧	⑧	⑧	⑧	⑧	⑧
⑨	⑨	⑨	⑨	⑨	⑨

受験番号							
⓪	⓪	⓪	⓪	⓪	⓪	⓪	⓪
①	①	①	①	①	①	①	①
②	②	②	②	②	②	②	②
③	③	③	③	③	③	③	③
④	④	④	④	④	④	④	④
⑤	⑤	⑤	⑤	⑤	⑤	⑤	⑤
⑥	⑥	⑥	⑥	⑥	⑥	⑥	⑥
⑦	⑦	⑦	⑦	⑦	⑦	⑦	⑦
⑧	⑧	⑧	⑧	⑧	⑧	⑧	⑧
⑨	⑨	⑨	⑨	⑨	⑨	⑨	⑨

記入およびマークについての注意事項

1. 解答にはかならずHBまたはBの黒鉛筆（シャープペンシルも可）を使用してください。ボールペンや万年筆等でマークした解答は機械による読み取りの対象とならないため、採点されません。
2. 記入は**太線の枠内**に、マークは◯の中を**正確に塗りつぶしてください**（下記マーク例参照）。
採点欄は塗りつぶさないでください。
3. 訂正の場合は、プラスチック製消しゴムできれいに消してください。
4. **解答用紙を折り曲げたり、破ったり、汚したりしないでください。**

マーク例

良い例	悪い例
●	◌ ⊠ ◯ ✓ ◐ ◎

書き取り試験注意事項　（書き取り試験解答欄は裏面にあります。）

フランス語の文章を、次の要領で４回読みます。全文を書き取ってください。

- １回目、２回目は、ふつうの速さで全文を読みます。内容をよく理解するようにしてください。
- ３回目は、ポーズをおきますから、その間に書き取ってください（句読点も読みます）。
- 最後に、もう１回ふつうの速さで全文を読みます。
- 読み終わってから２分後に、聞き取り試験にうつります。
- 数を書く場合は、算用数字で書いてかまいません。（配点　12）

書き取り試験

採　点　欄
⓪ ① ② ③ ④ ⑤ ⑥ ⑦ ⑧ ⑨
⑩ ⑪ ⑫

聞き取り試験

1

解答番号	解　答　欄	採点欄
(1)		① ⓪
		① ⓪
(2)		① ⓪
(3)		① ⓪
(4)		① ⓪
		① ⓪
(5)		① ⓪
(6)		① ⓪

2

解答番号	解　答　欄
(1)	① ②
(2)	① ②
(3)	① ②
(4)	① ②
(5)	① ②
(6)	① ②
(7)	① ②
(8)	① ②
(9)	① ②
(10)	① ②

準２級書き取り試験　解答欄

裏面

2020年度秋季
実用フランス語技能検定試験
筆記試験問題冊子　〈準 2 級〉

問題冊子は試験開始の合図があるまで開いてはいけません。

筆　記　試　験		10 時 00 分 ～11 時 15 分 (休憩 20 分)
書き取り 聞き取り	試験	11 時 45 分から約 25 分間

◇筆記試験と書き取り・聞き取り試験の双方を受験しないと欠席になります。

◇問題冊子は表紙を含め 12 ページ、全部で 7 問題です。

注　意　事　項

1　途中退出はいっさい認めません。

2　筆記用具は **HB または B の黒鉛筆** (シャープペンシルも可) を用いてください。ボールペンや万年筆等でマークした解答は機械による読み取りの対象とならないため、採点されません。

3　解答用紙の所定欄に、**受験番号**と**カナ氏名**が印刷されていますから、まちがいがないか、**確認**してください。

4　**マーク式の解答は、解答用紙の解答欄にマークしてください**。たとえば、1 の (1) に対して ③ と解答する場合は、次の例のように解答欄の ③ にマークしてください。

例　**1**

解答番号	解　答　欄
(1)	① ② ● ④ ⑤ ⑥

5　記述式の解答の場合、正しく判読できない文字で書かれたものは採点の対象となりません。

6　解答に関係のないことを書いた答案は無効にすることがあります。

7　解答用紙を折り曲げたり、破ったり、汚したりしないように注意してください。

8　問題内容に関する質問はいっさい受けつけません。

9　不正行為者はただちに退場、それ以降および来季以後の受験資格を失うことになります。

10　**携帯電話等の電子機器の電源はかならず切って、かばん等にしまってください**。通信機能のある時計は使用を禁じます。

11　**時計のアラームは使用しないでください**。

12　この試験問題の複製 (コピー) を禁じます。また、この試験問題の一部または全部を当協会の許可なく他に伝えたり、漏えいしたりすることを禁じます (インターネットや携帯サイト等に掲載することも含みます)。

1　次の (1) ～ (4) の (　　) 内に入れるのにもっとも適切なものを、下の ① ～ ⑥ のなかから 1 つずつ選び、解答欄のその番号にマークしてください。ただし、同じものを複数回用いることはできません。(配点　8)

(1) Elle a acheté une cuillère (　　) café en argent.

(2) Je vais terminer mes devoirs (　　) moins de deux heures.

(3) L'agent de police a sauté (　　) un voleur.

(4) Tu es libre (　　) faire ce que tu veux.

① à　　② de　　③ en
④ par　　⑤ pendant　　⑥ sur

(解説・解答 ▶ p.204)

2

次のフランス語の文 (1) ～ (5) が、それぞれあたえられた日本語の文が表わす意味になるように、(　　) 内に入れるのにもっとも適切な語 (各 1 語) を、**示されている最初の文字とともに、**解答欄に書いてください。(配点　10)

(1)　C'est la (v　　) !
　世の中そんなもんさ。

(2)　J'ai lu son (d　　) roman.
　私は彼の最新作を読んだ。

(3)　Je vous (i　　) aujourd'hui.
　きょうは私がおごります。

(4)　Quel (d　　) !
　じつに残念だ。

(5)　Thomas était (a　　) de la réunion.
　トマは会議に出ていなかった。

(解説・解答 ▶ p.205)

3　次の (1) ～ (5) について、**A**、**B** がほぼ同じ意味になるように、(　　) 内に入れるのにもっとも適切なものを、下の語群から1つずつ選び、必要な形にして解答欄に書いてください。ただし、同じものを複数回用いることはできません。(配点　10)

(1) **A** À l'époque, cela nous prenait deux heures d'aller en ville.
B À l'époque, nous (　　) deux heures pour aller en ville.

(2) **A** Emma n'écoute jamais mes conseils.
B Emma (　　) toujours de mes conseils.

(3) **A** Grâce à elle, Nicolas a pu finir son travail.
B Elle (　　) Nicolas à finir son travail.

(4) **A** Il est interdit d'ouvrir cette porte.
B Il faut que vous (　　) cette porte fermée.

(5) **A** Prends un peu de repos et tu te sentiras mieux.
B Tu (　　) mieux si tu te reposes un peu.

aider	aller	faire	laisser
mettre	se moquer	se souvenir	

(解説・解答 ▶ p.207)

4　次の対話 (1) ～ (5) の (　　) 内に入れるのにもっとも適切なものを、下の ① ～ ⑦ のなかから 1 つずつ選び、解答欄のその番号にマークしてください。ただし、同じものを複数回用いることはできません。なお、① ～ ⑦ では、文頭にくるものも小文字にしてあります。(配点　10)

(1) — Cette robe ne me va pas.
— Alors, achètes-en une (　　).

(2) — Comment trouves-tu cette vue sur la mer ?
— Je n'ai jamais vu un (　　) paysage !

(3) — Désolée, je suis opposée à votre projet.
— Mais nous ne pouvons pas non plus accepter (　　).

(4) — Ton sac est très joli !
— Il n'est vendu (　　) : c'est mon copain qui l'a fait pour moi.

(5) — Vous avez aimé ces films asiatiques ?
— (　　) m'ont plu, mais pas tous.

① autre	② dont	③ le vôtre	④ nulle part
⑤ personne	⑥ quelques-uns	⑦ tel	

(解説・解答 ▶ p.209)

5　次の文章を読み、(1)～(5)に入れるのにもっとも適切なものを、それぞれ右のページの ① ～ ③ のなかから1つずつ選び、解答欄のその番号にマークしてください。(配点 10)

Selon une étude, plus de 7 Français sur 10 pensent que les vacances sont un des moments les plus importants de l'année. Ils pensent (1) que les vacances, c'est partir loin de là où ils habitent. L'an dernier, en effet, seulement 14 % sont restés chez eux (2) ils avaient des congés de plus de 3 jours. Mais de nombreux Français ne veulent plus voyager dans les pays européens. Ils préfèrent partir pour l'Afrique, l'Amérique du Nord ou l'Asie.

Cette enquête montre (3) que le nombre de Français qui ne voyageront pas en 2020 sera supérieur à celui de 2019 : ils n'ont pas assez d'argent, doivent s'occuper de vieux parents, etc.

D'autre part, pour certains, rester est un choix. Jean Bona, un riche avocat, n'est pas parti depuis dix ans. « Partir loin pendant les vacances est un des grands plaisirs de la vie, (4), mais il y en a beaucoup d'autres », dit-il. Comme lui, de plus en plus de Français préfèrent passer leurs congés à faire du jardinage*, à lire, ou à profiter tranquillement de la vie. Les vacances, c'est, (5), l'occasion de faire ce que l'on ne peut pas faire le reste de l'année.

* jardinage : ガーデニング

(1) ① à peine
② également
③ malgré tout

(2) ① alors qu'
② dès qu'
③ parce qu'

(3) ① ainsi
② de fait
③ pourtant

(4) ① c'est vrai
② incroyable
③ j'en ai assez

(5) ① après tout
② au contraire
③ malheureusement

（解説・解答 ▶ p.211）

6　次の文章を読み、右のページの (1) ～ (6) について、文章の内容に一致する場合は解答欄の ① に、一致しない場合は ② にマークしてください。(配点　12)

Les petites épiceries que l'on trouve un peu partout au coin des rues ont longtemps été aimées par les Parisiens. Mais depuis déjà plus d'une dizaine d'années, elles ont perdu leurs clients fidèles et risquent de disparaître à cause de nouveaux supermarchés plus modernes.

Ibrahim, 65 ans, a ouvert son épicerie il y a 40 ans. Il se souvient du bon vieux temps où le magasin était plein dès 8 heures du matin et jusqu'à 20 heures. La plupart de ses clients étaient des habitants du quartier ou des travailleurs de la grande usine proche. Ils devenaient souvent des amis, et discutaient un moment avec lui en faisant leurs courses.

À l'époque, les produits* qu'Ibrahim vendait étaient un peu plus chers qu'ailleurs et pas toujours très frais, mais les gens ne se plaignaient pas. Maintenant les temps ont changé : les clients d'aujourd'hui sont très sensibles** à la moindre différence de prix et à la qualité des produits. Il a décidé de baisser ses prix et de faire plus attention à la qualité des produits pour redonner confiance aux clients d'aujourd'hui.

* produit : 商品
** sensible à : (～に) 敏感な

(1) Avant, les petites épiceries au coin des rues ne plaisaient pas aux Parisiens.

(2) Les petites épiceries parisiennes doivent se battre contre les supermarchés plus modernes pour continuer à exister.

(3) Autrefois, l'épicerie d'Ibrahim était pleine de monde jusqu'à 20 heures.

(4) La plupart des clients d'Ibrahim faisaient leurs courses en silence.

(5) Aujourd'hui, les clients d'Ibrahim acceptent volontiers une petite différence de prix.

(6) Ibrahim veut mieux répondre aux besoins des clients d'aujourd'hui.

（解説・解答 ▶ p.214）

7

次の会話を読み、（ 1 ）～（ 5 ）に入れるのにもっとも適切なものを、それぞれ右のページの ① ～ ③ のなかから 1 つずつ選び、解答欄のその番号にマークしてください。（配点 10）

Junko : Je vais faire un pèlerinage* dans l'île de Shikoku.

Xavier : Un pèlerinage ? (1) ?

Junko : Pour moi, ce n'est pas pour la religion mais pour la santé.

Xavier : Et vous allez où ?

Junko : (2), on fait un circuit** de 88 temples***. On part du temple qu'on veut. L'arrivée est au 88ème.

Xavier : Ça dure combien de temps ?

Junko : (3) : un mois et demi à pied, deux ou trois semaines à vélo. Ou encore 12 jours en taxi.

Xavier : En tout cas, ce serait (4) pour moi. Je ne peux même pas obtenir une seule semaine de congé.

Junko : On n'est pas obligé de visiter tous les temples en une seule fois. (5) faire une partie du circuit et revenir une autre fois.

Xavier : Ah, c'est pratique !

* pèlerinage : 遍路・巡礼
** circuit : 一周・周遊
*** temple : 寺社

(1) ① Avec qui
② Mais pourquoi
③ Vous partez quand

(2) ① À part ça
② En fait
③ En plus

(3) ① Aucune idée
② Ça dépend
③ Pas question

(4) ① parfait
② trop cher
③ trop long

(5) ① Il ne faut surtout pas
② On doit absolument
③ On peut très bien

(解説・解答 ▶ p.216)

2020年度秋季
実用フランス語技能検定試験
聞き取り試験問題冊子　〈準2級〉

書き取り・聞き取り試験時間は、
11時45分から約25分間

先に書き取り試験をおこないます。解答用紙表面の書き取り試験注意事項をよく読んでください。書き取り試験解答欄は裏面にあります。

この冊子は指示があるまで開かないでください。

◇**筆記試験と書き取り・聞き取り試験の双方を受験しないと欠席になります。**

◇問題冊子は表紙を含め4ページ、全部で2問題です。

書き取り・聞き取り試験注意事項

1　途中退出はいっさい認めません。

2　書き取り・聞き取り試験は、CD・テープでおこないます。

3　解答用紙の所定欄に、**受験番号**と**カナ氏名**が印刷されていますから、まちがいがないか、**確認**してください。

4　CD・テープの指示にしたがい、中を開いて、日本語の説明をよく読んでください。フランス語で書かれた部分にも目を通しておいてください。

5　解答はすべて別紙の書き取り・聞き取り試験解答用紙の解答欄に、**HBまたはBの黒鉛筆**(シャープペンシルも可)で記入またはマークしてください。ボールペンや万年筆等でマークした解答は機械による読み取りの対象とならないため、採点されません。

6　問題内容に関する質問はいっさい受けつけません。

7　**携帯電話等の電子機器の電源はかならず切って、かばん等にしまってください。**通信機能のある時計は使用を禁じます。

8　**時計のアラームは使用しないでください。**

9　この試験問題の複製(コピー)を禁じます。また、この試験問題の一部または全部を当協会の許可なく他に伝えたり、漏えいしたりすることを禁じます(インターネットや携帯サイト等に掲載することも含みます)。

書き取り・聞き取り試験

書き取り試験

注意事項

フランス語の文章を、次の要領で 4 回読みます。全文を書き取ってください。

- 1 回目、2 回目は、ふつうの速さで全文を読みます。内容をよく理解するようにしてください。
- 3 回目は、ポーズをおきますから、その間に書き取ってください（句読点も読みます）。
- 最後に、もう 1 回ふつうの速さで全文を読みます。
- 読み終わってから 2 分後に、聞き取り試験にうつります。
- 数を書く場合は、算用数字で書いてかまいません。（配点　12）

[音声を聞く順番]　㉒ → ㉒ → ㉓ → ㉒

（解説・解答 ▶ p.219）

聞き取り試験

1

- まず、Clément と Manon の会話を聞いてください。
- つづいて、それについての 6 つの質問を読みます。
- もう 1 回、会話を聞いてください。
- もう 1 回、6 つの質問を読みます。1 問ごとにポーズをおきますから、その間に、答えを解答用紙の解答欄にフランス語で書いてください。
- それぞれの (　　) 内に 1 語入ります。
- 答えを書く時間は、1 問につき 10 秒です。
- 最後に、もう 1 回会話を聞いてください。
- 数を記入する場合は、算用数字で書いてください。
  (メモは自由にとってかまいません) (配点　8)

[音声を聞く順番]　㉔ → ㉕ → ㉔ → ㉖ → ㉔

(1)　Elle a fait une (　　) dans une forêt.

(2)　Il était (　　) et (　　).

(3)　Oui, il y en avait au bord du (　　), bien qu'on soit au (　　) du mois de novembre.

(4)　Elle est très grande et il y a plus de 20 000 (　　).

(5)　Non, elle y va une ou deux fois par (　　).

(6)　Ils vont y aller ensemble pendant les vacances de (　　).

（解説・解答 ▶ p.220）

2

- まず、Pauline の話を 2 回聞いてください。
- 次に、その内容について述べた文 (1) ～ (10) を 2 回通して読みます。それぞれの文が話の内容に一致する場合は解答欄の ① に、一致しない場合は ② にマークしてください。
- 最後に、もう 1 回 Pauline の話を聞いてください。
（メモは自由にとってかまいません）（配点　10）

［ 音声を聞く順番 ］　㉗ → ㉗ → ㉘ → ㉘ → ㉗

（解説・解答 ▶ p.224）

2 次 試 験

試験方法

○ 2 次試験は個人面接です。(面接時間：約 5 分)
○係員の指示で、ひとりずつ面接室に入ります。
○入室したら面接委員が着席するよう日本語で指示します。
○着席すると、面接委員が受験者の名前と受験級を日本語で確認します。
○次に面接委員が、フランス語の文とイラストがある「問題カード」をわたし、黙読するように指示します。黙読の時間は 1 分間です。このとき、イラストもよく見ておいてください。
○黙読が終わると、次に音読するように指示されます。よく聞こえるように読んでください。
○音読が終わると、面接委員が「問題カード」の文の内容およびイラストに関してフランス語で 5 つの質問をしますから、フランス語で答えてください。答える際に「問題カード」を見てもかまいません。
○質問が終わると、面接委員がその旨を告げますから、「問題カード」を面接委員にかえして退室します。

＊注意＊　試験入室前に携帯電話等の電子機器の電源を切ってください。

2020年度秋季実用フランス語技能検定試験　準2級2次試験

問題カードA

㉙

Léo s'occupe d'un petit chien depuis une semaine. C'est le chien de Julie, sa sœur, qui est partie pour les États-Unis. Les premiers jours, le chien avait l'air triste, mais maintenant il le suit partout.

問題カードA

A （2020 年度秋季）

㉚

Question 1 : Depuis quand Léo s'occupe d'un petit chien ?

Question 2 : Où est-ce que Julie est partie ?

Question 3 : Combien de chiens y a-t-il ?

Question 4 : Quel temps fait-il ?

Question 5 : Qu'est-ce qu'il y a sous l'arbre ?

（解説・解答例 ▶ p.230）

2020年度秋季実用フランス語技能検定試験　準2級2次試験

問題カードB

㉛

Laura va entrer à l’école au mois de septembre. Son école est à deux kilomètres de sa maison. Comme il n’y a pas d’enfants de son âge près de chez elle, elle espère se faire beaucoup d’amis.

問題カードB

B （2020 年度秋季）

㉜

Question 1 : Quand est-ce que Laura va entrer à l'école ?

Question 2 : Où est l'école de Laura ?

Question 3 : Qu'est-ce qu'il y a à côté de la porte ?

Question 4 : Quelle heure est-il ?

Question 5 : La fille à droite, qu'est-ce qu'elle a à la main ?

（解説・解答例 ▶ p.231）

2020 年度秋季準 2 級

2020 年度秋季試験の準 2 級出願者数は、1 次試験免除者数 56 名を合わせて 1548 名、実受験者数は 1355 名でした。1 次試験の平均点は 62 点（満点 100 点）、合格基準点は 58 点、合格者は 820 名、合格率は 60.5％でした。前年度秋季と比較すると、合格基準点、平均点ともに 2 点あがりました。

2 次試験の受験者は、1 次試験免除者 56 名をふくめた 828 名で、合格基準点は 19 点（満点 30 点）、合格者数は 764 名、最終合格率は 56.1％でした。

出題内容のあらまし

1次［筆記］

1 前置詞（穴うめ・選択）
2 フランス語文の完成（和訳つき／穴うめ・記述）
3 フランス語文の完成（動詞を選択活用／穴うめ・記述）
4 対話文完成（穴うめ・選択）
5 長文完成（フランスの新しいバカンス事情／穴うめ・選択）
6 長文読解（パリの食料品店の店主／内容一致・選択）
7 会話文完成（四国遍路に近く出かける予定／穴うめ・選択）

［書き取り］（聞き取りと合わせて約25分）

平易な短い文章の書き取り（きのうの早朝、山登りに出かけたPaulと妻）

［聞き取り］

1 会話文の聞き取り（11月の森を散歩／仏問仏答完成／穴うめ・記述）
2 長文聞き取り（友人のコンサートで男性客のマナーに立腹／内容一致・選択）

2次［面接］

個人面接方式。面接委員の指示にしたがって、フランス語の文章を音読し、フランス語の質問にフランス語で答える。試験時間は約5分。

1 次 試 験

筆記試験

解説・解答

1 **解説** フランス語の文の（　　）内に入れるのにもっとも適切な前置詞を6つの選択肢から選ぶ問題です。問題数は4、配点は各問2点、合計8点です。

空欄に正答を入れ、日本語を付したうえで解説していきます。

(1) Elle a acheté une cuillère (à) café en argent.「彼女は銀製のコーヒースプーンを買った」。用途を表わす à の用法です。このほか papier à lettres「便箋」、brosse à dents「歯ブラシ」を覚えておくとよいでしょう。得点率は42%でした。

(2) Je vais terminer mes devoirs (en) moins de deux heures.「私は2時間足らずで宿題を終わらせるつもりだ」。前置詞 en には多くの用法がありますが、これは所要時間「〜で、〜かかって」を表わす用法です。en deux heures「2時間で」ではなく、moins de「〜未満」が付いていたので、やや複雑に見えたかもしれませんが、用法としては同じです。得点率は42%でした。

(3) L'agent de police a sauté (sur) un voleur.「警官は泥棒に飛びかかった」。sauter は「跳ぶ」という意味ですが、sauter sur で「〜に飛びかかる」という意味になります。これは対象・目標・方向「〜に対して、〜に向かって」を表わす sur の用法です。appuyer sur un bouton「ボタンを押す」、sur votre droite「右手に、右方向に」にも同じ sur の使い方が見られます。得点率は40%でした。

(4) Tu es libre (de) faire ce que tu veux.「あなたは自分のしたいことが自

由にできます」。〈 libre de ＋不定詞 〉「自由に〜できる」という表現が使われています。これは形容詞の補語をみちびく de の用法です。〈 content de ＋不定詞 〉「〜してうれしい」、〈 fier de ＋不定詞 〉「〜を自慢に思っている」のように使います。この問題の得点率は 4 問中もっとも高く、44％でした。

全 4 問の平均得点率は 42％で、2019 年度秋季とくらべて 6 ポイント下がっています。前置詞は数が限られていますので、それぞれの前置詞のいずれの用法も辞書に載っている例文とともに覚えていくことがかんじんです。日ごろの勉強で気になった用法は、そのつどかならず辞書で確認する習慣をつけましょう。

解答　(1) ①　　(2) ③　　(3) ⑥　　(4) ②

2

解説 下に示された日本語に対応させる形で、フランス語の文に欠落している語をおぎなう記述式の問題です。問題数は 5、配点は各問 2 点、合計 10 点です。

以下、正答を入れたフランス語の文に日本語訳を添えて解説していきます。

(1) C’est la (vie) !「世の中そんなもんさ」。あきらめの気持ちを表わす言い方です。誤答では、*vrai*、*vraiment*、*vivre* などがありました。空欄は la のうしろにあるので、名詞が入るはずですから、いずれも文法的に不可能です。*vrai*、*vraiment* は意味的にも誤りですが、*vivre* は、ここまでわかっていながら、名詞の形にして正答までたどりつけなかったのは残念です。この問題は大変できがよく、得点率は設問中で最高の 83％でした。

(2) J’ai lu son (dernier) roman.「私は彼の最新作を読んだ」。「最後の、最新の、この前の」を意味する形容詞 dernier が入ります。誤答の大半は形容詞がわかっていながら、女性形にしてしまったり、アクサン記号を付けてしまった、*dérnier*、*dernière*、*dérnière* などでした。問題文には空欄の前に所有形容詞 son がありますから、形容詞を女性形にするミスは避けられたはずです。この問題の得点率は 47％でした。

(3) Je vous (invite) aujourd’hui.「きょうは私がおごります」。これこそ日本

語から出発して考えていたのでは解けない問題です。解答を思いつくのが困難だったことが、*irai*、*ignore*、*issue*、*ici* などの多様な誤答や無回答の多さからうかがわれます。そのほか、*invites*、*invitai* といった活用のまちがいも見られました。inviter の意味として、「～を招待する」に加えて、「～を食事に招く、～に食事をおごる」も頭に入れておきましょう。ちょっとむずかしいかもしれませんが、友人関係を深めるために重要な表現になりえます。ぜひ覚えておいて、機会があったら実際に使ってみましょう。得点率は5問中もっとも低く、40%でした。

(4) Quel (dommage) !「じつに残念だ」。疑問形容詞 Quel、Quelle、Quels、Quelles は名詞とともに用いて感嘆符を付けると、感嘆形容詞として機能し、「なんて～なことか！」という意味になります。dommage はもともと「残念なこと」や「損害、損失」といった意味があるので、日本語訳からそれほどかけ離れた表現ではありません。日常会話でしばしば用いられる重要表現のひとつです。強調せず、C’est dommage.「残念です」とも、あるいは単に Dommage ! とも言います。誤答のなかでは、*domage* というひじょうに惜しいまちがいがめだちました。*désolé* を入れた誤答も散見しました。*désolé* は「申しわけない」という意味の形容詞です。Quel のあとには名詞がきますから、ここには入りません。品詞の見きわめも解答の重要なポイントになります。得点率は65%でした。

(5) Thomas était (absent) de la réunion.「トマは会議に出ていなかった」。〈absent de + 名詞〉「～に欠席の、～にいない」は、être absent de Paris「パリにいない」のように使われます。présent「出席している」と対にして覚えておきましょう。誤答では名詞にしてしまった *absence*、女性形にしてしまった *absente*、つづりをまちがえた *absant*、*absont* などがありました。得点率は53%でした。

全5問の平均得点率は58%で、2019年度秋季とくらべて22ポイントあまりもあがりました。空欄に入れるべき語は、名詞にかぎらず、動詞、形容詞、副詞などさまざまですが、どれも日本語からは想像しにくいものばかりです。日ごろから、なるべく多くの会話表現・定型表現を覚え、アクサン記号もふくめて正確につづれるように練習しておくことが重要です。

解答 (1) vie (2) dernier (3) invite (4) dommage
(5) absent

3 **解説** 提示されたフランス語文とほぼ同じ意味になるフランス語文を完成させる問題です。完成させるべき文の空欄に、下にあたえられた 7 つの動詞から適合するものをひとつ選び、法や時制も考慮して、適切な形に変化させます。記述式の問題で、問題数は 5、配点は各問 2 点、合計 10 点です。

A の文に日本語訳を付したうえで解説していきます。

(1) **A** À l'époque, cela nous prenait deux heures d'aller en ville.「当時は町に出るのに 2 時間とられた」。prendre は「時間をとる、かける」という意味になります。さて **A** の文の主語 cela は、aller en ville という不定詞句を指しており、**B** の文ではその部分は pour が付いて文末に移動しています。deux heures は **B** の文でも、**A** の文と同様に直接目的語です。選択肢のうち、直接目的語をとって、「…するのに～の時間をかける」という意味になる動詞を見つければいいことになります。条件に合致するのは mettre です。**A** の文では間接目的語の nous が **B** の文では主語になっていますから、時制を半過去に活用させて、À l'époque, nous (mettions) deux heures pour aller en ville.「当時は町に出るのに 2 時間かかった」とすれば正解です。誤答のうちでは、直説法現在の *mettons* も散見しましたが、半過去だと分かっていながら、活用が正確ではない *metions*、*mettaions*、*mattions* などがめだちました。また faire を選んだ誤答も見られましたが、〈 Ça fait ＋期間 que ＋文〉「…して～になる」という使い方をしますから、ここには入りません。得点率は 28%とふるいませんでした。

(2) **A** Emma n'écoute jamais mes conseils.「Emma は私の忠告をけっして聞かない」。**B** の文では、主語は **A** と同じですが、ne ... jamais から toujours というように、否定文から肯定文になっています。空欄には écouter の反意語であり、かつ前置詞 de をともなう動詞を選べばいいことになります。選択肢の中で条件に合うのは se moquer です。〈 se moquer de ＋人・もの〉はもともと「～をばかにする」という意味ですが、〈 se moquer de ＋もの〉で「～を意に介さない」という意味にもなります。これを **A** と同じ直説法現在に活用させれば正解です。Emma (se moque) toujours de mes conseils.「Emmaはいつも私の忠告を無視する」となります。誤答として1番多かったのは、*se monque*でした。ひじょうに残念なミスと言わざるを得ません。laisserを選んでしまった誤答もありましたが、laisserは前置詞を取りませんからここには入りません。この問題の得点率は54%でした。

(3)　A　Grâce à elle, Nicolas a pu finir son travail.「彼女のおかげで、Nicolasは仕事を終えることができた」。**B**の文はElleが主語、Nicolasが直接目的語、そしてNicolasのうしろが〈à＋不定詞〉になっていますから、〈aider 人＋à＋不定詞〉「人が〜するのを助ける」を使えばいいことがわかります。これを**A**と同じ直説法複合過去に活用させれば正解です。Elle (a aidé) Nicolas à finir son travail.「彼女はNicolasが仕事を終えるのを手伝った」となります。誤答では時制を現在形にした*aide*も散見しましたが、過去分詞を女性形にした*a aidée*がめだちました。助動詞avoirを取る動詞は、直接目的語が過去分詞の前に置かれた場合、過去分詞は直接目的語に性・数一致をしますが、主語によって過去分詞が変化することはありませんから、注意しましょう。この問題の得点率は5問中もっとも高く、73%でした。

(4)　A　Il est interdit d'ouvrir cette porte.「このドアを開けるのは禁じられています」。**A**の文は非人称構文の、〈Il est interdit de＋不定詞〉「〜することは禁止されている」が核になっています。**B**の文も非人称構文〈Il faut que＋文〉「〜しなければならない」で、que以下の文は接続法に置きます。さて、**B**の文の、cette porte ferméeというつながりに着目しましょう。これは〈動詞＋直接目的語＋属詞〉のようです。内容からも「開けてはいけないドア」を「閉じたままにしておく」という文にすればいいわけですから、〈laisser＋直接目的語＋属詞〉「〜を…のままにしておく」が選択すべき動詞だとわかります。laisserを接続法現在に活用させて、Il faut que vous (laissiez) cette porte fermée.とすれば、正解です。誤答で1番多かったのは、直説法現在にしてしまった*laissez*でした。〈Il faut＋不定詞〉と混同したためか、不定詞の*laisser*も相当数ありました。得点率は5問中もっとも低く、18%でした。

(5)　A　Prends un peu de repos et tu te sentiras mieux.「少し休みなさい、

そうすれば気分がよくなりますよ」。**A** の文のPrends un peu de repos etの部分が、**B** の文ではsi tu te reposes un peu「少し休めば」と言いかえられています。〈動詞＋ mieux〉で、〈se sentir ＋ mieux〉と同義語になる動詞を空欄に入れればいいわけですから、allerを選び、tu te sentiras mieuxに合わせて、時制を単純未来に正しく活用させて、Tu (iras) mieux si tu te reposes un peu.「少し休めばよくなるでしょう」とすれば正解です。誤答で1番多かったのは現在形にしてしまった*vas*でしたが、ほかにも、なぜか半過去にしてしまった*allais*、条件法現在にしてしまった*irais*などがありました。現実の反対を仮定する言い方〈si ＋直説法半過去の文、条件法の文〉「もし～だったら、…なのだけれど」と混同したのかもしれません。ここは仮定の話なので、〈si ＋直説法現在形の文、単純未来形の文〉「もし～だったら、…でしょう」となります。得点率は28％でした。

全5問の平均得点率は40％で、2019年秋季とくらべて6ポイントほどあがりましたが、できがよかったとはとても言えません。よく使われる不規則動詞の活用や、複合過去の性・数の一致について確認しておくことが重要です。また動詞を用いた基本的な表現について、しっかりおさえておきましょう。日ごろから辞書をひくときには、同意語・反意語・派生語にも目を通す習慣をつけるようにするとよいでしょう。

解答 (1) mettions　(2) se moque　(3) a aidé　(4) laissiez
(5) iras

4 **解説** 対話文の空欄に入るもっとも適切な疑問代名詞、関係代名詞、不定代名詞、疑問形容詞、不定形容詞などを、下の7つの選択肢から選ぶ問題です。問題数は5、配点は各問2点、合計10点です。

空欄をおぎなう形で日本語訳を付しながら、解説していきます。

(1) Cette robe ne me va pas.「このドレス、私に似合わないの」と言ったのに対して、相手はAlors, achètes-en une (　　　).「じゃあ、…を買いなさいよ」とアドバイスをしています。achètes-enのenはrobeをうけています。「買いなさいよ」ということから考えて、「もう1枚別のドレスを」と考えるのが適当です。① autreが正答となります。これは不定代名詞で、不定冠詞とともに使われます。単数では un(e) autre「ほかのひとり、ほかのひとつ」、複数では d'autres「ほかのいく人か、ほかのいくつか」となります。この問題はできがよく、得点率は89%でした。

(**2**) Comment trouves-tu cette vue sur la mer ?「この海の眺めをどう思う」と感想を聞かれて、相手は Je n'ai jamais vu un (　　　) paysage !「…景色を見たことがないわ」と応じています。空欄の中には名詞 paysage にかかる形容詞が入るはずです。話の流れから、「こんなすばらしい」というニュアンスの表現が欲しいところです。選択肢のうち、それを表わせるのは⑦ tel しかありません。これは不定形容詞で、不定冠詞とともに使われ、「そのような、それほどの」を意味します。得点率は60%でした。

(**3**) Désolée, je suis opposée à votre projet.「申し訳ないけど、そちらの企画には反対です」と言ったのに対して、相手は Mais nous ne pouvons pas non plus accepter (　　　).「でも、我々も…を受け入れることはできません」と答えています。空欄には名詞が入るはずです。話の流れから、「あなたの企画」と考えるのが適当です。ただし、日本語では、同じ語を繰り返してもあまり違和感がありませんが、フランス語ではできれば避けたいところです。そのため votre projet の projet を処理しなければなりません。正答は③ le vôtre です。これは所有代名詞で、定冠詞とともに使われ、「〜のもの」を意味します。つまり、〈所有形容詞＋名詞〉にかわるはたらきをするわけです。得点率は69%でした。

(**4**) Ton sac est très joli !「君のバッグ、すごくすてきだね」と言われて、Il n'est vendu (　　　) : c'est mon copain qui l'a fait pour moi.「これは…売っていないんだ、つまりこれは友だちがぼくのために作ってくれたんだよ」と答えています。空欄の前の n'est vendu が最大のヒントです。これは受け身の否定形ですが、ne ... のあとに pas がありません。pas を使わずに ne と組み合わさって否定文を構成する nulle part を空欄に入れて「どこにも売っていないんだよ」とすれば、会話は完成します。正答は④ nulle part です。ne ... nulle part は否定表現のひとつで、「どこにも〜ない」を意味します。quelque part「どこかに」と対にして覚えておきましょう。得点率は5問中で最低でしたが、それでも52%でした。

(5) Vous avez aimé ces films asiatiques ?「それらのアジア映画はよかったですか」という問いに対して、相手は (　　) m'ont plu, mais pas tous.「…は気に入りました、でもすべてというわけではありません」と答えています。m'ont plu と複数形になっていますから、すべてではないが、いくつかの映画は気に入ったのでしょう。空欄には films をうける代名詞が入るはずです。⑥ quelques-uns を空欄に入れて「何本かは気に入りましたが」とすれば会話は完成します。これは不定代名詞で、quelques-uns、quelques-unes で「何人か、いくつか」を表わします。この問題のように既出の名詞をうける以外にも、〈 de + 名詞 〉「〜のうちの」をしたがえることがよくありますので覚えておきましょう。得点率は67%でした。

全5問の平均得点率は67%です。選択肢の組み合わせの関係で比較的解答しやすかったかもしれない前回2019年度秋季とくらべて16ポイント下がりましたが、極端に得点率の低かったものはなく、従来どおりのできだったと言えます。この問題で出題の対象となる語は限られていますから、それぞれの用法について、整理しておくとよいでしょう。

解答　(1) ①　(2) ⑦　(3) ③　(4) ④　(5) ⑥

5　**解説**　長文中の空欄に入れるのにもっとも適切な語句を、それぞれ3つの選択肢のなかから選ぶ問題です。問題数は5、配点は各問2点、合計10点です。

今回は「フランスの新しいバカンス事情」がテーマです。文脈をたどりながら、順に解説していきます。

第1段落の第1文で、Selon une étude, plus de 7 Français sur 10 pensent que les vacances sont un des moments les plus importants de l'année.「ある調査によると、10人のフランス人のうち7人以上が、バカンスは1年のなかでもっとも大事な時のひとつであると考えている」とテーマが導入されたあと、空欄をふくむ第2文がつづきます。Ils pensent (1) que les vacances, c'est partir loin de là où ils habitent.「(1) 彼らは、バカンスとは自分が住んでいるところから遠くまで出かけることだと考えている」。第2文では、第1文と同じ表現の pensent que ... が使われていて、フランス人たちが考えるバカンスについての、別の情報が付け加わえられています。空欄には、付加することを示すことばが入ると予想されます。選択肢を見ると、そのものずばり② également「〜もまた、同様に」があります。これが正解です。① à peine「ほとんど〜ない、かろうじて」も、③ malgré tout「是が非でも；それでもなお、やはり」も、この文脈にはうまくあてはまりません。得点率は66%でした。

第1段落の第3文に次の空欄があります。L'an dernier, en effet, seulement 14 % sont restés chez eux (2) ils avaient des congés de plus de 3 jours.「実際、去年は14パーセントだけが家に残った、彼らは休暇が3日以上あった（ 2 ）」。旅行に行くことが可能な状態だったのに、家にいたという論旨ですから、空欄には対立を示すことばが入るはずです。選択肢を見ると、① alors qu'「〜なのに」、② dès qu'「〜したらすぐに」、③ parce qu'「〜なので」とあります。家にいることと、休暇が3日以上あることとの関係は、時間を置かずに起きたということではなく、理由と帰結の関係ということでもなく、明らかに対立と考えられますので、正解は①です。得点率は35%でした。

つづく第4文・第5文を読んでおきましょう。Mais de nombreux Français ne veulent plus voyager dans les pays européens.「しかし多くのフランス人はもはやヨーロッパの国々を旅行したがらない」。Ils préfèrent partir pour l'Afrique, l'Amérique du Nord ou l'Asie.「彼らはアフリカや北米やアジアに出かけるほうを好む」

第2段落第1文に次の空欄がきます。Cette enquête montre (3) que le nombre de Français qui ne voyageront pas en 2020 sera supérieur à celui de 2019 : ils n'ont pas assez d'argent, doivent s'occuper de vieux parents, etc.「（ 3 ）この調査は、お金が十分にないとか年老いた両親の世話をしなければいけない、などの理由で、2020年に旅行しないフランス人の数は2019年のそれを上回るだろうと指摘している」。第1文の後半部分にある : deux-points は補足説明・例示・引用などをみちびく機能があります。ここでは原因の説明ですからおさえておきましょう。第1段落では、バカンスに旅行するフランス人のことが語られていました。第2段落の冒頭では第1段落と同じ調査を証左としながらも、一変して、バカンスに出かけないフランス人に目が向けられています。つまり、空欄には話題の対立を表わすことばが入るはずです。選択肢を見ると、① ainsi「そういうわけで」、② de fait「本当に、事実」、③ pourtant「しかしながら」とあります。正解は③です。得点率は39%でした。

第3段落第1文・第2文は、D'autre part, pour certains, rester est un choix. Jean Bona, un riche avocat, n'est pas parti depuis dix ans.「そのうえ、ある人々にとって、家にいるのは自分できめたことである。Jean Bonaは裕福な弁護士だが、10年来バカンスに出かけていない」。第2段落では、バカンスに家にいることを余儀なくされたフランス人が話題になっていましたが、第3段落冒頭からは、みずから積極的に、家に残ることを選んだフランス人の話が展開していきます。

このあとJean Bonaの談話がつづきますが、そこに空欄があります。« Partir loin pendant les vacances est un des grands plaisirs de la vie, (4), mais il y en a beaucoup d'autres », dit-il.「『バカンスに遠くまで出かけるのは人生の大きな楽しみのひとつです、(4)、でもほかの楽しみも沢山あります』と彼は言っている」。(4)のあとにmaisがきているので、空欄にはバカンスに旅行することを否定するような文言は入らず、逆に肯定するような文がきて、そのあと、「しかし」とつづくはずです。選択肢① c'est vrai「そのとおりだ」は、肯定の表現で、「たしかにそうです」といったん認めてから、「しかし」と話を展開していくのにぴったりです。これが正解です。② incroyable「信じがたい」や③ j'en ai assez「うんざりだ」は否定的表現ですから、前後の文脈がとおりません。この問題の得点率は5問中もっとも高く83%でした。

第3段落第4文を読んでおきましょう。Comme lui, de plus en plus de Français préfèrent passer leurs congés à faire du jardinage, à lire, ou à profiter tranquillement de la vie.「彼のように、ますます多くのフランス人が、(遠くまで出かけるよりも) ガーデニングをしたり、読書をしたり、生活をのんびり楽しんだりして、休暇を過ごすほうを好むようになっている」。つづく最後の文に空欄があります。Les vacances, c'est, (5), l'occasion de faire ce que l'on ne peut pas faire le reste de l'année.「バカンスは、(5)、1年のそれ以外のときには、できないことをする機会である」。第4文で述べられたことを第5文ではさらに発展させ、文章全体の結論としてまとめていますから、空欄には結論をみちびくような表現が入るはずです。選択肢①après tout「結局、要するに」が正解です。② au contraire「反対に」は、前の部分との対立を表わしますから、文章の流れと完全に矛盾してしまいます。③ malheureusement「不幸にも」も、この文脈には沿いません。得点率は52%でした。

この設問の平均得点率は55%で、2019年度秋季とくらべると12ポイント下がりました。文章を1文1文ばらばらに読むのではなく、文と文とをつなぐ接続詞や副詞や句読点（とくに : deux-points）に注意をはらいながら、文意の流れや論旨を確認すれば、正しい答えをみちびくことができるでしょう。

解答　(1) ②　(2) ①　(3) ③　(4) ①　(5) ①

6　**解説** 長文を読み、その内容について述べた文が、長文の内容に一致するか否かを判断する問題です。選択式問題で、内容について述べた文は6つ、配点は各問2点、合計12点です。

今回は、パリの食料品店の店主Ibrahimが、スーパーに押され気味の現状を打破し、なじみ客で賑わったかつての活気を取りもどそうとする話です。

内容について述べた(1)～(6)の文を長文中の各文と対応させ、日本語訳を付しながら解説していきます。

(1) Avant, les petites épiceries au coin des rues ne plaisaient pas aux Parisiens.「以前、街角の小さな食料品店はパリの住民に人気がなかった」。本文の冒頭に、Les petites épiceries que l'on trouve un peu partout au coin des rues ont longtemps été aimées par les Parisiens.「街角のあちこちにある小さな食料品店は、長い間、パリの住民から愛された」とありますので、内容に一致しません。得点率は94%とよくできていました。

(2) Les petites épiceries parisiennes doivent se battre contre les supermarchés plus modernes pour continuer à exister.「パリの小さな食料品店は生き残るために、もっと現代的なスーパーと戦わなければならない」。第1段落第2

文に、Mais depuis déjà plus d'une dizaine d'années, elles ont perdu leurs clients fidèles et risquent de disparaître à cause de nouveaux supermarchés plus modernes.「しかし小さな食料品店は、新しくできたもっと現代的なスーパーのせいで、すでに約10年以上前からなじみ客を失い、消滅する恐れがある」とありますので、内容に一致します。得点率は79%でした。

(3)　Autrefois, l'épicerie d'Ibrahim était pleine de monde jusqu'à 20 heures.「かつて、Ibrahimの食料品店は20時まで人でいっぱいだった」。第1段落で、パリの食料品店について、現状が紹介されたのをうけて、第2段落からは、食料品店の店主のひとりIbrahimの話が始まります。冒頭の文、Ibrahim, 65 ans, a ouvert son épicerie il y a 40 ans.「Ibrahimは65歳で、40年前に店を開いた」につづいて、Il se souvient du bon vieux temps où le magasin était plein dès 8 heures du matin et jusqu'à 20 heures.「彼は店が朝の8時から20時までいっぱいだった古き良き時代を思い出す」とありますから、内容に一致します。得点率は83%でした。

(4)　La plupart des clients d'Ibrahim faisaient leurs courses en silence.「Ibrahimの客の大部分は黙って買い物をしていた」。これに関しては、第2段落、第4文の後半の下線部に書かれていますが、全体の流れがわかるように、第3文から読んでいきましょう。La plupart de ses clients étaient des habitants du quartier ou des travailleurs de la grande usine proche. Ils devenaient souvent des amis, et discutaient un moment avec lui en faisant leurs courses.「彼の客の大部分は界隈の住人か近くの大きな工場の労働者だった。彼らはよく友だちになって、買い物をしながら彼としばらく話をしていた」と述べられていますから、内容に一致しません。得点率は91%でした。

(5)　Aujourd'hui, les clients d'Ibrahim acceptent volontiers une petite différence de prix.「現在では、Ibrahimの客はちょっとした値段のちがいは快く承知してくれる」。これに関しては、第3段落、第2文の下線部に書かれていますが、昔の客と今の客との相違がわかるように、第1文から読んでいきましょう。À l'époque, les produits qu'Ibrahim vendait étaient un peu plus chers qu'ailleurs et pas toujours très frais, mais les gens ne se plaignaient pas. Maintenant les temps ont changé : les clients d'aujourd'hui sont très sensibles à la moindre différence de prix et à la qualité des produits.「当時、Ibrahimの売っていた商品は、よそよりも少し高く、いつもとても新鮮だったわけではないが、人々は文句を言わなかった。いまや、時代は変わった。というのは現在の客はほんのわずかな値段の差や商品の質にひじょうに敏感なのである」とあります。文句を言わなかった昔の客とはちがい、今の客はほんのわずかな値段の差にもひじょうに敏感だとありますから、許してくれないでしょう。本文の内容に一致しません。得点率は79％でした。

(**6**) Ibrahim veut mieux répondre aux besoins des clients d'aujourd'hui.「Ibrahimは現在の客の要求にもっとよくこたえたい」。これに関しては、第3段落の最後の文に、Il a décidé de baisser ses prix et de faire plus attention à la qualité des produits pour redonner confiance aux clients d'aujourd'hui.「現在の客にふたたび信頼感をあたえるために、彼は値段を下げて商品の質にもっと注意することにきめた」とありますから、本文の内容に一致します。得点率は91％でした。

この設問の平均得点率は86％で、2019年度秋季とくらべて3ポイント下がりました。

解答　(1) ②　(2) ①　(3) ①　(4) ②　(5) ②　(6) ①

7　**解説**　会話文の空欄にあてはまるもっとも適切な語句を、それぞれ3つの選択肢から選ぶ問題です。空欄は5つ、配点は各問2点、合計10点です。

今回は、四国遍路に近く出かける予定のJunkoと、それについていろいろ質問するXavierとの会話です。話の筋をたどりながら順に見ていきましょう。

まず、JunkoがXavierに、Je vais faire un pèlerinage dans l'île de Shikoku.「四国遍路をするのよ」と言います。するとXavierはUn pèlerinage ? (　1　) ?　と質問します。それにJunkoはこう答えます。Pour moi, ce n'est pas pour la religion mais pour la santé.「私にとって、それは信仰のためで

はなく健康のためなの」。この返答から Xavier は四国遍路をする目的を尋ねていたことがわかります。① Avec qui「だれと」や ③ Vous partez quand「いつ出発するの」ではなく、正解は ② Mais pourquoi「いったいどうして」です。この問題の得点率は94％でした。

つづきを読んでいきましょう。Xavier が Et vous allez où ?「それでどこに行くの」と尋ねています。それに対して、Junko はこう答えます。(　2　), on fait un circuit de 88 temples. On part du temple qu'on veut. L'arrivée est au 88ème.「(　2　)、88の寺社を周遊するのよ。自分の望む寺社から出発するの。ゴールは88番目の寺社なのよ」。選択肢は ① À part ça「それを除けば、それはそれとして」、② En fait「実際は、実は」、③ En plus「そのうえ、しかも」です。Junko は質問にきちんと答えていますから、① はあてはまりません。質問に対する答えとして、③ も不適切です。En fait はその前で言われていることに対して対立のニュアンスをもつことの多い表現です。Xavier に目的地を聞かれて、Junko は、特定の出発地点や到着地点があるわけではないことを説明していますから、② が正解となります。得点率は伸び悩み、42％にとどまりました。

Xavier の興味は尽きないようです。今度は、Ça dure combien de temps ?「どれぐらいの時間がかかるの（どれぐらいつづくの）」と尋ねています。それに対して Junko は、(　3　) : un mois et demi à pied, deux ou trois semaines à vélo. Ou encore 12 jours en taxi.「(　3　)、たとえば、徒歩でひと月半、自転車で2〜3週間。あるいはタクシーで12日」と答えます。選択肢は ① Aucune idée「なにも思いつかないわ」、② Ça dépend「場合によりけりね」、③ Pas question「論外だわ」です。空欄のあとには、交通手段によってかかる時間はまちまちだという説明がつづきますから、② が正解です。空欄のうしろにある句読点の : deux-points に着目しましょう。これは直前に言及された事物の例示をみちびくはたらきをします。これが大きなヒントになっています。句読点にも気を配りながら読む習慣をつけるといいでしょう。この問題の得点率は89％でした。

Junko の説明を聞いて、Xavier は、En tout cas, ce serait (　4　) pour moi. Je ne peux même pas obtenir une seule semaine de congé.「とにかく、

ぼくには（ 4 ）だろうなあ。たった 1 週間の休暇でさえ取れないんだ」と言っています。選択肢は、① parfait「申し分ない」、② trop cher「高すぎる」、③ trop long「長すぎる」です。四国遍路にかかる時間が話題になっているので、② は文脈に沿いません。またタクシーでも 12 日かかるのに、Xavier は 1 週間の休暇も取れないのですから、① でもなく、③ が正解です。得点率は 5 問中もっとも高く、95%でした。

ぼやく Xavier に Junko は、On n'est pas obligé de visiter tous les temples en une seule fois. (5) faire une partie du circuit et revenir une autre fois.「たった 1 度で全部の寺社を訪れなくちゃいけないわけではないの。周遊の一部をして、また別の機会にもどってくること（ 5 ）」と言っています。選択肢は、① Il ne faut surtout pas「絶対に〜してはいけない」、② On doit absolument「絶対に〜しなければならない」、③ On peut très bien「当然（たしかに）〜してもよい」です。Junko の話を聞いた Xavier が Ah, c'est pratique !「ああ、それは便利だね！」と喜んでいます。空欄には、何か Xavier の四国遍路を可能にする情報が入っているはずですから、不可能にする ① は排除されます。② は「絶対に」複数回に分けて巡礼をしなければならないことになりますから、ここまでの話の内容と矛盾します。③ が正解です。得点率は 57%でした。

この設問の平均得点率は 75%で、2019 年度秋季とくらべると 12 ポイントあがりました。

解答　(1) ②　(2) ②　(3) ②　(4) ③　(5) ③

書き取り・聞き取り試験

解説・解答

書き取り試験

解説 きのうの早朝、山登りに出かけたPaulと妻の話です。4つの文で構成されており、時制は直説法・現在と複合過去が用いられています。リエゾンはIls‿ontの1箇所のみでした。得点率は64%で、2019年度秋季とくらべると17ポイントもあがりました。

単語のつづりのまちがいでは、femmeを*famme*、montagneを*mantagne*、*montagnue*、avantを*avons*、*avon*、*avent*としたものが数多くありました。日本語が母語の話者の耳には鼻母音[ɑ̃]と[ɔ̃]は区別がつきにくいかもしれませんが、montagneもavantも基本的な語彙です。またavant deのdeを落としてしまった誤答も散見しました。avantは不定詞と結びつくとavant de ...となること、そしてaprèsは前置詞を用いずに、そのまま複合形の不定詞と結びつくことを対にして覚えておきましょう。

動詞のまちがいでは、第1文のsont partisの過去分詞を*parti*、*parties*、第2文のont marchéの過去分詞を*marchés*、*marchées*、第4文のva allerをva *allé*、*vas* allerと書いた誤答が相当数ありました。書き取ったあとで、文法的に適切か、性・数一致でミスがないかどうか、かならず見なおしをする習慣をつけておいてください。

今回きわめてできの悪かった箇所が3箇所あります。1つ目は、tôt「早く」です。*tout*、*tour*、*tort*のほか、無回答もめだちました。2つ目はleur hôtelの部分です。ここはleurとhôtelがアンシェヌマンされていますから、たしかにむずかしかったかもしれません。*l'hôtel*、*l'hotel*などとした誤答がひじょうに多くありました。ただ、ここで「そのホテル」というのは文の流れとして不自然ですから、冷静に考えれば避けられるミスではあります。また書き取り試験では、1回ですがポーズをおきながら読みますので、そのときleurの語尾の子音が聞きやすくなるはずです。3つ目はrivièreです。この部分が空白の答案や、*l'hiver*としたり、アクサン記号でつまずいた*rivier*、*riviere*、*riviére*などがありました。全体を通じては、アクサン記号の誤り、性・数の一致の誤り、動詞の活用形の誤りという惜しい誤答がめだちました。書き取り試験では、最後に2分間、加筆・訂正の時間があります。これらの点にとくに注意して見なおすとよいでしょう。

最後に文章全体の日本語訳を付けておきますので、参考にしてください。

「きのう、Paul と妻は山に登るためにとても早く出かけた。彼らは夕飯を食べにホテルにもどる前に（もどるまで）長い間歩いた。けさは天気がいい。Paul は川の近くに写真を撮りにいくところだ。」

解答 Hier, Paul et sa femme sont partis très tôt pour monter sur une montagne. Ils ont marché longtemps, avant de rentrer à leur hôtel pour dîner. Ce matin, il fait beau. Paul va aller prendre des photos près d'une rivière.

聞き取り試験

1

（読まれるテキスト）

Clément : Qu'est-ce que tu as fait ce week-end ?
Manon : J'ai fait une promenade dans une forêt.
Clément : Ça t'a plu ?
Manon : Oui, beaucoup. L'air était pur et frais. Et il y avait encore des fleurs au bord du chemin, bien qu'on soit au début du mois de novembre !
Clément : Elle est comment, cette forêt ?
Manon : Elle est très grande et il y a plus de 20 000 arbres.
Clément : Tu y vas souvent ?
Manon : Non, pas souvent. Seulement une ou deux fois par an.
Clément : Je peux y aller avec toi la prochaine fois ?

Manon : Bien sûr ! Allons-y ensemble pendant les vacances de printemps.

（読まれる質問）

un : Qu'est-ce que Manon a fait ce week-end ?
deux : L'air était comment dans la forêt ?
trois : Il y avait encore des fleurs dans la forêt ?
quatre : La forêt est comment ?
cinq : Manon va souvent dans la forêt ?
six : Quand est-ce que Manon et Clément vont aller ensemble dans la forêt ?

解説 まず2人の会話を聞き、次にその内容に関する質問を聞いて、あらかじめ問題冊子に印刷されている答えの文を完成させる問題です。今回、質問の数は6つ、空欄の数は8つ、空欄ごとに1点で、合計8点です。それぞれの空欄には1語ずつ記入します。

会話を聞く前に、問題冊子に印刷された会話の設定と、(1)～(6)の答えの文ですでに見えている部分をよく読んでおきましょう。そうすることで、会話の場面や登場人物の立場がうっすら見えてきて、空欄に入るフランス語の単語がある程度推測できるようになります。また、文の構成と空欄の位置を把握しておくと、入る語の品詞がかなりしぼられます。これだけでも解答にあたって大きなヒントになりえます。たとえば今回の問題では、(3)にふたつの空欄がありますが、最初の空欄は、空欄の前に au bord du「～の周辺に」という表現があることから、空欄には位置の目印となるような場所を表わす男性名詞の単数形が入ることが想像できます。ふたつ目の空欄に関しては、空欄の前後に au (　　　) du mois de novembre とありますから、「月の上旬に」、「中旬に」、あるいは「下旬に」といった表現になり、しかも空欄には男性名詞の単数形が入ることから「下旬」は排除できる、と予想できます。(4)では空欄の前に il y a plus de 20 000 (　　　) とありますから、空欄には名詞の複数形がくることがわかります。(5)では空欄の前に elle y va une ou deux fois par とあります。〈 par + 無冠詞単数形の名詞 〉「～につき」という表現で、「～に 1～2 回」と頻度を表わしているわけですから、空欄には「週」、「月」、あるいは「年」が入ることが予想できます。このように推測しておくと、とくにどこに注意して会話を聞けばよいかがはっきりわかります。

では、読まれる質問の日本語訳を提示し、問題用紙に印刷されている答えの文の空欄に解答を入れながら、順に見ていきます。

(1)の質問は「Manon はこの週末に何をしましたか」です。会話の冒頭で Clément が Manon に同じ質問をしています。Manon は J'ai fait une promenade dans une forêt.「森を散歩したのよ」と答えています。したがって、正解は、Elle a fait une (promenade) dans une forêt. となります。なお、実際には言われていませんが、balade ならびに randonnée でもほぼ同じ意味になりますので可とします。*promnade*、*promnarde*、*prommenade* などのつづりのまちがいが続出し、得点率は 58％にとどまりました。

(2)の質問は「森の空気はどんなでしたか」です。会話のなかで Clément は Ça t'a plu ?「それ（森の散歩）は気に入った」という質問をしていますが、それに対して Manon は、Oui, beaucoup. L'air était pur et frais.「ええ、とっても。空気が澄んでいて新鮮だったわ」と答えています。したがって正解は、Il était (pur) et (frais). となります。なお形容詞の順序が逆でも可とします。pur の得点率は 11％、frais の得点率は 38％といずれも低調でした。pur に関しては、おそらく英語の影響で *pure* と記した答案がめだちました。このほか、*pûre*、*peur*、*plu* などの誤答が続出しました。frais に関しては、*fraîs*、*frés*、*frai* や *froid* などの誤答がめだちました。またどちらの形容詞にも無回答が多く見られました。

(3)の質問は「森にはまだ花がありましたか」です。Manon は(2)でひいた文につづけて、Et il y avait encore des fleurs au bord du chemin, bien qu'on soit au début du mois de novembre !「それに 11 月上旬なのに、道端にまだ花があったのよ」と言っています。したがって正解は、Oui, il y en avait au bord du (chemin), bien qu'on soit au (début) du mois de novembre. となります。chemin の得点率は 46％、début の得点率は 38％と、いずれも低調で

した。chemin に関しては *chemain*、*cheman*、*chemine* という誤答がめだちました。また無回答や *fleur* とした誤答も相当数ありました。début は基本的な単語ですが、*debut*、*devu*、*debût* などの誤答のほか、こちらも無回答がかなりの数ありました。

(4)の質問は「森はどんなですか」です。会話のなかで Clément が同じ質問をしています。それに対して Manon は、Elle est très grande et il y a plus de 20 000 arbres.「とても大きくて、2万本以上の木があるのよ」と答えています。ここを聞き取って空欄に arbres を入れられれば正解となります。得点率は 37％でした。*abres*、*aubre* などのつづりのまちがいのほか、複数形にしていない *arbre* もめだちました。中には、vingt mille arbres の mille arbres のアンシェヌマンのところでつまずいて、2語をひとつにまとめてしまって *millable*、*mirables* など存在しないフランス語を書いたものや無回答が少なからずありました。

(5)の質問は「Manon は森によく行きますか」です。会話のなかで Clément が Tu y vas souvent ?「そこ（森）によく行くの」と聞いたのに対し、Manon は、Non, pas souvent. Seulement une ou deux fois par an.「いいえ、めったに。年に1〜2回だけよ」と答えています。ここを聞き取って空欄に an を入れられれば正解となります。得点率は 44％でした。par のあとの名詞は無冠詞単数形であるはずなのに、複数形にしてしまった *ans*、あるいは冠詞を付けてしまった *l'an* などの誤答が多数ありました。またここでも par an のアンシェヌマンでつまずいてしまったためでしょうか、*parent* という誤答や無回答も少なからずありました。

(6)の質問は「Manon と Clément はいつ森にいっしょに行くでしょうか」です。会話では Clément が Je peux y aller avec toi la prochaine fois ?「今度いっしょにそこ（森）に行ってもいい」と聞くと、Manon が Bien sûr ! Allons-y ensemble pendant les vacances de printemps.「もちろん！春休みの間にいっしょにそこに行きましょう」と応じていますから、正解は、Ils vont y aller ensemble pendant les vacances de (printemps). です。得点率は 50％でした。誤答のほとんどはやはり *printemp*、*primtemps*、*pringtemps*、*prentemps*、*printem*、*pronton*、*pantan* などつづりのまちがいでした。

全8問の平均得点率は40%で、前回の2019年秋季とくらべて10ポイントほど下がりました。たしかに今回は(2)の質問が少しむずかしかったかもしれません。それだけに、確実に得点できるところでは絶対に取りこぼしがないように心がけましょう。たとえば今回で言えば、printemps や début などの基本的な単語のつづりをアクサン記号もふくめてまちがえずに書く、複数名詞の s を落とさない、par につづく無冠詞の名詞は単数形に置くなど、細かい点に気をつければ、さらなる向上が見込めるでしょう。

解答　(1) (promenade)　(2) (pur) (frais)　(3) (chemin) (début)
(4) (arbres)　(5) (an)　(6) (printemps)

2

(読まれるテキスト)

J'ai une amie qui s'appelle Juliette. Elle est pianiste. Elle n'est pas très célèbre, mais elle joue très bien du piano.

Hier, je suis allée à un concert de Juliette avec mes parents. Tout s'est bien passé jusqu'au milieu du programme. Mais à un moment, j'ai remarqué devant nous un vieux monsieur qui dormait profondément. Ce n'était pas grave. Mais il est tombé de sa chaise avec un grand bruit, et j'ai été très en colère.

À la fin du concert, je suis allée voir Juliette, et je lui ai parlé de l'accident. Alors elle m'a répondu qu'elle était plutôt contente : elle pensait que cet homme dormait parce que sa musique était agréable. J'ai été touchée par ces mots de Juliette, qui m'ont fait oublier ma colère.

(読まれるテキストの内容について述べた文)

un : Pauline et Juliette sont amies.

deux : Pauline trouve que Juliette est une bonne pianiste.

trois : Pauline est allée seule au concert de Juliette.

quatre : Tout s'est bien passé jusqu'à la fin du concert.

cinq : Pendant le concert, un vieil homme devant Pauline dormait profondément.

six : Le vieil homme est tombé doucement de sa chaise.

sept : À la fin du concert, Pauline était en colère contre le vieil homme.

huit : Juliette n'était pas contente d'entendre l'histoire de Pauline.

neuf : Juliette a pensé que sa musique était agréable pour le vieil homme.

dix : Les mots de Juliette ont touché Pauline.

解説　まず、フランス語のまとまった文章を聞きます。次に、おなじくフランス語の10の文を聞いて、それぞれの文が、読まれたフランス語の文章の内容に一致するかどうかを判断する問題です。各問１点、合計10点です。

今回は、友人のコンサートに行ったPaulineの話です。以下、長文の内容に一致するかしないかを問う10の文に日本語訳を付けながら解説をしていきます。

(1)「Pauline と Juliette は友だちである」。これに関しては、長文の第１文に、J'ai une amie qui s'appelle Juliette.「私は Juliette と言う名前の友だちがいます」とあるので、内容に一致します。得点率は97%とひじょうによくできていました。

(2)「Pauline は Juliette がいいピアニストだと思っている」。長文の第２文・第３文に、Elle est pianiste. Elle n'est pas très célèbre, mais elle joue très bien du piano.「彼女はピアニストです。彼女はあまり有名ではありませんが、ピアノをとてもじょうずに弾きます」とありますので、内容に一致します。得点率は81%でした。

(3)「Pauline は Juliette のコンサートにひとりで行った」。長文の第 4 文に、Hier, je suis allée à un concert de Juliette avec mes parents.「きのう Juliette のコンサートに両親と行った」とありますので、内容に一致しません。得点率は 75%でした。

(4)「コンサート終了まですべてが順調だった」。これに関しては、長文の第 5 文に、Tout s'est bien passé jusqu'au milieu du programme.「プログラムの半ばまではすべて順調でした」と述べています。順調だったのは「最後まで」ではなく「半ばまで」なので、内容に一致していません。得点率は 68%でした。

(5)「コンサートの最中に Pauline の前の席にいる高齢の男性が熟睡していた」。長文の第 6 文に、Mais à un moment, j'ai remarqué devant nous un vieux monsieur qui dormait profondément.「でもあるとき、私は私たちの前の席に熟睡している高齢の男性に気づきました」とありますから、内容に一致します。得点率は 72%でした。

(6)「その高齢の男性は椅子から静かに転げ落ちた」。これに関しては、長文の第 8 文に、Mais il est tombé de sa chaise avec un grand bruit [...].「でも彼は大きな音を立てて椅子から転げ落ちました」とあります。コンサート・ホールの椅子から転げ落ちるのはあっていますが、「そっと静かに」ではなく、「大きな音を立てて」ですから、内容に一致しません。得点率はこの設問中もっとも低く、42%でした。「読まれる内容について述べた文」の doucement のところがむずかしかったのかもしれません。

(7)「コンサートが終わったときに、Pauline はその高齢の男性に腹を立てていた」。これに関しては、(6)でひいた文の後半部分に [...] et j'ai été très en colère.「それで私はとても腹が立ちました」とありますから、内容に一致します。得点率は 64%でした。もしかすると、この出来事のあとコンサートが終わるまでずっと怒っていたかどうかはわからないとして判断に迷った受験者もいたかもしれません。この件についてはこのあと(10)ですっきり解決できます。

(8) 「Juliette は Pauline の話を聞いて喜ばなかった」。長文の第 9 文・第 10 文に、À la fin du concert, je suis allée voir Juliette, et je lui ai parlé de l'accident. Alors elle m'a répondu qu'elle était plutôt contente [...].「コンサート終了後、私は Juliette に会いにいって、この出来事について彼女に話しました。すると彼女はむしろうれしいと私に答えました」とありますので、内容に一致しません。得点率は 85%でした。

(9) 「Juliette は自分の音楽がその高齢の男性に快かったのだと考えた」。これに関しては、(8) でひいた文の後半部分に [...] : elle pensait que cet homme dormait parce que sa musique était agréable.「というのは、彼女は自分の音楽が快いからその男性が寝ていたのだと考えていたのです」とありますから、内容に一致します。得点率は 89%でした。

(10) 「Juliette の言葉は Pauline を感動させた」。長文の最終第 11 文に、J'ai été touchée par ces mots de Juliette, qui m'ont fait oublier ma colère.「私は Juliette のその言葉に感動しました。そしてその言葉は私に怒りを忘れさせてくれました」とありますので、内容に一致します。得点率は 75%でした。

ところで、「怒りを忘れさせてくれました」という部分から、Pauline は男性が転げ落ちてからずっと怒っていたことがわかりますから、(7) の部分で迷いがあった場合にもここで「内容に一致する」と確信できます。

全 10 問の平均得点率は 75%で、2019 年度秋期から 1 ポイントだけ下がりました。

内容について述べた文は、テキストの文と語順が少しちがう程度という場合もありますが、今回のように表現を変えた文も多々混じります。それぞれの問いのポイントがどこなのかしぼりこみつつ、テキストの細部についても聞き漏らしがないよう（たとえば、今回であれば、どのように転げ落ちたかという点にいたるまでおろそかにしない）注意すれば、むずかしい問題ではありません。

解答 (1) ① (2) ① (3) ② (4) ② (5) ① (6) ②
(7) ① (8) ② (9) ① (10) ①

1次試験配点表

筆記試験	1	2	3	4	5	6	7	小計	書き取り	小計	聞き取り	1	2	小計	合計
	8点	10	10	10	10	12	10	70		12		8	10	18	100

2 次 試 験

試験方法

音 読

問題カードに印刷された35語程度のフランス語の文章を音読します。配点は10点です。

試験の進行は基本的に春季と同じです。音読する前の、1分間の黙読する時間に、内容や発音を確認しておきましょう。文章には意味・内容がありますので、機械的に字づらだけを追って読もうとしてもうまくいきません。しっかり内容を把握し、全体の流れをつかんで読むと、おのずと相手にとって聞き取りやすい発音になります。

本番の試験では、発音規則にのっとって、とくにリエゾンすべき箇所とリエゾンしてはならない箇所に注意しながら、ゆっくり、はっきり、自信をもって読んでください。読みまちがえても、読みなおすことができますので大丈夫です。

質問と答え

問題カードに印刷されたフランス語の文章についての2つの質問と、イラストについての3つの質問の合計5つの質問に答えます。質問と答えのやりとりは、すべてフランス語でおこなわれます。配点は、各質問4点、合計20点です。

各質問には、原則として、主語と動詞をふくむ完全なフランス語の文で答える必要があります。日常会話では、かなり省略した答え方でも通じますし、むしろそのほうが自然である場合もありますが、これは検定試験ですので、欠けている要素のない、完全な文で答えてください。省略した答え方をすると、確実に減点の対象となります。質問のなかで出てきた普通名詞・固有名詞を代名詞にすることも忘れないようにしましょう。

イラストについての質問では、人やものの数、時刻、天候といった定番問題がかならず1つは出ます。イラストを見たら、何がいくつあるのか、時刻・天候はどうか、それについてどう言えばいいのか、質問される前提で予想しておくとよいでしょう。

解　説

A

音　読

Léo は 1 週間前から姉（妹）Julie の子犬の世話をしているが、最初は悲しそうにしていた子犬も今では彼のあとをどこでもついてくるようになった、という内容の文章です。第 2 文の les‿États‿-Unis はかならずリエゾンします。第 1 文の depuis une のところはリエゾンをしてもしなくてもかまいません。第 3 文の chien avait と maintenant il のところはリエゾンしてはいけません。

質問と答え

音読した文章についての質問

Question 1 : Depuis quand Léo s'occupe d'un petit chien ?「Léo はいつから子犬の世話をしていますか」という質問です。第 1 文を使い、主語の Léo を代名詞 il に置きかえて答えます。Il s'occupe d'un petit chien depuis une semaine.「彼は 1 週間前から子犬の世話をしています」が正解です。d'un petit chien を中性代名詞の en に置きかえることも可能です。その場合、Il s'en occupe depuis une semaine. となります。en‿occupe はかならずリエゾンするので注意しましょう。Depuis une semaine. だけでは十分な答えと見なされず、減点されてしまいますから、主語・動詞・目的語を省略しないで答えるようにしましょう。

Question 2 : Où est-ce que Julie est partie ?「Julie はどこに出発したのですか」という質問です。第 2 文の後半部分を使って答えます。Elle est partie pour les‿États‿-Unis.「彼女はアメリカ合衆国へ向けて出発しました」が正解です。pour les‿États‿-Unis のかわりに aux‿États‿-Unis としても正解です。Pour les‿États‿-Unis. だけでは、主語・動詞がないので、十分な答えとは言えません。

イラストについての質問

Question 3：Combien de chiens y a-t-il ?「犬は何匹いますか」という質問です。犬は全部で 4 匹いますから、Il y en‿a quatre. が正解です。リエゾンする箇所がありますので注意してください。中性代名詞 en を使わずに Il y a quatre chiens. としてもけっこうです。中性代名詞と元の名詞両方を入れて Il y *en* a quatre *chiens*. とすると、文法的なまちがい、つまり不正解となりますので気をつけてください。主語・動詞部分の Il y a を省略してはいけません。

Question 4：Quel temps fait-il ?「どんな天気ですか」という質問です。画面左上で太陽が輝いていますので、Il fait beau (temps).「よい天気です」が正解です。ほかにも答え方がありますから、下の **解答例** を参照してください。天候を問うのは定番問題です。Il pleut.「雨が降っています」、Il neige.「雪が降っています」と合わせて覚え、本番で出題されたら確実に解答・得点できるようにしておきましょう。

Question 5：Qu'est-ce qu'il y a sous l'arbre ?「木の下には何がありますか」という質問です。木の下には自転車が 1 台ありますから、Il y a un vélo. が正解です。un vélo のかわりに、une bicyclette でもけっこうです。いずれも sous l'arbre を付けてもかまいません。

解答例　（　　）内は省略可。[　/　] は / の左右どちらでも可。

Question 1：Il [s'en occupe / s'occupe d'un petit chien] depuis une semaine.
Question 2：Elle est partie [pour les‿ / aux‿] États‿-Unis.
Question 3：Il y en a quatre. / Il y a quatre chiens.
Question 4：Il fait beau (temps). / Il y a du soleil. / Il fait (du) soleil.
Question 5：Il y a [un vélo / une bicyclette](sous l'arbre).

B

音　読

Laura は家の近所に同じ年代の子どもがいないので、9 月に小学校に入って友だちを沢山作りたいと思っている、という内容の文章です。第2文のSon‿école、第3文のson‿âgeとchez‿elleはかならずリエゾンします。第2文のest àのところはリエゾンしてもしなくてもかまいません。

質問と答え

音読した文章についての質問

Question 1：Quand est-ce que Laura va entrer à l'école ?「Lauraはいつ小学校に入学しますか」という質問です。第1文を使い、Lauraを代名詞elleに置きかえて答えます。Elle va entrer à l'école au mois de septembre.「彼女は9月に小学校に入学します」が正解です。au mois de septembreのかわりにen septembreでもかまいません。à l'écoleを中性代名詞のyに置きかえることも可能です。その場合、Elle va y entrer au mois de septembre. となります。Au mois de septembre. だけでは、十分な答えとは言えません。

Question 2：Où est l'école de Laura ?「Lauraの小学校はどこにありますか」という質問です。これは第2文がそのまま答えになっていますから、Son école est à deux kilomètres de sa maison.「彼女の小学校は家から2キロのところにあります」と答えます。sa maisonのかわりにchez‿elleでもかまいませんが、その場合はかならずリエゾンします。l'école de Lauraを代名詞elleに置きかえてもけっこうです。À deux kilomètres de sa maison. だけでは、十分な答えとは言えません。

イラストについての質問

Question 3：Qu'est-ce qu'il y a à côté de la porte ?「ドアのすぐそばには何がありますか」という質問です。ドアのすぐそばには椅子がありますから、Il y a une chaise. が正解です。à côté de la porteを付けても付けなくてもかまいません。

Question 4：Quelle heure est-il ?「何時ですか」という質問です。イラストの中央に時計があって10時を指しています。Il est dix‿heures.「10時です」が正解です。dix‿heuresはかならずリエゾンしますから気をつけましょう。窓の外の空の様子から午後ではなく、午前だとわかりますから du matin「朝の」を付け加えてもかまいません。

Question 5 : La fille à droite, qu'est-ce qu'elle a à la main ?「右にいる女の子は手に何を持っていますか」という質問です。女の子は鉛筆を持っていますから、La fille を代名詞 Elle に置きかえて、Elle a un crayon.「彼女は鉛筆を持っています」が正解です。un crayon を son crayon ということもできますが、*le* crayon は正しいフランス語ではありません。
また手に持っているのは鉛筆ではなくボールペンのようにも見えますから、un crayon のかわりに un stylo でもけっこうです。いずれも à la main を付けてもかまいません。また動詞は a のかわりに porte でも tient でもかまいません。

解答例　(　　) 内は省略可。[　/　] は / の左右どちらでも可。

Question 1 : Elle va [y entrer / entrer à l'école] [au mois de / en] septembre.

Question 2 : [Elle / Son‿école] est à deux kilomètres de [sa maison / chez‿elle].

Question 3 : Il y a une chaise (à côté de la porte).

Question 4 : Il est dix‿heures (du matin).

Question 5 : Elle [a / porte / tient] [un / son] [crayon / stylo] (à la main).

2021年度春季
実用フランス語技能検定試験
筆記試験問題冊子　〈準 2 級〉

問題冊子は試験開始の合図があるまで開いてはいけません。

筆　記　試　験	10 時 00 分 ～ 11 時 15 分 (休憩 20 分)
書き取り 聞き取り 試験	11 時 35 分から約 25 分間

◇**筆記試験と書き取り・聞き取り試験の双方を受験しないと欠席になります。**

◇問題冊子は表紙を含め 12 ページ、全部で 7 問題です。

注　意　事　項

1　途中退出はいっさい認めません。

2　筆記用具は **HB または B の黒鉛筆** (シャープペンシルも可) を用いてください。ボールペンや万年筆等でマークした解答は機械による読み取りの対象とならないため、採点されません。

3　解答用紙の所定欄に、**受験番号**と**カナ氏名**が印刷されていますから、まちがいがないか、**確認**してください。

4　**マーク式の解答は、解答用紙の解答欄にマークしてください**。たとえば、1 の (1) に対して ③ と解答する場合は、次の例のように解答欄の ③ にマークしてください。

例　**1**

解答番号	解　答　欄
(1)	①　②　●　④　⑤　⑥

5　記述式の解答の場合、正しく判読できない文字で書かれたものは採点の対象となりません。

6　解答に関係のないことを書いた答案は無効にすることがあります。

7　解答用紙を折り曲げたり、破ったり、汚したりしないように注意してください。

8　問題内容に関する質問はいっさい受けつけません。

9　不正行為者はただちに退場、それ以降および来季以後の受験資格を失うことになります。

10　**携帯電話等の電子機器の電源はかならず切って、かばん等にしまってください**。通信機能のある時計は使用を禁じます。

11　**時計のアラームは使用しないでください**。

12　この試験問題の複製 (コピー) を禁じます。また、この試験問題の一部または全部を当協会の許可なく他に伝えたり、漏えいしたりすることを禁じます (インターネットや携帯サイト等に掲載することも含みます)。

1　次の (1) ～ (4) の (　　) 内に入れるのにもっとも適切なものを、下の ① ～ ⑥ のなかから 1 つずつ選び、解答欄のその番号にマークしてください。ただし、同じものを複数回用いることはできません。なお、① ～ ⑥ では、文頭にくるものも小文字にしてあります。(配点　8)

(1) Il faut terminer ces travaux (　　) qu'il fasse nuit.

(2) Le train est arrivé avec sept minutes (　　) retard.

(3) Nicolas a été grondé (　　) avoir menti.

(4) (　　) mon avis, ce problème est très important.

① à	② avant	③ de
④ derrière	⑤ par	⑥ pour

(解説・解答 ▶ p.258)

2　次のフランス語の文 (1) ～ (5) が、それぞれあたえられた日本語の文が表わす意味になるように、(　　) 内に入れるのにもっとも適切な語 (各 1 語) を、**示されている最初の文字とともに、**解答欄に書いてください。(配点　10)

(1)　Bon　(a　　) !
　お誕生日おめでとう。

(2)　Ce　n’est　pas　ma　(f　　).
　それは私のせいではありません。

(3)　J’entends　très　(m　　).
　よく聞こえません。

(4)　Le　cinéma　est　(p　　).
　映画館は満席だ。

(5)　Quel　est　le　plat　du　(j　　) ?
　きょうのおすすめ料理は何ですか。

(解説・解答 ▶ p.259)

3　次の (1) ～ (5) について、**A**、**B** がほぼ同じ意味になるように、(　　) 内に入れるのにもっとも適切なものを、下の語群から1つずつ選び、必要な形にして解答欄に書いてください。ただし、同じものを複数回用いることはできません。(配点　10)

(1) **A** Des nuages noirs cachaient le ciel.

B Le ciel (　　) de nuages noirs.

(2) **A** Ils seront très heureux de recevoir ton cadeau.

B Ton cadeau leur (　　) beaucoup.

(3) **A** Ne gardez pas votre chapeau dans la salle de concert.

B (　　) votre chapeau dans la salle de concert.

(4) **A** On nous a prêté de l'argent.

B Nous (　　) de l'argent.

(5) **A** On vend ce terrain 100 000 euros.

B Ce terrain (　　) 100 000 euros.

couvrir	emprunter	enlever	plaire
se servir	se taire	valoir	

(解説・解答 ▶ p.260)

4 次の対話 (1) ～ (5) の (　　) 内に入れるのにもっとも適切なものを、下の ① ～ ⑦ のなかから 1 つずつ選び、解答欄のその番号にマークしてください。ただし、同じものを複数回用いることはできません。(配点　10)

(1) — Avez-vous déjà vu ces étudiants ?
— Oui. Je les connais (　　).

(2) — Je peux aller chez Léo ?
— Oui, vas-(　　). Mais rentre à six heures.

(3) — Où sont les clés ?
— Elles doivent être (　　) dans la salle de séjour.

(4) — Regardons ces trois films.
— D'accord. À partir (　　) ?

(5) — Xavier fait de très bons gâteaux.
— On dit que c'est (　　) des meilleurs pâtissiers de France.

① celui　② duquel　③ quelque part　④ quoi
⑤ tous　⑥ un　⑦ y

(解説・解答 ▶ p.263)

5　次の文章を読み、（ 1 ）～（ 5 ）に入れるのにもっとも適切なものを、それぞれ右のページの ① ～ ③ のなかから 1 つずつ選び、解答欄のその番号にマークしてください。（配点 10）

Raval est un village dans les montagnes. Il est fier de ses belles maisons du 18e siècle et de son vieux château, (1) le nombre de ses habitants* diminue depuis déjà très longtemps. En particulier, beaucoup de jeunes sont partis. Il n'y a plus de collège, ni d'épicerie, ni de médecin. On ne peut plus y mener une vie normale. Le village (2).

Le mois dernier, les habitants de Raval ont eu une mauvaise surprise : le seul boulanger et la seule coiffeuse du village ont décidé de fermer leur boutique parce qu'ils sont tombés malades. Les habitants (3).

Jusqu'à maintenant, la municipalité** a pris diverses mesures pour que les jeunes viennent s'installer dans le village, mais (4).

Il y a une semaine, elle a annoncé qu'elle offrirait une maison et un emploi*** à tous les jeunes qui auraient un bébé dans le village. Résultat : six jeunes ont décidé de venir vivre dans le village dès le mois prochain. Les habitants de Raval sont heureux de cette nouvelle et (5).

* habitant : 住民
** municipalité : 村役場
*** emploi : 働き口

(1)　① c'est pourquoi
　　② comme ça
　　③ et cependant

(2)　① plaît à tout le monde
　　② reste un endroit confortable
　　③ risque de disparaître

(3)　① ne sont plus inquiets
　　② n'ont rien à craindre
　　③ se sentent de plus en plus abandonnés

(4)　① aucune n'a marché
　　② toutes étaient utiles
　　③ tout le monde s'y est intéressé

(5)　① attendent leur arrivée
　　② ne veulent plus entendre parler d'eux
　　③ sont prêts à les éviter

（解説・解答 ▶ p.265）

6　次の文章を読み、右のページの (1) ～ (6) について、文章の内容に一致する場合は解答欄の ① に、一致しない場合は ② にマークしてください。(配点　12)

Takeshi, dont le père est propriétaire d'un petit restaurant, a commencé à s'intéresser au café dans son enfance. Quand il était lycéen, il aidait déjà son père et il faisait de temps en temps les cafés à sa place. Après ses études, il a trouvé du travail dans une entreprise de café. Il a été envoyé au Brésil. Là-bas, il a visité beaucoup de petites fermes qui produisent un grain d'excellente qualité, malheureusement trop peu connu. En rentrant au Japon, il a proposé à son entreprise d'importer* ces grains de café, mais ses collègues ont trouvé la proposition trop risquée. Takeshi a donc décidé de créer sa propre société pour importer ces grains.

Son café est devenu célèbre dès que Takeshi l'a servi dans le restaurant de son père. Maintenant, il pense en vendre aussi sur Internet.

* importer : 輸入する

(1) Le père de Takeshi est patron d'un restaurant.

(2) Étudiant, Takeshi a commencé à s'intéresser au café.

(3) C'est après ses études que Takeshi est allé au Brésil.

(4) Beaucoup de petites fermes que Takeshi a visitées au Brésil produisent de bons cafés.

(5) Les collègues de Takeshi ont accepté sa proposition.

(6) Le café de Takeshi a eu peu de succès au début.

（解説・解答 ▶ p.267）

7

次の会話を読み、(1)～(5)に入れるのにもっとも適切なものを、それぞれ右のページの ① ～ ③ のなかから1つずつ選び、解答欄のその番号にマークしてください。(配点　10)

Henri : Si on allait ensemble au musée d'art moderne, demain ?

Thomas : Au musée d'art moderne ? Ça fait longtemps que je n'y suis pas allé. (1), depuis quand tu aimes la peinture, toi ?

Henri : (2). Ce n'est pas pour voir des tableaux que je veux y aller.

Thomas : (3), c'est pour quoi faire ?

Henri : C'est pour voir une exposition spéciale sur l'histoire des machines.

Thomas : Ça doit être intéressant !

Henri : (4) Tu viens donc avec moi ?

Thomas : Je voudrais bien, mais je suis très fatigué ces jours-ci. (5).

Henri : Pas de problème. L'exposition dure encore deux mois.

(1) ① Au contraire
② D'ailleurs
③ En effet

(2) ① Ce n'est pas sérieux
② J'ai raison
③ Tu te trompes

(3) ① Alors
② Par exemple
③ Pourtant

(4) ① J'en doute.
② N'est-ce pas ?
③ Pourquoi pas ?

(5) ① Ce n'est pas pour moi
② C'est incroyable
③ Je préférerais y aller une autre fois

(解説・解答 ▶ p.269)

2021年度春季
実用フランス語技能検定試験
聞き取り試験問題冊子　〈準 2 級〉

書き取り・聞き取り試験時間は、 11 時 35 分 から 約 25 分 間

先に書き取り試験をおこないます。解答用紙表面の書き取り試験注意事項をよく読んでください。書き取り試験解答欄は裏面にあります。

この冊子は指示があるまで開かないでください。

◇**筆記試験と書き取り・聞き取り試験の双方を受験しないと欠席になります。**
◇問題冊子は表紙を含め 4 ページ、全部で 2 問題です。

書き取り・聞き取り試験注意事項

1　途中退出はいっさい認めません。
2　書き取り・聞き取り試験は、CD・テープでおこないます。
3　解答用紙の所定欄に、**受験番号**と**カナ氏名**が印刷されていますから、まちがいがないか、**確認**してください。
4　CD・テープの指示にしたがい、中を開いて、日本語の説明をよく読んでください。フランス語で書かれた部分にも目を通しておいてください。
5　解答はすべて別紙の書き取り・聞き取り試験解答用紙の解答欄に、**HB または B の黒鉛筆**（シャープペンシルも可）で記入またはマークしてください。ボールペンや万年筆等でマークした解答は機械による読み取りの対象とならないため、採点されません。
6　問題内容に関する質問はいっさい受けつけません。
7　**携帯電話等の電子機器の電源はかならず切って、かばん等にしまってください。**通信機能のある時計は使用を禁じます。
8　**時計のアラームは使用しないでください。**
9　この試験問題の複製（コピー）を禁じます。また、この試験問題の一部または全部を当協会の許可なく他に伝えたり、漏えいしたりすることを禁じます（インターネットや携帯サイト等に掲載することも含みます）。

書き取り・聞き取り試験

書き取り試験

注意事項

フランス語の文章を、次の要領で4回読みます。全文を書き取ってください。

- 1回目、2回目は、ふつうの速さで全文を読みます。内容をよく理解するようにしてください。
- 3回目は、ポーズをおきますから、その間に書き取ってください（句読点も読みます）。
- 最後に、もう1回ふつうの速さで全文を読みます。
- 読み終わってから2分後に、聞き取り試験にうつります。
- 数を書く場合は、算用数字で書いてかまいません。（配点　12）

［音声を聞く順番］ ㉝→㉝→㉞→㉝

（解説・解答 ▶ p.272）

聞き取り試験

1

- まず、Lucas と Alice の会話を聞いてください。
- つづいて、それについての5つの質問を読みます。
- もう1回、会話を聞いてください。
- もう1回、5つの質問を読みます。1問ごとにポーズをおきますから、その間に、答えを解答用紙の解答欄にフランス語で書いてください。
- それぞれの（　　）内に1語入ります。
- 答えを書く時間は、1問につき10秒です。
- 最後に、もう1回会話を聞いてください。
- 数を記入する場合は、算用数字で書いてください。
（メモは自由にとってかまいません）（配点　8）

［音声を聞く順番］ ㉟→㊱→㉟→㊲→㉟

(1)　Elle a la (　　) depuis (　　).

(2)　Il a l'intention de lui (　　) ses deux (　　).

(3)　On joue de la musique de (　　).

(4)　Elle ira avec sa (　　).

(5)　Il va passer chez elle vers (　　) heures et (　　).

(解説・解答 ▶ p.274)

2

- まず、Daniel の話を 2 回聞いてください。
- 次に、その内容について述べた文 (1) ～ (10) を 2 回通して読みます。それぞれの文が話の内容に一致する場合は解答欄の ① に、一致しない場合は ② にマークしてください。
- 最後に、もう 1 回 Daniel の話を聞いてください。
  (メモは自由にとってかまいません) (配点　10)

[音声を聞く順番]　㊳ → ㊳ → ㊴ → ㊴ → ㊳

(解説・解答 ▶ p.277)

2 次 試 験

試験方法

○ 2 次試験は個人面接です。（面接時間：約 5 分）

○係員の指示で、ひとりずつ面接室に入ります。

○入室したら面接委員が着席するよう日本語で指示します。

○着席すると、面接委員が受験者の名前と受験級を日本語で確認します。

○次に面接委員が、フランス語の文とイラストがある「問題カード」をわたし、黙読するように指示します。黙読の時間は 1 分間です。このとき、イラストもよく見ておいてください。

○黙読が終わると、次に音読するように指示されます。よく聞こえるように読んでください。

○音読が終わると、面接委員が「問題カード」の文の内容およびイラストに関してフランス語で 5 つの質問をしますから、フランス語で答えてください。答える際に「問題カード」を見てもかまいません。

○質問が終わると、面接委員がその旨を告げますから、「問題カード」を面接委員にかえして退室します。

＊注意＊　試験入室前に携帯電話等の電子機器の電源を切ってください。

2021年度春季実用フランス語技能検定試験　準2級2次試験

問題カードA

❹⓪

C'est dimanche aujourd'hui. Il fait chaud. Léo et Sara arrivent dans un jardin public. Leurs amis de l'école sont là aussi. Léo et Sara leur disent bonjour et ils jouent au foot avec eux.

問題カードA

A （2021 年度春季）

㊶

Question 1：C'est quel jour aujourd'hui ?

Question 2：Léo et Sara, où arrivent-ils ?

Question 3：Combien de personnes y a-t-il ?

Question 4：Regardez le garçon à droite. Qu'est-ce qui lui est arrivé ?

Question 5：Quel temps fait-il ?

（解説・解答例 ▶ p.283）

2021年度春季実用フランス語技能検定試験　準2級2次試験

問題カードB

42

Demain, Nicole part en Italie. Ce voyage est un cadeau d'anniversaire. C'est sa fille, Isabelle, qui le lui a offert. Maintenant, Nicole pense aux endroits qu'elle va visiter, de vieilles églises, par exemple.

問題カードB

B （2021 年度春季）

㊸

Question 1 : Nicole part où demain ?

Question 2 : Comment s’appelle la fille de Nicole ?

Question 3 : La femme à gauche, qu’est-ce qu’elle lit ?

Question 4 : Qu’est-ce qu’il y a à côté de la porte ?

Question 5 : Quelle heure est-il ?

（解説・解答例 ▶ p.285）

2021 年度春季準 2 級

2021 年度春季試験の準 2 級出願者数は、1 次試験免除者数 48 名を合わせて 1234 名、実受験者数は 1066 名でした。1 次試験の平均点は 63 点（満点 100 点）、合格基準点は 59 点、合格者は 658 名、合格率は 61.7%でした。前年度春季と比較すると、平均点は 1 点上がり、合格基準点も 1 点上がりましたが、ほぼ例年どおりといえます。

2 次試験の受験者は、1 次試験免除者 48 名をふくめた 684 名で、合格基準点は 19 点（満点 30 点）、合格者数は 596 名、最終合格率は 54.6%でした。

出題内容のあらまし

1 次［筆記］

1 前置詞（穴うめ・選択）
2 フランス語文の完成（和訳つき／穴うめ・記述）
3 フランス語文の完成（動詞を選択活用／穴うめ・記述）
4 対話文完成（穴うめ・選択）
5 長文完成（過疎の村の移住キャンペーン／穴うめ・選択）
6 長文読解（ブラジルで見つけた良質なコーヒーの個人輸入／内容一致・選択）
7 会話文完成（近代美術館特別展への誘い／穴うめ・選択）

［書き取り］（聞き取りと合わせて約 25 分）

平易な短い文章の書き取り（先生の生誕 90 年のお祝い）

［聞き取り］

1 会話文の聞き取り（演奏会のチケットを譲る／仏問仏答完成／穴うめ・記述）
2 長文聞き取り（地域で最高齢の祖父母／内容一致・選択）

2 次［面接］

個人面接方式。面接委員の指示にしたがって、フランス語の文章を音読し、フランス語の質問にフランス語で答える。試験時間は約 5 分。

1 次 試 験

筆記試験

解説・解答

1 **解説、**フランス語の文の（　）内に入れるのにもっとも適切な前置詞を 6 つの選択肢から選ぶ問題です。問題数は 4、配点は各問 2 点、合計 8 点です。

以下、正答を入れたフランス語の文に日本語訳を添えて解説していきます。

(1) Il faut terminer ces travaux (avant) qu'il fasse nuit.「夜になる前にこの作業を終えなくてはならない」。「〜の前に」を意味する ② avant が正解です。注意すべき点は、avant que のあとにつづく節では動詞の活用が接続法となる点です。ちなみに選択肢中の pour も、pour que という表現を作り、やはりつづく節で動詞は接続法となります。ただし意味は「〜のために」（目的）ですので、ここでは不適切です。得点率は 4 問中一番高く 85%でした。

(2) Le train est arrivé avec sept minutes (de) retard.「電車は 7 分遅れで到着した」。数量表現の〈 beaucoup de ＋無冠詞名詞 〉や〈 un peu de ＋無冠詞名詞 〉などと同様に、〈 数詞＋単位＋ de 〉のあとに無冠詞名詞をつづけることで、この無冠詞名詞を数量的に限定します。得点率は 57%でした。

(3) Nicolas a été grondé (pour) avoir menti.「ニコラはうそをついたために怒られた」。avoir menti「うそをついた」は完了不定詞になっており、a été grondé「怒られた」の複合過去よりも前に起こった事柄であることがわかります。意味的にも因果関係があることは明らかですので、ここでは原因や理由を表わす前置詞 ⑥ pour が正解となります。得点率は 4 問中もっとも低く、53%でした。

(4) (À) mon avis, ce problème est très important.「私の意見では、この問

題はとても重要です」。正解は ① à となります。à mon avis「私の意見では」、à ton avis「君の意見では」など、会話でもよく使われる表現ですから、覚えておきましょう。文頭で用いられることが多いようです。得点率は71%でした。

全4問の平均得点率は67%で、2020年度秋季とくらべて25ポイントも上がりました。これは受験生のみなさんが前置詞の重要性を認識してしっかりと対策を練った結果と思われます。これから受験されるみなさんも、まちがえたところは辞書で確認し、覚える習慣をつけましょう。

解答　(1) ②　(2) ③　(3) ⑥　(4) ①

2　**解説**　下に示された日本語に対応させる形で、フランス語の文に欠落している語をおぎなう記述式の問題です。問題数は5、配点は各問2点、合計10点です。

以下、正答を入れたフランス語の文に日本語訳を添えて解説していきます。

(1)　Bon (anniversaire) !「お誕生日おめでとう」。ほかに Joyeux anniversaire ! とも言います。いずれも日常会話でよく使われます。誤答として多かったのは、*aniversaire*、*anniversair* などで、n の数や語末の e はいずれもまちがいやすい箇所です。正しいつづりでしっかりと覚えておきましょう。ほかにも表現自体は知っていると思われるものの、つづりが微妙にまちがっている誤答が散見しました。得点率は62%でした。

(2)　Ce n'est pas ma (faute).「それは私のせいではありません」。誤答として多かったのは、語末の e を書き忘れた *faut* でした。ほかに Ce n'est pas de ma faute. とも言います。日常会話でも比較的よくつかわれますので、あわせて覚えておきましょう。得点率は54%でした。

(3)　J'entends très (mal).「よく聞こえません」。あたえられた日本語文の否定の意味を表わす語として mal を用いるのが正解ですが、誤答としては *mauvais* が多く、ついで *moins* なども見られました。得点率は65%でした。

(4) Le cinéma est (plein).「映画館は満席だ」。「いっぱい」という意味で plein はそれほどむずかしくはない語のはずですが、得点率は5問中一番低く28%しかありませんでした。誤答としては、*plus* が多く見られましたが、これでは「満席」「いっぱい」の意味にはなりません。*plain* というつづりのまちがい、また *pleine* という性の一致のまちがいも見られましたが、主語は男性・単数の Le cinéma です。さらに誤答として *pris*「ふさがっている」も見られましたが、これも「満席」の意味にはなりません。plein と区別して覚えておきましょう。

(5) Quel est le plat du (jour) ?「きょうのおすすめ料理は何ですか」。この問題の得点率は5問中で一番高く、83%でした。フランスではレストランの入り口付近におかれた黒板に plat du jour が書いてあるのをよく見かけます。ぜひ覚えておきましょう。

全5問の平均得点率は59%で、2020年度秋季とくらべて1ポイントほど上がっています。問われているのはいずれもけっしてむずかしくはない語ですが、実際につづりを書こうとするとケアレスミスをしがちです。日ごろから会話表現・定型表現は声に出して読み、さらには手で書いて練習することをおすすめします。

解答　(1) anniversaire　(2) faute　(3) mal　(4) plein
(5) jour

3　**解説**　提示されたフランス語文とほぼ同じ意味になるフランス語文を完成させる問題です。完成させるべき文の空欄に、下にあたえられた7つの動詞から適合するものをひとつ選び、法や時制も考慮して、適切な形に変化させます。記述式の問題で、問題数は5、配点は各問2点、合計10点です。

A の文に日本語訳を付したうえで解説していきます。

(1) **A** Des nuages noirs cachaient le ciel.「黒い雲が空を覆っていた」。**A** の文での目的語 le ciel が **B** の文では主語になり、**A** の文での主語の Des nuages が、**B** の文では前置詞 de のあとにおかれています（不定冠詞 des は前置詞 de のあとでは省略されます）。つまり、**B** は受動態の文になっていると考えられます。すると動詞は受動態の表現で「覆われていた」となればよいわけですから、動詞は couvrir「覆う」を選びます。時制は **A** の文に合わせて直説法半過去にすると、正解の était couvert が得られます。このようにひとつひとつ考えていけばけっしてむずかしい問題ではありませんが、得点率は 5 問中一番低く、9%でした。誤答としては、couvrir を選べていたにもかかわらず過去分詞を *couvri* としてしまったもの、受動態ではなくそのまま能動態の半過去 *couvrait* としてしまったもの、受動態にはしたものの時制が現在形の *est couvert*、能動態の現在形 *couvre* などがめだちました。ちなみに、ここでは「～によって」を意味する語として前置詞 de が用いられていますが、これは couvrir が状態を表わす動詞だからです。このように動詞が状態や習慣など「持続」を表わす場合は前置詞 de を、それ以外（動詞が「動作」を表わす場合など）では前置詞 par を用いるのが原則であることもあらためて確認しておきましょう。

(2) **A** Ils seront très heureux de recevoir ton cadeau.「君のプレゼントを受け取ったら彼らはとても喜ぶだろう」。**B** の文では主語が Ton cadeau になっており、**A** の文で主語だった Ils は間接目的補語 leur となっていますから、「君のプレゼントが彼らを喜ばすだろう」あるいは「君のプレゼントが彼らの気に入るだろう」となることが予想されます。選択肢のなかでは plaire「気に入る」がこれにあたります。**A** の文に合わせて時制を単純未来形にすれば、正解の plaira がみちびき出せます。得点率は 41%でした。誤答としては動詞の時制を現在形の *plaît* としていたものが一番多く見られましたが、そのほかに活用のつづりを正しく書けていなかったものもめだちました。

(3) **A** Ne gardez pas votre chapeau dans la salle de concert.「コンサート会場では帽子を脱いでください」。直訳をするなら「コンサート会場では帽子をかぶったままではいないでください」です。**B** の文も形はほぼ同じで、(　　　) votre chapeau dans la salle de concert. となっていますから、否定の命令文ではなく、肯定の命令文で同じ内容を表現すればよいわけです。となると「（帽子を）取る（脱ぐ）」という意味の動詞があてはまりますから、enlever「取り除く」が適切です。目的語は votre chapeau「あなたの帽子」ですから、vous に対する命令形に変化させて、Enlevez が正解です。誤答としては emprunter「借りる」を選んだものが多く見られましたが、それでは意味が通りません。得点率は 52%でした。

(4)　**A**　On nous a prêté de l'argent.「私たちはお金を貸してもらった」。直訳するなら「人が私たちにお金を貸してくれた」です。**B** の文では Nous (　　　) de l'argent. と、「私たち」が主語になっていますから、「(お金を) 借りる」を意味する動詞が必要となります。選択肢では emprunter「借りる」があてはまります。**A** の文の時制は直説法複合過去ですから、**B** の文もそれに合わせると、avons emprunté が正解となります。ちなみに **A** の文のような on を主語とする文は、日本語では受動態で訳すと自然となることが多く、また逆に日本語の受動態の表現もフランス語では on を主語にして能動態で表わすと自然になることが多くあります。覚えておきましょう。得点率は 33%でしたが、無解答の答案が多く見られました。この **A** と **B** の文の動詞 prêter と emprunter は対にして覚えておきましょう。

(5)　**A**　On vend ce terrain 100 000 euros.「この土地は 10 万ユーロで売りだされている」。直訳するなら「人はこの土地を 10 万ユーロで売っている」となります。この文の目的語 ce terrain が **B** の文では主語になっていますから、動詞は「売られている」あるいは「(値段が) ～である」などが入ると推測できます。選択肢を見ると、あてはまるのは valoir「～の値段である」です。この動詞を **A** の文の時制に合わせ直説法現在形とした vaut が正解です。誤答としては、*valoit* や *value*、*valu* といった活用形の誤りや、se servir「～を使う」を現在形に活用させた *se sert* などが多く見られました。valoir は多くの場合 3 人称の主語をとりますから、まずはこの 3 人称の活用から覚えましょう。得点率は低く、23%でした。

全 5 問の平均得点率は 32%と低いもので、2020 年秋季とくらべると 8 ポイントほど下がっています。動詞の活用はフランス語の肝です。暗記するための一番の方法は声に出して読みながら、手で繰り返し書くという昔ながらの方法が視覚や聴覚などを刺激するよい方法ですが、活用を練習するためのウェブサイトなどもあります。こうしたツールも積極的に活用しつつ、練習をつづけてみてください。

解答 (1) était couvert (2) plaira (3) Enlevez
(4) avons emprunté (5) vaut

4 **解説** 対話文の空欄に入るもっとも適切な疑問代名詞、関係代名詞、不定代名詞、疑問形容詞、不定形容詞などを、下の 7 つの選択肢から選ぶ問題です。問題数は 5、配点は各問 2 点、合計 10 点です。

空欄をおぎなう形で日本語訳を付しながら、解説していきます。

(1) Avez-vous déjà vu ces étudiants ?「あなたは以前これらの学生に会ったことがありますか」と尋ねられて、相手は Oui. Je les connais ( ).「はい、彼らを知っています」と答えています。空欄がなくてもすでに文はひとまず完結していますし、応答も成立していますから、この答えの文の内容をさらにおぎなう代名詞が入ると考えます。「はい、彼らを全員知っています」となる ⑤ tous が正解です。このように動詞のあとにおかれて直接目的補語の人称代名詞と同格になる tout の使い方も覚えておきましょう。得点率は 80%でした。

(2) Je peux aller chez Léo ?「レオの家に行ってもいい？」の問いかけに、相手は Oui, vas-( ). Mais rentre à six heures.「いいわよ、行ってらっしゃい。でも 6 時には戻ってくるのよ」と応じています。問いかけの文には chez Léo と場所を表わす表現があります。応答の文の vas は tu に対する aller の命令形です。これの直後には倒置を示しているであろうトレデュニオンがあります。以上から、空欄には、もともと動詞の前にあって、問いかけの文の場所を表わす表現のかわりとなる代名詞が入るものと推測できます。選択肢のなかでは ⑦ の中性代名詞 y がこれにあてはまり、正解となります。y は、à のみならず chez や dans、sur など場所を表わす前置詞＋名詞にかわって用いられる代名詞であることを確認しておきましょう。ちなみに、tu に対する aller の命令形はふつう va ですが、このように倒置されてうしろに y がくると、語末の s が復活する形で vas となります。発音もふくめ、vas-y [vazi] を定型表現として覚えてしまったほうが手っ取り早いかもしれません。得点率は 5 問中もっとも高く、94%でした。

(3) Où sont les clés ?「鍵はどこ？」という問いに対して、相手は Elles doivent être (　　　) dans la salle de séjour.「リビングルームにあるはずだよ」と答えています。この答えの文もひとまずは完結していますから、追加の情報が入るものと推測し、選択肢を検討すると、③ quelque part「どこかに」しか適当なものはないことがわかります。これを入れて訳すなら「リビングルームのどこかにあるはずだよ」となります。得点率は 67％でした。

(4) Regardons ces trois films.「この 3 本の映画を見ましょう」との勧誘に、D'accord. À partir (　　　) ?「いいよ、(　　) から？」と答えています。まずここでは動作の開始点を表わす表現として、à partir de「～から」を知っている必要があります。それをふまえると、選択肢に前置詞 de をふくむ表現は、de と lequel が縮約した ② duquel しかありませんので、これが正解です。lequel は男性名詞の film をうけています。単数なのは、3 本の映画のうち最初に見る 1 本だからです。答えの文の訳は「いいよ、どれから？」となります。得点率は 5 問中もっとも低く 54％でしたが、この à partir de は動作の開始点を表わすだけでなく、時間の起点、場所の出発点や原料も表わす便利な表現です。ぜひ覚えておいてください。

(5) Xavier fait de très bons gâteaux.「グザヴィエはとてもおいしいケーキを作るね」ということばに対して、相手は On dit que c'est (　　　) des meilleurs pâtissiers de France.「フランスで最高の菓子職人の（　　）だそうですよ」と答えています。空欄のあとに des meilleurs pâtissiers とあります。meilleurs は bon の優等比較級・複数形です。仮にこの部分が比較級だとして、des が不定冠詞だとすると、形容詞＋名詞の前では de になるはずです。前置詞 de のあとにつづく場合も、省略されて結局 de だけが残るはずです（3 (1) 参照）。しかし、そのようにはなっていませんので、この des は不定冠詞ではなく、前置詞 de と定冠詞 les の縮約形であり、de + les meilleurs で最上級をなしていることがわかります。ここでは「最高の菓子職人たちのうちの（　　）」と考えればよいでしょう。c'est のあとですのでおそらく単数形で、意味的にもあてはまりそうなのは、選択肢のなかでは、⑥ un だけです。これが正解で、全体の意味は「フランスで最高の菓子職人の 1 人だそうですよ」となります。〈 un(e) des meilleur(e)s ＋複数名詞 〉「最高の～の 1 人（1 つ）」は定型表現として覚えてしまってもよいでしょう。得点率は 59％でした。

全5問の平均得点率は71%で、2020年度秋季とくらべて3ポイントほど上がりましたが、(1)と(2)以外は、得点率はけっして高くありません。とはいえひとつひとつの語を丁寧に見ていけばおのずと答えがみちびき出されるものが多い問題です。落ちついてじっくり取り組んでみてください。

解答 (1) ⑤　(2) ⑦　(3) ③　(4) ②　(5) ⑥

5 **解説** 長文中の空欄に入れるのにもっとも適切な語句を、それぞれ3つの選択肢のなかから選ぶ問題です。問題数は5、配点は各問2点、合計10点です。

今回は「過疎の村の移住キャンペーン」の話です。文脈をたどりながら、順に解説していきます。

第1段落の冒頭で、Raval est un village dans les montagnes.「ラヴァルは山間の村だ」と場所が提示されます。つづいてIl est fier de ses belles maisons du 18e siècle et de son vieux château, (　1　) le nombre de ses habitants diminue depuis déjà très longtemps.「この村は18世紀に建てられた美しい家々とその古い城を誇りにしている、(　1　) 住民の数はすでにだいぶ昔から減りつづけている」と展開します。文の前半はこの村の美しさを述べているにもかかわらず、文の後半で住民が減りつづけていることを述べているのですから、逆接の表現が入るのではと推測できます。選択肢を見ると、① c'est pourquoi「そのような理由で」、② comme ça「そんなふうにして」、③ et cependant「しかしながら」とあります。逆接の表現は③のみで、これが正解です。得点率は74%でした。

このあと、次のように話が進みます。En particulier, beaucoup de jeunes sont partis. Il n'y a plus de collège, ni d'épicerie, ni de médecin. On ne peut plus y mener une vie normale. Le village (　2　).「とりわけ、多くの若者が離れていった。もう中学校も、食料品店もなく、医師もいないのだ。もはやそこでふつうの生活はおくれない。村は (　2　)」。若者離れが進む村のきびしい状況がより詳しく描写されます。まず選択肢を見ると、① plaît à tout le monde「みんなの気に入っている」、② reste un endroit confortable「快適な場所でありつづけている」、③ risque de disparaître「消え去るおそれがある」とあります。直前の文で人々は「ふつうの生活がおくれない」と言っているわけですから、逆接の接続詞などを介さずに ① や ② のように展開するのは不自然です。つまり直前の文の内容の帰結あるいは要約となっている ③ がもっとも自然と言え、これが正解になります。得点率は 5 問中でもっとも高く 93%でした。

第 2 段落では村の住民にとって悪いニュースがつづきます。Le mois dernier, les habitants de Raval ont eu une mauvaise surprise : le seul boulanger et la seule coiffeuse du village ont décidé de fermer leur boutique parce qu'ils sont tombés malades. Les habitants (　3　).「先月、ラヴァルの住民は思いもかけず困った事態に直面した。村の唯一のパン職人と理容師が閉店をきめたのだ。彼らは病気になってしまったのである。住民たちは（　3　）」。空欄には、困った事態をうけての住民たちの反応が示されるのではと推測できます。選択肢は、① ne sont plus inquiets「もはや心配はしていない」、② n'ont rien à craindre「なにも恐れることはない」、③ se sentent de plus en plus abandonnés「ますます見放されたように感じている」ですが、事態を楽観視している ① と ② では話のつじつまが合いません。生活の基盤がひとつずつ失われているわけですので、住民はむしろ悲観的になっているはずです。正解は ③ になります。得点率は 5 問中一番低く、72%でした。

第 3 段落は次の 1 文からなります。Jusqu'à maintenant, la municipalité a pris diverses mesures pour que les jeunes viennent s'installer dans le village, mais (　4　).「現在にいたるまで、村役場は若者に村に移住しにきてもらうためさまざまな方策をとってきたが、しかし（　4　）」。「さまざまな方策をとった」としつつも最後は mais「しかし」と逆接の接続詞がつづいていますから、結局うまくいかなかったのだということが予想できます。選択肢を見ると、① aucune n'a marché、「いずれもうまくいかなかった」、② toutes étaient utiles「すべて有益であった」、③ tout le monde s'y est intéressé「みんながその方策に関心をもった」ですから、前の文と内容的に逆接の関係となる ① がもっとも適切で、これが正解です。得点率は 84%でした。

最後の第 4 段落を見ていきましょう。Il y a une semaine, elle a annoncé qu'elle offrirait une maison et un emploi à tous les jeunes qui auraient un bébé dans le village. Résultat : six jeunes ont décidé de venir vivre dans le village dès le mois prochain. Les habitants de Raval sont heureux de cette nouvelle et (　5　).「1 週間前、村役場は村で赤ちゃんを生み育てるつもりがある若者すべてに家と働き口を提供すると告知した。結果はというと、6 人の若者が来月から村で生活しにくることを決断した。ラヴァルの住民はこのニュースに喜び、そして（　5　）」。ようやく住民にとってちょっと明るい展開になります。選択肢には、① attendent leur arrivée「彼らの到着を待ち望んでいる」、② ne veulent plus entendre parler d'eux「もう彼らについて話すのは聞きたくない」、③ sont prêts à les éviter「彼らを避ける準備が整っている」がありますが、②、③ は、その直前の順接の接続詞 et「そして」でつなぐには無理のある内容です。ラヴァルの住民は若者たちがやってくるというニュースに喜んでいるわけですので、① が正解となります。得点率は 89%でした。

この設問の平均得点率は 83%で、2020 年度秋季とくらべて 28 ポイントちかくも上がっています。文意の流れや論旨はおおむね理解できていたようですが、ややむずかしい語彙がふくまれる（　3　）では得点率が低くなっています。よりスムーズな読解のためにも、『仏検公式基本語辞典』などを活用して語彙をふやしていきましょう。

解答　(1) ③　(2) ③　(3) ③　(4) ①　(5) ①

6　**解説**　長文を読み、その内容について述べた文が、長文の内容に一致するか否かを判断する問題です。選択式問題で、内容について述べた文は 6 つ、配点は各問 2 点、合計 12 点です。

今回は、タケシがコーヒー会社に就職後赴いたブラジルで良質の豆を生産する多くの小農園を訪れ、みずから会社を立ち上げてその豆を輸入する話です。

内容について述べた (1) ～ (6) の文を長文中の各文と対応させ、日本語訳を付けながら解説していきます。

(1)　Le père de Takeshi est patron d'un restaurant.「タケシの父はレストランの店主である」。本文の冒頭の文に、Takeshi, dont le père est propriétaire d'un petit restaurant, a commencé à s'intéresser au café dans son enfance.

「父が小さなレストランの経営者であるタケシは子どものころにコーヒーに関心を抱き始めた」とありますから、内容に一致します。得点率は75%でした。

(2) Étudiant, Takeshi a commencé à s'intéresser au café.「学生のころ、タケシはコーヒーに関心を抱き始めた」。これに関しては、先ほどの第1文にすでに答えがあります。タケシがコーヒーに関心を抱き始めたのは子どものころですから、内容には一致しません。étudiantというのは大学など高等教育の学生であることを再確認しておきましょう。得点率は71%でした。

(3) C'est après ses études que Takeshi est allé au Brésil.「タケシがブラジルに行ったのは学業を修めたあとである」。これに関しては、第3文以降を見てみましょう。Après ses études, il a trouvé du travail dans une entreprise de café. Il a été envoyé au Brésil.「学業を修めたあと、彼（タケシ）はコーヒーの会社に働き口を見つけた。彼はブラジルへと派遣された」とあります。つまり、学業を修めたあとということになりますので、内容と一致しています。得点率は93%でした。

(4) Beaucoup de petites fermes que Takeshi a visitées au Brésil produisent de bons cafés.「タケシがブラジルで訪れた多くの小農園は良質のコーヒーを生産していた」。これについては、第5文に以下の記述があります。Là-bas, il a visité beaucoup de petites fermes qui produisent un grain d'excellente qualité, malheureusement trop peu connu.「そこで、彼は素晴らしい品質のコーヒー豆を生産する多くの小農園を訪ねたが、残念なことにほとんど知られていなかった」。つまり内容と一致しています。de bons cafés「よいコーヒー」がun grain d'excellente qualité「素晴らしい品質の豆」と言いかえられ、混乱したからでしょうか、得点率は6問中一番低く、60%でした。

(5) Les collègues de Takeshi ont accepté sa proposition.「タケシの同僚は彼の提案を採用した」。これに関しては、つづく6文目を読んでみましょう。すると次のようにあります。En rentrant au Japon, il a proposé à son entreprise d'importer ces grains de café, mais ses collègues ont trouvé la proposition trop risquée.「日本に帰ると、彼はこれらのコーヒー豆を輸入す

るよう会社に提案したが、同僚たちはその提案があまりにリスクが高いと考えた」とあります。そしてそのあと、Takeshi a donc décidé de créer sa propre société pour importer ces grains.「タケシはしたがってこれらの豆を輸入するために自分自身の会社を創った」とあり、彼の提案は採用されなかったことがわかりますから、本文の内容に一致していません。得点率は6問中もっとも高く94%でした。

(6) Le café de Takeshi a eu peu de succès au début.「タケシのコーヒーは最初ほとんど評価されなかった」。これに関しては、第2段落を見てみましょう。Son café est devenu célèbre dès que Takeshi l'a servi dans le restaurant de son père. Maintenant, il pense en vendre aussi sur Internet.「タケシのコーヒーは彼の父のレストランで出すやいなや有名になった。今、彼はインターネットでも販売しようかと考えている」とあり、内容に一致しません。得点率は77%でした。

この設問の平均得点率は77%で、2020年度秋季とくらべておよそ9ポイント下がっていますが、これは(4)や(6)の得点率が低かったためでしょう。フランス語では同じ語句の繰り返しをしばしば避けますから、言いかえがどのように行われているかについても注意深く観察しましょう。

解答 (1) ① (2) ② (3) ① (4) ① (5) ② (6) ②

7 **解説** 会話文の空欄にあてはまるもっとも適切な語句を、それぞれ3つの選択肢から選ぶ問題です。空欄は5つ、配点は各問2点、合計10点です。

今回は、近代美術館の特別展に行こうと誘うHenriと友人Thomasの会話です。話の筋をたどりながら順に見ていきましょう。

冒頭でHenriが、Si on allait ensemble au musée d'art moderne, demain ?「あした、近代美術館に行かない？」と誘っています。〈si＋半過去？〉の形で勧誘や依頼を表わしますが、ここでの勧誘の表現Si on allait ...「(〜に)行きませんか」は会話でよく使われますので覚えておきましょう。それに対してThomasはAu musée d'art moderne ? Ça fait longtemps que je n'y suis pas allé.「近代美術館？　もう長いあいだ行ってないな」と答え、(1), depuis quand tu aimes la peinture, toi ?「(1)、君はいつから絵が好きになったの？」と尋ねます。まず⑴の選択肢を見ると、① Au contraire「反対に」、② D'ailleurs「それに」、③ En effet「たしかに」とあります。①では、「反対に」といってもそもそも対立するものがありませんし、③も、何について「たしかに」と同意しているのかこの会話だけではわかりません。ここでは、文を自然につなげるのは②になります。得点率は5問中もっとも低く45%でした。d'ailleursは、「それに」や「そもそも」、「もっとも」、「ただし」、「たしかに〜だが」などさまざまな意味があり、単純に順接あるいは逆接とは言い切れない、わかりにくい表現ではありますが、会話ではよく使われます。ここでは、近代美術館に行こうと誘われ、いったん自分が過去そこに行った記憶をたどり、そしてそもそも相手がなぜ近代美術館に誘うのか、その理由について別の側面から推論していると考えればよいでしょうか。なかなか日本語に訳しにくい表現ですので、辞書でこの表現がふくまれるいくつかの例文を暗記して、その意味合いを理解し身につけるようにするとよいでしょう。

(1)のあとは「君はいつから絵が好きになったの？」という質問でした。これに対してHenriは、(2). Ce n'est pas pour voir des tableaux que je veux y aller.「(2)。私がそこに行きたいのは絵を見るためじゃないんだ」と答えています。近代美術館に行く理由について、Thomasの推論は「Henriは絵が好きだから」です。それをうけて、⑵の選択肢① Ce n'est pas sérieux「それは真面目じゃないね」、② J'ai raison「私が正しい」では、「絵を見るために美術館に行くわけではない」という内容と論理的につながりません。Thomasの推論がちがっていることを表わす③ Tu te trompes「君はまちがってるよ」が正解です。得点率はひじょうに低く53%でした。「いつから」と聞いているのに、選択肢に時間的な表現がふくまれておらず、この質問の前提となっている「絵が好きだから美術館に行く」という推論自体を否定する形になっているため、難易度がぐっと上がっています。ですが、やはり会話での表現なので、話の流れのなかで何を言おうとしているのか読み取る必要があります。

Thomasはさらに、(3), c'est pour quoi faire ?「(3)、何をするためなの？」と尋ねます。この問いかけにHenriは、C'est pour voir une exposition spéciale sur l'histoire des machines.「機械の歴史についての特別展を見るためなんだ」と答えています。前の文からのつながりを考えるなら、空欄に「もしそうであるならば」「だとしたら」を表わすようなことばが入れば自然な流れになるだろうと予測しながら読みます。(3) の選択肢、① Alors「それじゃあ」、② Par exemple「たとえば」、③ Pourtant「しかしながら」のなかでは、① がそれにもっとも近いと言えます。つまりこれが正解です。得点率は 85%でした。

この Henri の答えに、Thomas は、Ça doit être intéressant !「それはきっと面白いね」と反応します。Henri はそんな Thomas に、(4) Tu viens donc avec moi ?「(4) なら私といっしょに来る？」と尋ねます。選択肢を見ると、① J'en doute.「それはどうかな」、② N'est-ce pas ?「だよね」、③ Pourquoi pas ?「もちろんいいよ」とあります。相手の好意的な反応を見て、共感・同意の再確認をしてから、誘う、というのが会話の自然な流れです。ここでは ② が正解になります。得点率は 68%でした。

しかしこの Henri の誘いに、Thomas は次のように答えます。Je voudrais bien, mais je suis très fatigué ces jours-ci. (5).「ぜひ行きたいんだけど、最近すごく疲れてるんだ。(5)」すると Henri は、Pas de problème. L'exposition dure encore deux mois.「問題ないよ。展覧会はまだあと 2ヵ月つづくからね」と答えています。つまり Thomas はあしたではない別の機会に行きたいと思っていることが想像できます。選択肢には、① Ce n'est pas pour moi「それは私には向いてないね」、② C'est incroyable「信じられない」、③ Je préférerais y aller une autre fois「また今度行くほうがいいんだけど」とあり、適切なのは ③ になります。得点率は 5 問中もっとも高く 95%でした。

この設問の平均得点率は 69%で、2020 年度秋季とくらべて 6 ポイント下がりました。とくに最初の 2 問でつまづく受験者が多かったことが平均得点率を押し下げたかっこうです。

解答 (1) ② (2) ③ (3) ① (4) ② (5) ③

書き取り・聞き取り試験

解説・解答

書き取り試験

解説 先生の生誕90年を祝う話です。5つの文で構成されており、時制は直説法現在と近接未来そして近接過去が用いられています。また受動態の文もあります。リエゾンはnous‿allons、90 (quatre-vingt-dix)‿ans、C'est‿un‿homme、est‿aimé、ses‿étudiantsの6箇所でした。得点率は48%で、2020年度秋季とくらべると、およそ16ポイント下がってしまいました。これはひじょうに残念な結果です。書き取り問題はフランス語の実力をつけるには有効な学習方法ですから、教科書や参考書に付属の音声を利用するなど工夫して、ぜひ日ごろから積極的に取り組んでみてください。以下、誤りの多かった箇所を中心に解説していきます。

単語のつづりのまちがいでは、fêteを*faite*、*fait*、*fâte*としたものや、ancienが書けなかったり、*ancient*としてしまったもの、professeurを*proffeseur*、*profeseur*としたものなどが目につきました。アクサンのついている単語はつづりミスが頻発する傾向がありますので、注意してください。またprofesseurという単語はfの数やsの数をまちがいやすいものです。こうした部分もしっかりと意識して覚えてください。

動詞のまちがいでは、まず第2文のd'avoirを*avoir*としてしまっている誤答が見られました。これは近接過去の表現ですから、形としては〈venir de＋動詞の不定詞〉で、近接未来〈aller＋動詞の不定詞〉とはことなり、deが必要であったことを思い出しましょう。また第4文でのadmireを*admir*や*admirent*とした誤答が少なからず見られました。主語のTout le mondeは意味としては「みんな」ですが、動詞の活用は3人称・単数です。確認しておきましょう。さらに第5文での受動態の表現est‿aiméの誤答がひじょうに多く見られました。純粋な聞きまちがいで*était né*としてしまっていたり、*est aimer*、*été aimé*、*était t'aimé*などaimerという動詞を聞き取れても正しく変化させられなかった誤答が多く見られました。おそらくリエゾンもあり聞き取りがむずかしかったものと思われますが、こうした誤答は、見なおせば文法的に誤りであることがすぐにわかるはずです。1 度はかならず落ちついて見なおしましょう。

その他のまちがいでは、第 5 文の de tous ses étudiants の箇所で、*de tout* や *de* のみ、あるいは *tous* のみ、さらには *touts* などの誤答が多く見られました。この文は状態を表わす動詞 aimer が受動態で用いられており、意味上の主語は de でみちびかれます。また étudiants は男性名詞の複数形ですから、形容詞 tout は tous となることを忘れないようにしましょう。また同じ箇所の ses étudiants も誤答が多く、*étudients* といったつづりまちがいのほか、*étudiantes* といった性の誤りが多く見られました。ついで *ces étudiants* という語の誤りが見られましたが、この文の主語は Il で、「私たちの先生」を指します。すると彼が愛され、尊敬されているのは「彼の学生全員から」であるはずですから、*ces* ではおかしいことになります。こうした点も 1 度自分が書いた文を落ちついて読みなおすなら気づくはずです。たしかに ses と ces は、リエゾンもふくめ、発音は同じなのですが、たとえそのように聞こえたとしても、文法的に誤りをふくむ文が読まれるはずはありませんから、最後の 2 分間の加筆・訂正の時間に自分の書いた文に文法的まちがいはないか、しっかりチェックしてみてください。

最後に文章全体の日本語訳を付けておきますので、参考にしてください。

「来週、私たちは昔の私たちの先生のためにお祝いの会を催すつもりだ。先生は 90 歳になったばかりなのだ。先生は楽しくていつも優しい人だ。みんな彼の知識に感嘆している。先生は学生全員から愛され、尊敬されているのだ。」

解 答　La semaine prochaine, nous allons faire une fête pour notre ancien professeur. Il vient d’avoir 90 ans. C’est un homme amusant et toujours aimable. Tout le monde admire ses connaissances. Il est aimé et respecté de tous ses étudiants.

聞き取り試験

1

（読まれるテキスト）

Lucas : Allô, Alice ? C'est Lucas.
Alice : Bonjour, comment ça va ?
Lucas : Moi, ça va, mais ma femme a la grippe depuis hier.
Alice : Elle est très malade ?
Lucas : Non, pas tellement.
Alice : Tant mieux !
Lucas : Demain soir, je voulais aller au concert avec elle, mais ce n'est pas possible. Si tu veux, je t'offre mes deux billets.
Alice : C'est quel genre de musique ?
Lucas : De la musique de chambre.
Alice : J'adore ça ! Et ma sœur aussi. J'irai avec elle.
Lucas : Bonne idée ! Je t'apporte les billets ce soir. Est-ce que je peux passer chez toi vers cinq heures et demie ?
Alice : Oui, c'est très gentil, merci.

（読まれる質問）

un : La femme de Lucas, qu'est-ce qu'elle a ?
deux : Si Alice est d'accord, qu'est-ce que Lucas a l'intention de faire ?
trois : On joue quel genre de musique dans ce concert ?
quatre : Alice ira au concert avec qui ?
cinq : Vers quelle heure est-ce que Lucas va passer chez Alice ?

解説 まず2人の会話を聞き、次にその内容に関する質問を聞いて、あらかじめ問題冊子に印刷されている答えの文を完成させる問題です。今回、質問の数は5つ、空欄の数は8つ、空欄ごとに1点で、合計8点です。それぞれの空欄には1語ずつ記入します。

会話を聞く前に、問題冊子に印刷された答えの文をよく読んでおきましょう。空欄の前後から、空欄に入るフランス語がかなりの程度推測できる場合があります。比較的容易に推測できるものをあげると、たとえば(1)の2つ目の空欄の前には前置詞 depuis「～から」がありますから、この空欄には時間あるいは場所の起点を示す語が入ると推測できます。また(3)の空欄の前には musique de「～（の）音楽」とありますから、音楽のジャンルなどが入るのではと想像できます。さらに(4)の空欄の前には Elle ira avec sa とありますから、だれ（彼女とどのような関係にある人）と行くのかに注意して聞けばよいとわかります。そして(5)の1つ目の空欄は前置詞 vers「～ごろ」に先立たれ、heures があとにつづいていますから、おそらく時刻を表わし、しかも複数ですので1以外の数字が入ると予測できます。また、仮に heures et が連続した時刻表現の一部であるとすると、2つ目の空欄に入りうるのは demie か quart しかありません。このように、答えの文の空欄以外の部分からだけでもひじょうに多くのヒントが得られるのです。

会話は全部で3回読まれます。会話を聞くときには、空欄部分に相当する箇所にとくに注意し、その部分を聞き取ることができたらメモをしておくとよいでしょう。ただし、書くことに気をとられて、会話の流れをとらえそこなってはいけません。くれぐれも耳をおろそかにしないという態度でのぞんでください。

今回はコンサートのチケットをめぐる Lucas と Alice の会話です。読まれる質問の日本語訳を提示し、問題用紙に印刷されている答えの文の空欄に解答を入れながら、順に見ていくことにします。

(1)の質問は「Lucas の妻はどうしたのですか」です。Alice が Lucas に、Bonjour, comment ça va ?「こんにちは、調子はどう？」と聞くと Lucas は、Moi, ça va, mais ma femme a la grippe depuis hier.「ぼくはいいんだけど、妻がきのうからインフルエンザにかかっているんだ」と答えています。したがって、正解は、Elle a la (grippe) depuis (hier). となります。grippe の得点率は26％、hier の得点率は85％でした。*gripe* や *grip* といったつづりのまちがいのみならず、*malade* という誤答もめだちましたが、これは「病気の」を意味する形容詞、あるいは「病人」を意味する名詞ですので、空欄の前の la を見れば、文法的あるいは意味的に誤りであることにすぐ気づくはずです。単語を書き入れたあとも空欄の前後と不一致はないかチェックしましょう。

(**2**)の質問は「もし Alice がよければ、Lucas は何をするつもりですか」です。これは Lucas のことばを見てみると、Alice に対して次のように言っています。Demain soir, je voulais aller au concert avec elle, mais ce n'est pas possible. Si tu veux, je t'offre mes deux billets.「あしたの夜、妻といっしょにコンサートに行きたかったんだけど、できなくなったんだ。もしよければ、君にぼくの2枚のチケットをあげるよ」。つまり正解は Il a l'intention de lui (offrir) ses deux (billets). となります。offrir のほか donner、passer、céder、laisser、apporter でも可でしたが、得点率はもっとも低くわずか18%でした。そもそも無解答の答案が多く、また offrir を正確につづれていない誤答も散見しました。billets については tickets や places でも可でしたが、得点率はやはり低く29%でした。無解答にくわえ、*billes* や *villets*、単数形の *billet* などのつづりミスがめだちました。

(**3**)の質問は「どんなジャンルの音楽のコンサートですか」です。これは2人のやりとりがそのまま問題になった形です。Alice が C'est quel genre de musique ?「それどんなジャンルの音楽？」と尋ねると、Lucas が De la musique de chambre.「室内楽だよ」と答えています。つまり正解は On joue de la musique de (chambre). です。得点率は69%でした。誤答としては、*chamble* や *chanble* などのつづりまちがいがめだちました。もしかしたら chambre だけであれば聞き取れたところを、musique de chambre「室内楽」という表現を知らず、とまどってしまったのかもしれません。これを機会に覚えておきましょう。

(**4**)の質問は「Alice はだれとコンサートに行くのですか」です。先ほどの「室内楽だよ」のつづきで、Alice は次のように言っています。J'adore ça ! Et ma sœur aussi. J'irai avec elle.「それ大好き！　私の妹もなの。彼女といっしょに行くわ」。したがって、正解は Elle ira avec sa (sœur). となりますね。

単語としては基本中の基本ですが、無解答や *femme* や *mère* などの誤答が見られました。sœur が聞き取れなかったり、あるいは会話での elle を sœur に変換できなかったのかもしれません。いまさらですが、sœur の œ は o と e の合字ですので、くっつけて書きましょう。得点率は 49%でした。

(5)の質問は「Lucas は何時ごろに Alice の家に寄りますか」です。室内楽が好きで、妹といっしょにコンサートに行くのだという Alice のことばにつづく会話を見ると、Lucas はこう答えています。Bonne idée ! Je t'apporte les billets ce soir. Est-ce que je peux passer chez toi vers cinq heures et demie ?「いい考えだね！　今晩君にチケットを持っていくよ。5時半ごろに君の家に寄ってもいい？」それに対して Alice は Oui, c'est très gentil, merci.「うん、親切にありがとう」と答えていますから、正解は Il va passer chez elle vers (5) heures et (demie). です。5のほうの得点率は 91%とよくできていましたが、demie の得点率は低く 28%でした。多かった誤答は *demi* で、heures の性（女性）に一致していなかったものです。時間を表わすこの表現は基本語彙ですから、しっかり再確認しておいてください。

全8問の平均得点率は 49%で、前回の 2020 年秋季とくらべて9ポイントほど上がりました。問われているのは多くが基本単語です。試験の前には基本語こそ復習しておきましょう。

解答　(1) (grippe) (hier)　(2) (offrir) (billets)　(3) (chambre)
(4) (sœur)　(5) (5) (demie)

2

（読まれるテキスト）

Mon grand-père est l'homme le plus âgé de notre région. Il est né dans une maison près de Marseille, où nous vivons toujours avec lui. Mais il n'était pas là pendant la guerre. Il a passé deux ans et demi à l'étranger comme soldat. Après la guerre, il est revenu chez lui avec une femme qu'il avait rencontrée en Afrique. Ils se sont bientôt mariés et ils ont eu un fils unique : c'est mon père. Ensuite, mon grand-père a recommencé à cultiver la terre, comme avant la guerre. Il a enfin pris sa retraite il y a 30 ans. Maintenant il passe ses journées avec ma grand-mère, qui est également la femme la plus âgée de la région !

（読まれるテキストの内容について述べた文）

un : Le grand-père de Daniel est l'homme le plus âgé de sa région.

deux : Le grand-père de Daniel habite à Paris.

trois : Le grand-père de Daniel n'a jamais quitté le village où il est né.

quatre : Pendant la guerre, le grand-père de Daniel était soldat.

cinq : Le grand-père de Daniel est rentré de la guerre au bout d'un an.

six : Les grands-parents de Daniel se sont connus à Marseille.

sept : Le père de Daniel a deux frères.

huit : Maintenant le grand-père de Daniel ne travaille plus.

neuf : La grand-mère de Daniel vit avec son mari.

dix : La grand-mère de Daniel est la femme la plus âgée de sa région.

解説 まず、フランス語のまとまった文章を聞きます。次に、おなじくフランス語の10の文を聞いて、それぞれの文が、読まれたフランス語の文章の内容に一致するかどうかを判断する問題です。各問1点、合計10点です。

今回は、Danielの地域で最高齢になる祖父母の話です。以下、長文の内容に一致するかしないかを問う 10 の文に日本語訳を付けながら解説をしていきます。

(**1**)「Daniel の祖父は地域で最高齢の男性である」。これに関しては、長文の第 1 文に、Mon grand-père est l'homme le plus âgé de notre région.「私の祖父は地域で最高齢の男性だ」とありますから、内容に一致します。得点率は 84%でした。

(**2**)「Daniel の祖父はパリに住んでいる」。これに関しては、長文の第 2 文に、Il est né dans une maison près de Marseille, où nous vivons toujours avec lui.「彼はマルセイユ近郊の家で生まれ、そこでわれわれはずっと彼といっしょに住んでいる」とありますから、内容には一致しません。得点率は 10 問中もっとも高く 96%でした。

(**3**)「Daniel の祖父は生まれた村を 1 度も離れたことがない」。長文の第 3 文に、Mais il n'était pas là pendant la guerre.「だが、彼は戦時中はそこにはいなかった」とありますから、やはり内容に一致しません。得点率は 68 %でした。

(**4**)「戦時中、Daniel の祖父は兵士だった」。長文の第 4 文に、Il a passé deux ans et demi à l'étranger comme soldat.「彼は兵士として 2 年半外国で過ごした」とありますから、内容に一致します。得点率は 81%でした。

(**5**)「Daniel の祖父は 1 年後に戦争から戻ってきた」。これは先ほどの第 4 文に、「2 年半外国で過ごした」とありますから、内容に一致しません。得点率は 64%にとどまりました。

(**6**)「Daniel の祖父母はマルセイユで知り合った」。これに関しては、長文の第 5 文に、Après la guerre, il est revenu chez lui avec une femme qu'il avait rencontrée en Afrique.「戦後、彼はアフリカで出会った女性と家に戻ってきた」とあり、つづいて第 6 文に、Ils se sont bientôt mariés et ils ont eu un fils unique : c'est mon père.「彼らはすぐに結婚し、ひとり息子をもうけた。それが私の父である」とありますので、Daniel の祖父母はアフリカで出会ったことがわかります。つまり内容に一致しません。得点率は10問中もっとも低く、49%でした。

(7)「Danielの父には2人兄弟がいる」。先にも見た長文の第6文に、「彼らはすぐに結婚し、ひとり息子をもうけた。それが私の父である」とありますから、内容には一致しません。得点率は84%でした。

(8)「現在Danielの祖父はもう働いていない」。これに関しては、長文の第7文から最後の第9文をまとめて見てみましょう。Ensuite, mon grand-père a recommencé à cultiver la terre, comme avant la guerre. Il a enfin pris sa retraite il y a 30 ans. Maintenant il passe ses journées avec ma grand-mère, qui est également la femme la plus âgée de la région !「それから私の祖父は戦争前のようにふたたび土地を耕し始めた。彼がついに引退したのは30年前のことである。現在彼は私の祖母と日々を過ごしているが、彼女もまた地域で最高齢の女性である」とあります。つまり現在は働いていないのですから、内容に一致します。得点率は51%でした。

(9)「Danielの祖母は夫とともに暮らしている」。先ほど見た長文の第9文に、「彼（Danielの祖父）は私の祖母と日々を過ごしている」とありますから、内容に一致します。得点率は85%でした。

(10)「Danielの祖母は地域で最高齢の女性である」。これに関しても、前問とおなじく長文の第9文後半に、「彼女もまた地域で最高齢の女性である」とありますから、内容に一致します。得点率は89%でした。

全10問の平均得点率は75%で、2020年度秋期と変わりませんでした。フランス語の長文は全部で3回読まれますので、その間にそれぞれの問いのポイントがどこなのかがある程度しぼりこめれば、正誤の判断がしやすくなるでしょう。

解答　(1) ①　(2) ②　(3) ②　(4) ①　(5) ②　(6) ②
(7) ②　(8) ①　(9) ①　(10) ①

1次試験配点表

筆記試験	1	2	3	4	5	6	7	小計	書き取り	小計	聞き取り	1	2	小計	合計
	8点	10	10	10	10	12	10	70		12		8	10	18	100

2 次 試 験

試験方法

音 読

問題カードに印刷された35語程度のフランス語の文章を音読します。配点は10点です。

試験の進行は基本的に春季と秋季で同じです。音読する前に、1分間、黙読する時間があたえられます。その間に内容や発音を確認しておきましょう。とくに、リエゾンすべき箇所と、逆に、してはならない箇所をきちんと確認しておきましょう。

また、フランス語は発音の規則がしっかりときまっていますので、日ごろからその規則を意識して音読する習慣を身につけておいてください。本番の試験では、個々のフランス語の発音だけでなく、文章全体のリズムにも留意しつつ、落ちついて読んでください。万一、読みまちがえても、訂正して読みなおすことがゆるされていますので、リラックスして、かつ明瞭な声で発音してください。

質問と答え

問題カードに印刷されたフランス語の文章についての2つの質問と、イラストについての3つの質問の合計5つの質問に答えます。質問と答えのやりとりは、すべてフランス語でおこなわれます。配点は、各質問4点、合計20点です。

各質問には、原則として、主語と動詞をふくむ完全なフランス語の文で答えてください。日常会話ならば主語や動詞をはぶいて答えても会話として成立することはありますが、ここでは正しくフランス語の文を構成する能力のあるなしが審査されていると考えてください。

また、質問のなかにでてくる名詞を答えのなかで繰り返す場合、代名詞にするほうが自然です。その名詞の性・数に合わせた代名詞に置きかえることができるかどうかも審査の対象となります。

印刷されたフランス語の文章についての質問は、ほとんどの場合、文章中に答えを見つけることができます。ただし、文章中の一部をそのまま抜きだしただけでは答えとしてふさわしくない場合もありますので、質問に応じてふさわしい形に整えて答えてください。

イラストについての質問は、qu'est-ce que、qu'est-ce qui、combien といった疑問詞をふくむもの、あるいは時刻や天候を問うものなど、だいたいパターンがきまっています。描かれた人やものの位置関係あるいは数などに注意するのはもちろんですが、名詞の性・数や、冠詞にも気を配ってください。

解　説

A

音　読

ある夏の暑い日曜日に、Léo と Sara が公園にやってきます。そこで学校の友だちに出会い、いっしょにサッカーをするという内容の文章です。第 3 文の dans‿un、そして第 4 文の Leurs‿amis はかならずリエゾンします。一方、第 5 文の et ils と jouent au はリエゾンしてはいけません。

質問と答え

音読した文章についての質問

Question 1 : C'est quel jour aujourd'hui ?「きょうは何曜日ですか」という質問です。第 1 文を使い、C'est dimanche. と答えます。C'est un dimanche. としても正解ですし、Nous sommes dimanche. あるいは On est dimanche. でもけっこうです。aujourd'hui はあってもなくてもかまいません。

Question 2 : Léo et Sara, où arrivent-ils ?「Léo と Sara はどこに到着しますか」という質問です。第 3 文を使って答えますが、固有名詞の繰り返しを避けるために、すでに倒置疑問で出てきている ils を主語にして、Ils arrivent dans un jardin. が正解です。Ils‿arrivent と dans‿un はかならずリエゾンします。dans un のかわりに au でもかまいませんし、jardin のかわりに parc でもかまいません。また public はあってもなくてもかまいません。

イラストについての質問

Question 3 : Combien de personnes y a-t-il ?「何人の人がいますか」という質問です。6 人いますので、personnes の繰り返しを避けるために en を用いて、Il y en a six.「6 人います」とすれば正解です。en‿a はかならずリエゾンするので気をつけましょう。Il y a six personnes. としても正解です。ここで発音について一点注意です。Il y en a six. のように文末に six が置かれている場合、発音は [sis] ですが、Il y a six personnes. のように子音で始まる名詞の前に置かれている場合、[si] となります。ちなみに、母音または無音の h で始まる名詞の前に置かれている場合はリエゾンして [siz] となります。

Question 4 : Regardez le garçon à droite. Qu'est-ce qui lui est arrivé ?「右側の男の子を見てください。彼に何が起こりましたか」という質問です。男の子が転んで倒れていますので、主語は Il に置きかえて Il est tombé (par terre).「彼は（地面に）倒れました」が正解です。あるいは、Il vient de tomber (par terre).「彼は（地面に）倒れたところです」と近接過去で答えてもけっこうです。par terre はあってもなくてもかまいません。

Question 5 : Quel temps fait-il ?「どんな天候ですか」という質問です。青空に太陽が見えていますから、Il fait beau.「よいお天気です」が正解です。ほかに Il fait beau temps. や Il y a du soleil. も正解です。さらに Il fait (du) soleil. も可で、この場合 du は省略可能です。

解答例　(　　) 内は省略可。[　/　] は / の左右どちらでも可。

Question 1 : C'est (un) dimanche (aujourd'hui). / Nous sommes dimanche (aujourd'hui). / On est dimanche (aujourd'hui).

Question 2 : Ils arrivent [dans un / au] [jardin / parc] (public).

Question 3 : Il y en a six. / Il y a six personnes.

Question 4 : Il est tombé (par terre). / Il vient de tomber (par terre).

Question 5 : Il fait [beau (temps) / (du) soleil]. / Il y a du soleil.

B

音　読

Nicole は娘の Isabelle からプレゼントされたイタリア旅行にあした出発する予定で、訪れる場所について考えているという話です。第 1 文の en‿Italie、第 4 文の aux‿endroits そして vieilles‿églises はかならずリエゾンします。一方、第 1 文の part en のところはリエゾンしてはいけません。また第 2 文の est un はリエゾンしてもしなくてもかまいません。

質問と答え

音読した文章についての質問

Question 1 : Nicole part où demain ?「Nicole はあしたどこに出発しますか」という質問です。第 1 文を使い、Nicole を代名詞 elle に置きかえて答えます。Elle part en Italie.「彼女はイタリアに出発します」が正解です。part en の部分はリエゾンしません。en Italie のかわりに pour l'Italie でもかまいません。また動詞 partir は Elle va partir のように近接未来としても、Elle partira のように単純未来としても正解です。文頭の Demain はあってもなくても、文末に置いてもかまいません。

Question 2 : Comment s'appelle la fille de Nicole ?「ニコルの娘の名は何ですか」という質問です。これは第 3 文に、C'est sa fille, Isabelle, qui le lui a offert.「この旅行を彼女にプレゼントしたのは娘のイザベルです」とありますから、la fille de Nicole を代名詞にして Elle s'appelle Isabelle.「彼女の名はイザベルです」と答えます。s'appelle のかわりに se nomme でもかまいません。

イラストについての質問

Question 3 : La femme à gauche, qu'est-ce qu'elle lit ?「左側の女性は何を読んでいますか」という質問です。イラストでは左側の女性は新聞を読んでいますから、la femme à gauche を代名詞 elle に置きかえて、Elle lit un journal.「彼女は新聞を読んでいます」が正解です。un journal を son journal あるいは le journal と言うこともできます。

Question 4 : Qu'est-ce qu'il y a à côté de la porte ?「ドアの横には何がありますか」という質問です。ドアの横にはスーツケースがありますから、Il y a une valise.「スーツケースがあります」が正解です。Il y a un bagage. でもかまいません。une valise を sa valise や leur valise としてもかまいませんし、un bagage を son bagage、leur bagage としてもかまいません。また質問文の à côté de la porte は文末につけてもつけなくてもかまいません。ただし、valise のかわりに malle や sac は不可です。

Question 5 : Quelle heure est-il ?「何時ですか」という質問です。イラスト中央部に時計がかかっており、5時ちょうどを指していますから、Il est cinq heures.　が正解です。文末に du matin や du soir をつけてもかまいません。また Il est dix-sept heures. としてもけっこうです。

解答例　(　　) 内は省略可。[/] は / の左右どちらでも可。

Question 1 : (Demain,) elle part [en / pour l'] Italie.
(Demain,) elle [va partir / partira] [en / pour l'] Italie.

Question 2 : Elle [s'appelle / se nomme] Isabelle.

Question 3 : Elle lit [un / son / le] journal.

Question 4 : Il y a [une / sa / leur] valise (à côté de la porte).
Il y a [un / son / leur] bagage (à côté de la porte).
※ valise のかわりに malle、sac は不可。

Question 5 : Il est cinq heures ([du matin / du soir]).
Il est dix-sept heures.

2021年度秋季
実用フランス語技能検定試験
筆記試験問題冊子　〈準2級〉

問題冊子は試験開始の合図があるまで開いてはいけません。

筆記試験	10時00分～11時15分 (休憩20分)
書き取り 聞き取り 試験	11時35分から約25分間

◇筆記試験と書き取り・聞き取り試験の双方を受験しないと欠席になります。

◇問題冊子は表紙を含め12ページ、全部で7問題です。

注　意　事　項

1　途中退出はいっさい認めません。

2　筆記用具は**HBまたはBの黒鉛筆**(シャープペンシルも可)を用いてください。ボールペンや万年筆等でマークした解答は機械による読み取りの対象とならないため、採点されません。

3　解答用紙の所定欄に、**受験番号**と**カナ氏名**が印刷されていますから、まちがいがないか、**確認**してください。

4　**マーク式の解答は、解答用紙の解答欄にマークしてください。**たとえば、1の(1)に対して③と解答する場合は、次の例のように解答欄の③にマークしてください。

例 1

解答番号	解　答　欄
(1)	① ② ● ④ ⑤ ⑥

5　記述式の解答の場合、正しく判読できない文字で書かれたものは採点の対象となりません。

6　解答に関係のないことを書いた答案は無効にすることがあります。

7　解答用紙を折り曲げたり、破ったり、汚したりしないように注意してください。

8　問題内容に関する質問はいっさい受けつけません。

9　不正行為者はただちに退場、それ以降および来季以後の受験資格を失うことになります。

10　**携帯電話等の電子機器の電源はかならず切って、かばん等にしまってください。**通信機能のある時計は使用を禁じます。

11　**時計のアラームは使用しないでください。**

12　この試験問題の複製(コピー)を禁じます。また、この試験問題の一部または全部を当協会の許可なく他に伝えたり、漏えいしたりすることを禁じます(インターネットや携帯サイト等に掲載することも含みます)。

1

次の (1) ～ (4) の (　　) 内に入れるのにもっとも適切なものを、下の ① ～ ⑥ のなかから 1 つずつ選び、解答欄のその番号にマークしてください。ただし、同じものを複数回用いることはできません。(配点　8)

(1) Ce jeune chanteur a un bel avenir (　　) lui.

(2) Êtes-vous prêt (　　) partir tout de suite ?

(3) Ici la Seine est large (　　) 50 mètres.

(4) Le programme commence (　　) un exercice très simple.

① à　② contre　③ de
④ devant　⑤ entre　⑥ par

(解説・解答 ▶ p.310)

2　次のフランス語の文 (1) ～ (5) が、それぞれあたえられた日本語の文が表わす意味になるように、(　　) 内に入れるのにもっとも適切な語 (各 1 語) を、**示されている最初の文字とともに、**解答欄に書いてください。(配点　10)

(1)　Ça m'est (é　　).
どちらでもかまわないよ。

(2)　Elle organise une (s　　) demain.
彼女はあしたの夜パーティーをする。

(3)　Il a eu une bonne (n　　) à l'examen.
彼は試験でいい点数をとった。

(4)　La neige (t　　).
雪が降っている。

(5)　Merci de votre (a　　).
ご清聴《せいちょう》ありがとうございました。

(解説・解答 ▶ p.311)

3

次の (1) ～ (5) について、**A**、**B** がほぼ同じ意味になるように、(　　) 内に入れるのにもっとも適切なものを、下の語群から 1 つずつ選び、必要な形にして解答欄に書いてください。ただし、同じものを複数回用いることはできません。(配点　10)

(1) **A** Ils ont eu un enfant le 24 novembre 2016.

B Leur enfant (　　) le 24 novembre 2016.

(2) **A** La lecture de ce roman a fait pleurer mon père.

B Mon père a pleuré en (　　) ce roman.

(3) **A** Le professeur ne se souvenait plus de mon nom.

B Le professeur (　　) mon nom.

(4) **A** Nous sommes de très bons amis.

B Nous (　　) très bien.

(5) **A** Sans votre aide, il me faudrait beaucoup de temps pour ce travail.

B Sans votre aide, ce travail me (　　) beaucoup de temps.

conduire	lire	naître	oublier
prendre	s’entendre	se voir	

(解説・解答 ▶ p.313)

4 次の対話 (1) ～ (5) の (　　) 内に入れるのにもっとも適切なものを、下の ① ～ ⑦ のなかから 1 つずつ選び、解答欄のその番号にマークしてください。ただし、同じものを複数回用いることはできません。なお、① ～ ⑦ では、文頭にくるものも小文字にしてあります。(配点　10)

(1) — Ah, ça fait longtemps ! Comment vas-tu ?
— Monsieur, je crois que vous me prenez pour (　　) d'autre.

(2) — Comment trouvez-vous ces tableaux ?
— (　　) d'eux ne m'intéresse.

(3) — Monsieur, nous avons un problème avec l'ordinateur.
— Ah bon ? De (　　) s'agit-il ?

(4) — Tu es allé à ce nouveau restaurant ?
— Non, mais (　　) de mes amis l'ont déjà essayé.

(5) — Vous connaissez ces gens ?
— Non. Je me demande (　　) ils sont.

① aucun　② auquel　③ certains　④ ceux
⑤ quelqu'un　⑥ qui　⑦ quoi

(解説・解答 ▶ p.316)

5　次の文章を読み、(1) ～ (5) に入れるのにもっとも適切なものを、それぞれ右のページの ① ～ ③ のなかから 1 つずつ選び、解答欄のその番号にマークしてください。(配点 10)

Damien est guitariste*. Un jour, il a eu mal à un doigt. Lorsqu'il est allé à l'hôpital, on a découvert qu'il avait une maladie de la main. Il a tout de suite eu une opération, et n'a pas pu (1) sa guitare pendant six mois. C'était pour lui une expérience spéciale, parce qu'il avait toujours joué depuis l'âge de six ans. Mais il a vu (2) de cette situation et il a pris plus de temps pour lire des partitions** et beaucoup de livres de divers genres.

Au bout de six mois, il a recommencé à faire des exercices. D'abord c'était dur, parce que ses doigts ne bougeaient pas (3). Cependant il s'est aperçu que cette expérience lui avait aussi fait du bien, (4) il avait maintenant plus d'inspiration***. Après un an de préparation, il a donné un concert.

Le public était (5), parce que la musique de Damien avait complètement changé. La plupart des gens ont adoré sa nouvelle musique.

* guitariste : ギター奏者
** partition : 楽譜
*** inspiration : インスピレーション

(1) ① finir
② laisser
③ toucher

(2) ① le bon côté
② le point inutile
③ peu de choses

(3) ① comme avant
② d’habitude
③ pour toujours

(4) ① car
② or
③ pourtant

(5) ① ennuyé
② étonné
③ tranquille

(解説・解答 ▶ p.317)

6 次の文章を読み、右のページの (1) ～ (6) について、文章の内容に一致する場合は解答欄の ① に、一致しない場合は ② にマークしてください。(配点　12)

*La Laiterie** *de Clignancourt* est une petite boutique dans une rue parisienne. Les personnes qui s'arrêtent devant sa grande vitrine peuvent voir de l'extérieur la salle où les fromages sont conservés** et vendus.

Tous les jours, beaucoup de clients viennent y acheter du lait, des yaourts, des fromages de toutes les régions de France et surtout des fromages fabriqués dans ce magasin. Georges, le patron, dit : « Aujourd'hui, les gens s'intéressent de plus en plus à ce qu'ils mangent. Ils veulent savoir qui produit, où et comment. » Il reçoit de temps en temps la visite des enfants de l'école du quartier et leur explique comment fabriquer des fromages.

Pour ses fromages, Georges utilise le lait d'Aurélien, un jeune agriculteur*** qui vient d'avoir sa ferme. C'est ce dernier qui fixe lui-même le prix de son lait. Georges voudrait aider les jeunes agriculteurs comme Aurélien à mieux vivre de leur travail.

* laiterie : 乳製品販売店
** conserver : 保存する
*** agriculteur : 農家

(1) De la rue, on peut voir l'intérieur de *La Laiterie de Clignancourt*.

(2) Georges vend seulement les fromages fabriqués dans sa boutique.

(3) D'après Georges, les gens ne s'intéressent plus à ce qu'ils mangent.

(4) Des enfants visitent de temps en temps la boutique de Georges.

(5) Aurélien tient sa ferme depuis longtemps.

(6) C'est Georges qui décide du prix du lait d'Aurélien.

（解説・解答 ▶ p.320）

7　次の会話を読み、(1) ～ (5) に入れるのにもっとも適切なものを、それぞれ右のページの ① ～ ③ のなかから 1 つずつ選び、解答欄のその番号にマークしてください。(配点　10)

Rosette : Gisèle, je pense que je suis tombée amoureuse.

Gisèle : Chouette* ! (1), c'est qui ?

Rosette : Je ne connais pas son nom. C'est quelqu'un qui fait du jogging dans le parc.

Gisèle : Tu ne lui as pas encore parlé, alors ? Mais (2), courage !

Rosette : Ce n'est pas une question de courage ! Il court trop vite.

Gisèle : Comment, tu ne peux donc pas le suivre ? Il vient assez régulièrement, (3) ?

Rosette : Oui, tous les jours.

Gisèle : Tu pourras courir un jour aussi vite que lui.

Rosette : (4) ! Il court de plus en plus vite. Il ne me regardera jamais.

Gisèle : (5) courir dans le sens inverse** et lui faire un grand sourire ?

* chouette : すてき

** inverse : 逆の

(1) ① Dis-moi
② Écoute
③ Réfléchis

(2) ① tu y vas
② vas-y
③ va-t’en

(3) ① au moins
② de nouveau
③ tout au plus

(4) ① Au contraire
② Rien n’est plus vrai
③ Tu as raison

(5) ① À quoi bon
② Pour qui
③ Pourquoi pas

(解説・解答 ▶ p.323)

2021年度秋季
実用フランス語技能検定試験
聞き取り試験問題冊子　〈準 2 級〉

書き取り・聞き取り試験時間は、
11 時 35 分 から 約 25 分 間

先に書き取り試験をおこないます。解答用紙表面の書き取り試験注意事項をよく読んでください。書き取り試験解答欄は裏面にあります。

この冊子は指示があるまで開かないでください。

◇**筆記試験と書き取り・聞き取り試験の双方を受験しないと欠席になります。**

◇問題冊子は表紙を含め 4 ページ、全部で 2 問題です。

書き取り・聞き取り試験注意事項

1　途中退出はいっさい認めません。

2　書き取り・聞き取り試験は、CD・テープでおこないます。

3　解答用紙の所定欄に、**受験番号**と**カナ氏名**が印刷されていますから、まちがいがないか、**確認**してください。

4　CD・テープの指示にしたがい、中を開いて、日本語の説明をよく読んでください。フランス語で書かれた部分にも目を通しておいてください。

5　解答はすべて別紙の書き取り・聞き取り試験解答用紙の解答欄に、**HB または B の黒鉛筆**（シャープペンシルも可）で記入またはマークしてください。ボールペンや万年筆等でマークした解答は機械による読み取りの対象とならないため、採点されません。

6　問題内容に関する質問はいっさい受けつけません。

7　**携帯電話等の電子機器の電源はかならず切って、かばん等にしまってください。**通信機能のある時計は使用を禁じます。

8　**時計のアラームは使用しないでください。**

9　この試験問題の複製（コピー）を禁じます。また、この試験問題の一部または全部を当協会の許可なく他に伝えたり、漏えいしたりすることを禁じます（インターネットや携帯サイト等に掲載することも含みます）。

書き取り・聞き取り試験

書き取り試験

注意事項

フランス語の文章を、次の要領で 4 回読みます。全文を書き取ってください。

- 1 回目、2 回目は、ふつうの速さで全文を読みます。内容をよく理解するようにしてください。
- 3 回目は、ポーズをおきますから、その間に書き取ってください（句読点も読みます)。
- 最後に、もう 1 回ふつうの速さで全文を読みます。
- 読み終わってから 2 分後に、聞き取り試験にうつります。
- 数を書く場合は、算用数字で書いてかまいません。(配点　12)

［ 音声を聞く順番 ］ ㊹ → ㊹ → ㊺ → ㊹

(解説・解答 ▶ p.326)

聞き取り試験

1

- まず、Chloé と Thomas の会話を聞いてください。
- つづいて、それについての 6 つの質問を読みます。
- もう 1 回、会話を聞いてください。
- もう 1 回、6 つの質問を読みます。1 問ごとにポーズをおきますから、その間に、答えを解答用紙の解答欄にフランス語で書いてください。
- それぞれの (　　) 内に 1 語入ります。
- 答えを書く時間は、1 問につき 10 秒です。
- 最後に、もう 1 回会話を聞いてください。
- 数を記入する場合は、算用数字で書いてください。

(メモは自由にとってかまいません) (配点　8)

［ 音声を聞く順番 ］ ㊻ → ㊼ → ㊻ → ㊽ → ㊻

(1)　Ça fait (　　) de (　　) ans.

(2)　Elle habite dans un petit village à la (　　).

(3)　Non, elle y vient très (　　).

(4)　Ils lui donnent souvent du (　　) et des (　　).

(5)　Oui, elle en est (　　).

(6)　Il va y venir (　　).

(解説・解答 ▶ p.327)

2

- まず、Jean に関する文章を 2 回聞いてください。
- 次に、その内容について述べた文 (1) ～ (10) を 2 回通して読みます。それぞれの文が文章の内容に一致する場合は解答欄の ① に、一致しない場合は ② にマークしてください。
- 最後に、もう 1 回文章を聞いてください。
(メモは自由にとってかまいません)(配点　10)

[音声を聞く順番]　㊾ → ㊾ → ㊿ → ㊿ → ㊾

(解説・解答 ▶ p.331)

2 次 試 験

試験方法

○2次試験は個人面接です。(面接時間：約5分)
○係員の指示で、ひとりずつ面接室に入ります。
○入室したら面接委員が着席するよう日本語で指示します。
○着席すると、面接委員が受験者の名前と受験級を日本語で確認します。
○次に面接委員が、フランス語の文とイラストがある「問題カード」をわたし、黙読するように指示します。黙読の時間は1分間です。このとき、イラストもよく見ておいてください。
○黙読が終わると、次に音読するように指示されます。よく聞こえるように読んでください。
○音読が終わると、面接委員が「問題カード」の文の内容およびイラストに関してフランス語で5つの質問をしますから、フランス語で答えてください。答える際に「問題カード」を見てもかまいません。
○質問が終わると、面接委員がその旨を告げますから、「問題カード」を面接委員にかえして退室します。

＊注意＊　試験入室前に携帯電話等の電子機器の電源を切ってください。

2021年度秋季実用フランス語技能検定試験　準2級2次試験

問題カードA

51

Chaque week-end, Cécile va chez ses parents. Ceux-ci habitent à la campagne depuis trois ans, et cultivent des légumes pour les manger. Cécile est très contente de travailler dans les champs avec eux.

問題カードA

A （2021 年度秋季）

52

Question 1 : Chaque week-end, chez qui va Cécile ?

Question 2 : Depuis quand les parents de Cécile habitent-ils à la campagne ?

Question 3 : Où est-ce que le chien dort ?

Question 4 : Qu'est-ce que ces gens vont boire ?

Question 5 : Combien d'arbres y a-t-il à côté de la maison ?

（解説・解答例 ▶ p.336）

2021年度秋季実用フランス語技能検定試験　準2級2次試験

問題カードB

53

Nadia est étudiante en médecine au Canada. Elle est arrivée d'Afrique l'été dernier. Hier, il a neigé toute la journée. Mais il fait beau aujourd'hui. Alors, elle va faire du ski avec ses copains.

問題カードB

B （2021 年度秋季）

54

Question 1 : Quand est-ce que Nadia est arrivée au Canada ?

Question 2 : Aujourd’hui, Nadia va faire du ski avec qui ?

Question 3 : Combien de personnes y a-t-il ?

Question 4 : Qu’est-ce qu’on voit derrière les étudiants ?

Question 5 : Il y a un oiseau à gauche. Qu’est-ce qu’il fait ?

（解説・解答例 ▶ p.338）

2021年度秋季準2級

2021年度秋季試験の準2級出願者数は、1次試験免除者数50名を合わせて1412名、実受験者数は1232名でした。1次試験の平均点は58点（満点100点）、合格基準点は55点、合格者は710名、合格率は57.6%でした。前年度秋季と比較すると、平均点は4点下がり、合格基準点も3点下がりました。過去最低を記録した2018年秋季と同じ水準になってしまいました。

2次試験の受験者は、1次試験免除者50名をふくめた719名で、合格基準点は18点（満点30点）、合格者数は628名、最終合格率は50.6%でした。

出題内容のあらまし

1 次［筆記］

1 前置詞（穴うめ・選択）
2 フランス語文の完成（和訳つき／穴うめ・記述）
3 フランス語文の完成（動詞を選択活用／穴うめ・記述）
4 対話文完成（穴うめ・選択）
5 長文完成（手の病を克服したギタリスト／穴うめ・選択）
6 長文読解（パリの乳製品販売店／内容一致・選択）
7 会話文完成（ジョギングする男性に片思い／穴うめ・選択）

［書き取り］（聞き取りと合わせて約 25 分）
平易な短い文章の書き取り（冷夏だがあしたは水遊びにいきたい）

［聞き取り］
1 会話文の聞き取り（田舎に住む友人と再会／仏問仏答完成／穴うめ・記述）
2 長文聞き取り（65 歳のパン職人／内容一致・選択）

2 次［面接］
個人面接方式。面接委員の指示にしたがって、フランス語の文章を音読し、フランス語の質問にフランス語で答える。試験時間は約 5 分。

1 次 試 験

筆記試験

解 説・解 答

1 **解説** フランス語の文の（　　）内に入れるのにもっとも適切な前置詞を 6 つの選択肢から選ぶ問題です。問題数は 4、配点は各問 2 点、合計 8 点です。

以下、正答を入れたフランス語の文に日本語訳を添えて解説していきます。

(1) Ce jeune chanteur a un bel avenir (devant) lui.「この若い歌手は前途有望である」。「～の前に」を意味する ④ devant が正解です。動詞以下をあえて直訳すれば、「前途にすばらしい将来をもっている」となります。devant は基本的には空間的な意味で「～の（目の）前に」を表わしますが、ここでは比喩的に「（これから進むべき）前途に」という時間的な意味で用いられています。空間的な用法から時間的な用法への転化がうまくとらえられなかったからでしょうか、得点率は伸び悩み、45%でした。

(2) Êtes-vous prêt (à) partir tout de suite ?「すぐに出発する準備ができていますか？」これは〈être prêt à + 不定詞〉「～する準備ができている」という熟語表現を知っていれば解ける問題です。① à が正解です。形容詞と不定詞を組み合わせる場合、à か de のどちらを差しはさむべきか、わからなくならないように、前置詞もふくめて覚えるようにしましょう。得点率は 49%でした。

(3) Ici la Seine est large (de) 50 mètres.「ここでセーヌ川の幅は 50 メートルである」。これは数量表現をみちびく de の用法です。ほかにもたとえば、C'est un vin vieux de 15 ans.「それは 15 年もののワインだ」、Le prix du blé s'est élevé de 3 %.「小麦の価格は 3%値上がりした」などがあります。③ de が正解となります。得点率は 4 問中もっとも低く、42%でした。

(4) Le programme commence (par) un exercice très simple.「そのプログラムはひじょうに簡単な練習から始まる」。正解は⑥ parとなります。commencerと前置詞を組み合わせた表現として、〈 commencer à + 不定詞 〉「～し始める」と、commencer par ～「～から始まる、はじめに～する」を覚えておきましょう。得点率は4問中もっとも高い52%でしたが、それでも例年とくらべるとむしろ低いほうです。

全4問の平均得点率は47%でした。極端にできなかった問題がいくつかあったというより、全体的にできがよくありませんでした。2021年度春季からは約20ポイント下落し、結果的に例年並みか、例年よりやや低い程度になってしまいました。

とくに前置詞は、単独での用法を覚えるよりも、当該の前置詞をふくむ定型表現としてまとめたほうが覚えやすく、またうまく使いこなせるようにもなります。ぜひまとまりで覚えることを心がけましょう。

解答　(1) ④　　(2) ①　　(3) ③　　(4) ⑥

2

解説　下に示された日本語に対応させる形で、フランス語の文に欠落している語をおぎなう記述式の問題です。問題数は5、配点は各問2点、合計10点です。

以下、正答を入れたフランス語の文に日本語訳を添えて解説していきます。

(1) Ça m'est (égal).「どちらでもかまわないよ」。égal、égaleは「等しい、平等の」を意味する形容詞です。『仏検公式基本語辞典』には例文としてこのフランス語の文がそのまま載っています。「平等」が「どっちでもいい」になるのは少し不思議な気もしますが、(いくつかある選択肢のうち) 突出してよかったり悪かったりするものはない、私にとってはどれもみな同じだ、ということのようです。誤答として多かったのは女性形の *égale* でした。capable「可能な」、facile「簡単な」、utile「役に立つ」など、男性形と女性形が同じ形容詞と混同してしまったのかもしれません。ほかにも、おそらく英語のequal「イコール」からの類推で *équal* としてしまったものや、*écouté*、*étrangé* などがありました。得点率は50%でした。

(2) Elle organise une (soirée) demain.「彼女はあしたの夜パーティーをする」。soirée は、もともとは「晩（夕方から寝るまでの時間帯）」ですが、「夜の会合」や、コンサート・演劇などの「夜の上演」を表わすことがあります。もっとも多い誤答は *soir* でしたが、これでは「夜のパーティー」を表わしませんし、そもそも男性名詞ですので、文法的にも不可ということになります。得点率は 50% でした。

(3) Il a eu une bonne (note) à l'examen.「彼は試験でいい点数をとった」。note には「ノート、メモ」のほかに、「点数、成績」という意味もあります。やはり『仏検公式基本語辞典』には、Marie a eu de bonnes notes en japonais.「マリーは日本語でいい点をとった」という例文があります。誤答としては *nombre* が多く、ついで *numéro*、*niveau* などがありました。日本語の「点数」から類推したものと思われますが、いずれも男性名詞ですのでここには入りません。得点率は 5 問中もっとも低く、22% でした。

(4) La neige (tombe).「雪が降っている」。tomber は「落ちる、転ぶ」を意味する自動詞ですが、雨や雪が「降る」ことを表わす場合にも用いられます。誤答としては、活用した動詞というところまではわかっていたにもかかわらず正しい動詞を選びそこなってしまった *tient* や、なぜか過去分詞にしてしまった *tombée*、人称をまちがえた *tombes* などがありました。得点率は 5 問中一番高く、57% でした。

(5) Merci de votre (attention).「ご清聴《せいちょう》ありがとうございました」。attention のもともとの意味は「注意」で、とくに「聴くこと」を表わすわけではありませんが、ひとしきり話し終えたあとに、注意深く耳を傾けてくれたことに対するお礼の挨拶として、この表現がよく用いられます。もっとも多い誤答は、やはり「聴くこと」に引きずられたと見られる *audience* でした。*aide* も相当数見うけられましたが、これではあたえられた日本語の意味になりません。得点率は 50% でした。

全 5 問の平均得点率は 46% で、2021 年度春季とくらべて 13 ポイントも下がりました。いまさらですが、フランス語には男性名詞と女性名詞の区別があり、形容詞はかかる名詞の性・数に一致する必要があります。また、動詞はかなり複雑に活用します。これらのことをまちがいなく書けるようになるためには、フランス語の文章を目で追って読むだけでなく、できればペンや鉛筆で、あるいはキーボードやキーパッドでもかまいませんので、とにかく一語一語正確に書く練習を繰り返すことです。

解答 (1) égal　(2) soirée　(3) note　(4) tombe
(5) attention

3 **解説** 提示されたフランス語文とほぼ同じ意味になるフランス語文を完成させる問題です。完成させるべき文の空欄に、下にあたえられた7つの動詞から適合するものをひとつ選び、法や時制も考慮して、適切な形に変化させます。記述式の問題で、問題数は5、配点は各問2点、合計10点です。

Aの文に日本語訳を付したうえで解説していきます。

(**1**) **A** Ils ont eu un enfant le 24 novembre 2016.「彼らは2016年11月24日に子どもをもった」。**A**の文での目的語un enfantが**B**の文では主語になり、さらに不定冠詞が所有形容詞に変わっています。内容的に**B**の文が「彼らの子どもは2016年11月24日に生まれた」となれば、ほぼ同じ意味になると言えます。動詞はnaîtreを選び、時制を**A**と同じ複合過去にすれば、正解est néが得られます。助動詞にêtreを使いますので、過去分詞は主語と性・数一致しなければなりませんが、un enfantは男性・単数ですので、なにも付ける必要がありません。得点率は5問中一番高く、56%でしたが、複合過去のごく基本的な問題ですので、準2級レベルでは本来もう少しできているべきところです。誤答でもっとも多かったのは助動詞をまちがえた*a né*でした。複合過去で助動詞にêtreを使う動詞（自動詞）は数が限られており、そのほとんどが5級ないし4級レベルの語彙です。あらためてこれに該当する動詞を一度まとめて復習しておくとよいでしょう。ほかにも、naîtreを他動詞ととりちがえて受動態のようにしてしまった*a été né*、過去分詞の形をまちがえた*est nu*、大過去にしてしまった*était né*、人称をまちがえた*sont nés*などのミスが散見しました。

(**2**) **A** La lecture de ce roman a fait pleurer mon père. あえて直訳するなら、

「この小説の読みは私の父を泣かせた」。**B** の文では主語が Mon père になっていますので、**A** の文で主語だった名詞 lecture を動詞にして、「この本を読んで私の父は泣いた」とすればよいだろうと予想します。動詞はもちろん lire「読む」を選びます。空欄の直前に en がありますので、現在分詞にしてジェロンディフの形にすれば、めざす内容を表わすことができます。lisant が正解です。ジェロンディフは基本的に主節との同時性を表わしますが、文の内容に応じて、この問題のように原因・理由や、結果・帰結、対立・譲歩などを表わします。誤答で一番多かったのは *lire* ですが、不定詞はここでは文法的に不可です。ついで多かったのは現在分詞のつづりをまちがえた *lirant* でした。得点率は29%でした。

(3)　**A**　Le professeur ne se souvenait plus de mon nom.「先生は私の名前をもう覚えていなかった」。**A** と **B** は主語も目的語も同じです。**A** は否定文で「もう覚えていなかった」ということですので、**B** は肯定文で「(すでに) 忘れてしまっていた」とすれば、ほぼ同じ意味になることがわかります。選ぶべき動詞は oublier ですが、問題は時制です。**A** の文の時制は半過去です。過去のある時点で「もう覚えていなかった」ということは、「忘れた」のは時間的にそれより前ということになります。ですので、ここの時制は大過去ということになります。avait oublié が正解です。ほとんどの受験者が oublier を選んでいましたが、そのうち半分近くの人が **A** と同じ半過去にして *oubliait* と解答しました。しかしこれでは「忘れつつあった」(持続・継続) あるいは「忘れることがよくあった」(反復・習慣) という意味になり、**A** と同義にはなりません。また、*a oublié* と複合過去にした誤答もかなり多く見うけられましたが、これだと英語の現在完了のようなニュアンスになり、「忘れる」という動作・行為が完了して現在にいたる、つまり現時点で「もう覚えていない」ことになってしまいます。もし **A** が Le professeur ne se souvient plus de mon nom.「先生はもう私の名前を覚えていない」なら、**B** は複合過去で正しいということになります。得点率は1%にもみたない、仏検史上最低とも言うべき数字でした。

(4)　**A**　Nous sommes de très bons amis.「私たちはとてもよい友だちである」。**B** の文では主語が同じで、副詞 bien はおそらく文の構造上、形容詞 bons が形を変えたものだと推測されます。この問題を解くカギは、結局のところ、s’entendreに「聞かれる」「自分を理解する」のほかに、「理解し合う」「気が合う」という意味もあることを知っているかどうかでしょう。とくにs’entendre bienで「よく理解し合っている」、つまり「仲がよい」を表わします。ちなみに「仲が悪い」はs’entendre malです。s’entendre bien / mal avec ~「～と仲がよい／悪い」の形も用いられます。ここでは**A**と同じ現在時制でnous entendonsとすれば正解です。もっとも多かった誤答は、動詞の選択そのものを誤った*nous voyons*でしたが、これでは**A**と同じ意味にはなりません。得点率は22%とかなり低めでした。

(5) **A** Sans votre aide, il me faudrait beaucoup de temps pour ce travail.「あなたの助けがないとしたら、私にとってこの仕事には膨大な時間がかかることでしょう」。falloirには、このように、非人称のilを主語にして、直接目的補語になっている時間・お金・労力などが（間接目的補語にとって）必要である、という意味の用法があります。ここではfaudraitと条件法現在になっているので、現在における反実仮想であることがわかります。さて、**B**の文では、Sans votre aideまでが**A**と同じで、ce travailが主語、beaucoup de tempsが直接目的補語になっています。meはおそらく**A**と同様間接目的補語と考えられます。構文および「かからせる、必要とする」という意味から考えると、これにあてはまる動詞は、選択肢のなかではprendreしかありません。これを**A**と同じ条件法現在に活用させれば、正解prendraitが得られます。誤答としては、半過去*prenait*、複合過去*a pris*や、動詞の選択をまちがえた*conduirait*などがありました。得点率は47%でした。

全5問の平均得点率は31%で、低調だった2021年度春季からさらに1ポイント下がりました。得点率がほぼゼロに等しい(3)が致命的でした。**A**と**B**で時制が変わる場合がありますので、同じ時制にしておけばいいなどと安易に考えずに、意味をよく考えて活用させてください。また、この設問では大過去も出題範囲にふくまれますので、時制を勘案する際には、かならず候補に入れておいてください。

解答
(1) est né　(2) lisant　(3) avait oublié
(4) nous entendons　(5) prendrait

4 **解説** 対話文の空欄に入るもっとも適切な疑問代名詞、関係代名詞、不定代名詞、疑問形容詞、不定形容詞などを、下の 7 つの選択肢から選ぶ問題です。問題数は 5、配点は各問 2 点、合計 10 点です。

空欄をおぎなう形で日本語訳を付しながら、解説していきます。

(1) Ah, ça fait longtemps ! Comment vas-tu ?「やあ、久しぶり！　調子はどう？」との問いかけに、相手は Monsieur, je crois que vous me prenez pour (　　　) d'autre.「人ちがいされていると思いますが」と返答しています。まず、prendre には prendre A pour B「A を B と見なす、とりちがえる」という用法があることを確認しておきましょう。ここでは、話しかけてきた見知らぬ人が自分を「ほかのだれか」と勘ちがいしていることを指摘しているわけです。正解は ⑤ quelqu'un です。ちなみに、quelqu'un、quelque chose、qui、quoi、personne、rien などの不定代名詞に形容詞を付加する場合、直後に de (d') をはさみ、形容詞は男性・単数形にします。得点率は 60%でした。

(2) Comment trouvez-vous ces tableaux ?「これらの絵画をどう思いますか」と質問され、相手は (　　　) d'eux ne m'intéresse.「それらの（　　）興味がない」と辛辣に批評しています。ここでは、ne があって pas がないというのがポイントです。選択肢のなかで、pas を用いない否定文という条件にあてはまるのは ① aucun「どれも（〜ない）」だけです。得点率は 64%でした。ほかに競合する選択肢がないので、もう少しできていてもよかったところです。

(3) Monsieur, nous avons un problème avec l'ordinateur.「すみません、コンピューターに問題があるのですが」とおそらく客から依頼されています。それに対して、Ah bon ? De (　　　) s'agit-il ?「ああ、そうですか。（　　）が問題でしょうか？」と応じています。ここでは非人称構文 il s'agit de ~「問題は〜だ、〜が重要である」が使われています。話題の内容から考えると、コンピューターに関して「何」が問題なのか、ということですので、正解は ⑦ quoi になります。「何」を問う疑問の表現としては qu'est-ce que と que もありますが、前置詞のあとでは quoi を用います。得点率は 5 問中もっとも高く、84%でした。

(4)　Tu es allé à ce nouveau restaurant ?「あの新しいレストランに行った？」と聞かれ、Non, mais (　　　) de mes amis l'ont déjà essayé.「いや、でも友だちの（　　）はもう行ってみたって」と答えています。自分はまだ行っていないけれども、友だちはためしに行ってみたということのようです。複合過去の助動詞部分が ont と 3 人称・複数形になっていることに注目しましょう。選択肢のうち、複数なのは ③ certains と ④ ceux です。ceux だとすると前に出てきた男性・複数の名詞を受けることになるのですが、それに相当するものは見あたりません。restaurant は男性名詞ではありますが、話題になっているのは複数ではなく単数のレストランです。以上から、正解は ③ certains となります。友だちの「何人か」は行ってみたらしい、ということです。得点率は 59%でした。

(5)　Vous connaissez ces gens ?「これらの人たちを知っていますか？」という質問に対して、Non. Je me demande (　　　) ils sont.「いいえ。彼らは（　　）なのでしょうか」と言っています。まず、問題になっているのが「これらの人たち」、つまり「人」であることを確認します。答えるほうは、いったん Non.（「彼らのことを知らない」）と否定しておいて、おそらく「彼らがだれであるのか」、代名動詞を用い、Je me demande「自問する」ということでしょう。そう考えると、後半部分は「だれ」を問う間接疑問文であるということがわかります。正解は ⑥ qui です。ちなみに直接疑問文では、Qui sont-ils ? となります。得点率は 5 問中もっとも低く、52%でした。間接疑問文をうまくとらえられなかったことが低調の原因と考えられます。

全 5 問の平均得点率は 64%で、2021 年度春季とくらべて 7 ポイントほど下がりました。代名詞類は数が限られていますので、一度まとめてリストを作ってみるとよいでしょう。そして過去問を一通りやっておけば、この設問は満点がとれるはずです。その際、ただ正解を覚えるだけでなく、構文もしっかり把握しながら問題に取り組むことが重要です。

解答　(1) ⑤　(2) ①　(3) ⑦　(4) ③　(5) ⑥

5　**解説**　長文中の空欄に入れるのにもっとも適切な語句を、それぞれ 3 つの選択肢のなかから選ぶ問題です。問題数は 5、配点は各問 2 点、合計10点です。

今回は手の病を克服したギタリストの話です。文脈をたどりながら、順に解説していきます。

第1段落の冒頭でこの話のテーマが提示されます。Damien est guitariste. Un jour, il a eu mal à un doigt. Lorsqu'il est allé à l'hôpital, on a découvert qu'il avait une maladie de la main.「Damienはギタリストです。ある日、彼は指に痛みを覚えました。病院に行ったとき、手の病気であることが判明しました」。このあとに空欄をふくむ文がつづきます。Il a tout de suite eu une opération, et n'a pas pu (　1　) sa guitare pendant six mois.「彼はすぐに手術を受けて、6ヵ月間ギター（　1　）ことができませんでした」。まず選択肢を見ると、① finir「～を終える」、② laisser「～を放っておく」、③ toucher「～に触れる」とあります。①の「ギターを終えることができなかった」というのは、ここでは意味をなしません。②「ギターを放っておくことができなかった」だとすると、ギターを弾きつづけたことになりますので、手の病をわずらい、手術を受けた直後では、かなり無理があります。③「ギターに触れることができなかった」が正解です。つづいて、C'était pour lui une expérience spéciale, parce qu'il avait toujours joué depuis l'âge de six ans.「これは彼にとって特別な経験でした。なぜなら彼は6歳のときからつねに弾いていたからです」とあることからも、それまでかたときも手ばなすことのなかったギターを手術後に弾けなくなったことは明らかです。得点率は94%とひじょうによくできていました。

Mais il a vu (　2　) de cette situation et il a pris plus de temps pour lire des partitions et beaucoup de livres de divers genres.「しかし彼はこの状況の（　2　）を見て、楽譜とさまざまなジャンルの多くの本を読むのにより多くの時間を費やしました」。文頭に逆接の接続詞Maisがありますので、Damienはギタリストでありながらギターに触れることができないこの「特別な経験」をどうやら前向きにとらえているようです。(2)の選択肢① le bon côté「よい面」、② le point inutile「無用な点」、③ peu de choses「取るに足らないようなこと」のうち、「この状況」に肯定的な要素を見いだしていることになるのは①だけです。これが正解です。ギターを演奏できないぶん、楽譜を読み込んで音楽性に磨きをかけ、また音楽とは関係ない分野の本もたくさん読んで教養を身につけたということでしょう。得点率は79%でした。

第 2 段落では手術後の経過が語られています。Au bout de six mois, il a recommencé à faire des exercices. D'abord c'était dur, parce que ses doigts ne bougeaient pas (　3　).「6ヵ月後、彼は練習をし始めました。最初は大変でした。なにしろ彼の指は（　3　）動かなかったのですから」。⑶に ② d'habitude あるいは ③ pour toujours を入れると、それぞれ「いつも動かなかったわけではない」、「永久に動かなくなっていたわけではない」、つまり「ときどきは動いていた」、「いくらか動くようになっていた」ということになりますので、練習が「大変だった」ことの理由としては不自然です。① comme avant を入れて、指が「以前のようには動かなかった」から練習は「大変だった」とすれば、すんなりつながります。ですので、① が正解です。得点率は 82%でした。

Damien はこのきつい練習にも「よい面」を見いだしているようです。Cependant il s'est aperçu que cette expérience lui avait aussi fait du bien, (　4　) il avait maintenant plus d'inspiration. Après un an de préparation, il a donné un concert.「しかしながら、彼はこの経験がやはり自分のためになっていたことに気づきました。（　4　）今や彼はより多くのインスピレーションをもつようになっていたのです。1 年の準備期間を経て、彼はコンサートを開催しました」。⑷の選択肢 ① car「というのも～だから」は前言の論拠を示すのに用いられる接続詞です。② or「さて、ところが」は話題を変えたり、逆接のニュアンスを付け加えたりする接続詞です。③ pourtant「にもかかわらず」は前文との対立を示す副詞です。文脈にかんがみると、⑷のあとの文が、前の文の論拠になっていますので、① が正解です。どうしてこの経験が Damien によい効果をもたらしたと言えるかというと、それはインスピレーションがより豊かになっていたから、というわけです。得点率は 5 問中もっとも低く、70%でした。car は parce que とくらべると因果関係を示す度合いが弱く、原因・理由というよりむしろ前言の内容を確認したり説明したりするのに用いられます。また、しばしば puisque「～なのだから、～である以上」（既知の判断根拠）や en effet「というのも、たしかに」（前文の内容の確認）と書きかえが可能です。これらの接続の表現と合わせて、かつしっかり区別して、その意味・用法を覚えるようにしましょう。

最後の段落では Damien の音楽の変化について述べられています。Le public était (　5　), parce que la musique de Damien avait complètement changé. La plupart des gens ont adoré sa nouvelle musique.「聴衆は（　5　）。

なぜならDamienの音楽がまったく変わっていたからです。大部分の人は彼の新しい音楽が大好きになりました」。手術とリハビリの期間を経て大きく変化したDamienの音楽を、大部分の聴衆は「大好きなった」わけですので、聴衆は① ennuyé「うんざりしていた」のでも、③ tranquille「静かだった」のでもなく、② étonné「驚いていた」にちがいありません。正解は②です。得点率は79%でした。

この設問の平均得点率は81%でした。2021年度春季とくらべると2ポイント下がりました。だいたい5問中4問できている計算ですが、三択問題はできれば全問とりこぼさないでおきたいところです。文脈の流れをつかみながら、場合によっては消去法で、3つの選択肢のなかからしっかり正答を選びましょう。

解答　(1) ③　(2) ①　(3) ①　(4) ①　(5) ②

6　**解説**　長文を読み、その内容について述べた文が、長文の内容に一致するか否かを判断する問題です。選択式問題で、内容について述べた文は6つ、配点は各問2点、合計12点です。

今回は、パリの乳製品販売店が、フランス各地の乳製品を売るだけでなく、店内でチーズを作る過程を子どもたちに見学させたり、若い農家を支援するなど、さまざまな取り組みをしているという話です。

内容について述べた(1)～(6)の文を長文中の各文と対応させ、日本語訳を付けながら解説していきます。

(1) De la rue, on peut voir l'intérieur de *La Laiterie de Clignancourt*.「通りから『クリニャンクールの乳製品販売店』の内部を見ることができる」。これは第1段落に、*La Laiterie de Clignancourt* est une petite boutique dans une rue parisienne. Les personnes qui s'arrêtent devant sa grande vitrine peuvent voir de l'extérieur la salle où les fromages sont conservés et vendus.「『クリニャンクールの乳製品販売店』はパリの通りにある小さな店です。その大きなショーウインドーの前で立ち止まる人たちは、チーズが保存され販売されている店内を、外から見ることができます」とありますので、内容に一致します。得点率は意外に低く、51%でした。約半数の受験者が、「通りから内部を見る」のと「外部から部屋（＝店内）を見る」のとはちがう事柄だと勘ちがいしてしまったからでしょうか。

(2) Georges vend seulement les fromages fabriqués dans sa boutique.「Georges は彼の店で作られるチーズだけを販売している」。第 2 段落第 1 文に、Tous les jours, beaucoup de clients viennent y acheter du lait, des yaourts, des fromages de toutes les régions de France et surtout des fromages fabriqués dans ce magasin.「毎日、たくさんの客が、牛乳、ヨーグルト、フランスのあらゆる地方のチーズ、とくにこの店で作られるチーズを買いにやってきます」とあります。自家製チーズだけでなく、フランス各地のチーズを売っているようですので、内容に一致しません。得点率は 81%でした。

(3) D'après Georges, les gens s'intéressent de moins en moins à ce qu'ils mangent.「Georges によれば、人々は自分たちが食べるものにだんだん興味をもたなくなっている」。これについては第 2 段落第 2 文で本人が直接述べています。Georges, le patron, dit : « Aujourd'hui, les gens font très attention à ce qu'ils mangent. Ils veulent savoir qui produit, où et comment. »「店主の Georges はこう言っています。『今日、人々は自分たちが食べるものにとても注意します。彼らはだれが、どこで、どのように生産するのか知りたいのです』」。食に興味をもたなくなるどころか、生産にも関心をよせるということですので、内容に一致しません。得点率は 88%でした。

(4) Des enfants visitent de temps en temps la boutique de Georges.「子どもたちはときどき Georges の店を訪れる」。第 2 段落最後の文に Il reçoit de temps en temps la visite des enfants de l'école du quartier et leur explique comment fabriquer des fromages.「彼はときどき地区の学校の子どもたちの訪問を受け入れ、どうやってチーズを作るのか彼らに説明します」とありますので、内容に一致します。得点率は 80%でした。

(5) Aurélien tient sa ferme depuis longtemps.「Aurélien はずっと以前から農場を経営している」。第 3 段落第 1 文に Pour ses fromages, Georges utilise le lait d'Aurélien, un jeune agriculteur qui vient d'avoir sa ferme.「Georges は自家製チーズのために、最近農場をもった農家、Aurélien の牛乳を使いま

す」とあります。Aurélienは農場経営を始めたばかりのようですので、内容に一致しません。得点率は87%でした。

(6) C'est Georges qui décide du prix du lait d'Aurélien.「Georgesが Aurélienの牛乳の値段をきめる」。第3段落第2-3文にC'est ce dernier qui fixe lui-même le prix de son lait. Georges voudrait aider les jeunes agriculteurs comme Aurélien à mieux vivre de leur travail.「後者（= Aurélien）自身が自分の牛乳の値段をきめます。GeorgesはAurélienのような若い農家がみずからの仕事でよりよく生計を立てられるよう援助したいのです」とありますので、内容に一致しません。得点率は51%でした。約半数の受験者が正答できなかったのは、おそらくce dernierが何のことなのかわからなかったからでしょう。ce dernier「後者、最後の人／もの」というのは、文章中で、そこからさかのぼって一番近く（つまり最後）にある、この場合は男性・単数の名詞を指します。これに該当するのは、第3段落第1文のun jeune agriculteur、すなわちAurélienです。このdernier, dernièreの用法を覚えておきましょう。ちなみにdécider de ~とfixerはここではほぼ同義で、「~をきめる、決定する」です。

この設問の平均得点率は73%でした。前回2021年度春季とくらべておよそ4ポイント下がりました。前々回から前回にかけてがマイナス9ポイント、実はさらにその前もマイナス3ポイントでしたので、得点率の下落が止まらないかっこうです。今回はとくに(1)と(6)の不できが足を引っ張りました。いずれもフランス語の長文を読むことに慣れ親しんでいないとなかなか解けない問題です。長文は、なんとなくわかった気になって眺めているだけでは、なかなか正確に読めるようにはなりません。ふだんからひとつひとつの語の意味と用法、文の構造、文と文とのつながりをしっかりとらえながら読むよう心がけましょう。また、この設問では語句の言いかえが問題になることが多いので、同義語・類義語や反意語も合わせて語彙を覚えるようにしましょう。

解答　(1) ①　(2) ②　(3) ②　(4) ①　(5) ②　(6) ②

7　**解説**　会話文の空欄にあてはまるもっとも適切な語句を、それぞれ 3 つの選択肢から選ぶ問題です。空欄は 5 つ、配点は各問 2 点、合計 10 点です。

今回は、公園でジョギングする男性に恋してしまった Rosette と友人 Gisèle の会話です。Rosette の恋のゆくえを想像しながら、2 人のやりとりに耳を傾けてみましょう。

まず Rosette が、Gisèle, je pense que je suis tombée amoureuse.「Gisèle、私、恋に落ちちゃったみたい」と話を振ります。それに対して Gisèle は、Chouette ! (　1　), c'est qui ?「すてき！　(　1　)、それってだれ？」と質問で返します。(1) の選択肢はいずれも動詞の命令形ですが、Gisèle は Rosette の恋の相手に興味津々のようですので、それがだれなのか ① Dis-moi「言いなさい、教えて」と言うでしょう。これが正解です。② Écoute「聞いて」は自分が相手に伝えたいことがあって注意をうながす場合に使う間投詞のような表現です。③ Réfléchis「よく考えて」は、逆に言うとよくよく考えなければ思い浮かばないということを前提とした言い方です。恋愛相談をもちかけてきた当の本人が、自分の恋の相手がだれなのかわかっていない、だからよく考えるようにうながさないといけない、とはふつう思わないものです。得点率は 5 問中もっとも高い 87％でしたが、それでも 9 割には届きませんでした。

とはいえ、Rosette は相手の男性のことをまだよく知らないようです。Je ne connais pas son nom. C'est quelqu'un qui fait du jogging dans le parc.「彼の名前を知らないの。公園でジョギングをしている人よ」。それを聞いて Gisèle は、Tu ne lui as pas encore parlé, alors ? Mais (　2　), courage !「じゃあ、まだ彼に話しかけてないの？　でも (　2　)、勇気だして！」と言っています。選択肢を見ると、いずれも（命令形をふくめ）主語は tu、動詞は aller を用いて、① tu y vas「君はそこへ行く」、② vas-y「行きなよ」、③ va-t'en「立ち去れ」となっています。Gisèle はやや無責任に Rosette をけしかけていますので、ここにぴったりあてはまる表現は ② vas-y です。直訳すれば「そこへ行け」ですが、「やりなよ、やってみなよ」、「いいよ、どうぞ」といったニュアンスで日常会話のなかでよく使われます。文法的なことについては本書 91 頁、2021 年度春季準 2 級 4 (2) の解説を参照してください。

ちなみに ③ va-t'en は s'en aller「立ち去る」の tu に対する命令です。この問題の得点率は 58%でした。

勇気をだしてと励まされましたが、Rosette にとってはそもそも別の問題があるようです。Ce n'est pas une question de courage ! Il court trop vite.「勇気の問題じゃないんだって！　彼、走るのが速すぎるのよ」。これに対して Gisèle が Comment, tu ne peux donc pas le suivre ? Il vient assez régulièrement, (　3　) ?「なんですって、彼のあとを追いかけられないってこと？　彼はかなり定期的に来るの、(　3　) ?」と現状を確認するような質問をすると、Rosette は Oui, tous les jours.「うん、毎日」と答えています。空欄の前で文は一応完結しており、選択肢として微妙なニュアンスを付け足す表現があげられています。② de nouveau「ふたたび」は、régulièrement「定期的に」と意味的に重なるようで重ならず（「1 度あったことがもう 1 度」と「規則正しく繰り返し何度も」）、いっしょに使うのは無理なので、まず消えます。③ tout au plus「多くても、せいぜい」だと、「彼はかなり定期的に来る」ことが否定的な意味合いでとらえられていることになってしまいます。ここは少し深読みしなければなりませんが、彼の足が速すぎて追いかけられないにしても、① au moins「少なくとも、せめて」彼がきまった日時に公園にやって来るなら、なんとか対処のしようがあるのでは、と Gisèle は思ったにちがいありません。だから実際次の台詞で Tu pourras courir un jour aussi vite que lui.「いつか彼と同じくらい速く走れるようになりなよ」と言っています。Rosette の恋愛成就にとって大きな障害が立ちはだかる状況で、Gisèle は彼が「定期的に来る」ことを前向きに、一縷《いちる》の望みとして肯定的にとらえようとしているわけです。よって正解は ① です。得点率は 30%と、三択問題では異例の低さでした。こうしたいわゆる会話の機微《きび》は、すぐに理解したり使ったりできるようにはなりません。(tout) au plus や (tout) au moins のような会話に微妙なニュアンスを付け加える表現に出くわしたときは、文の核心的内容さえつかめばこまかい部分はどうでもいいとは思わずに、辞書や文法書などでその意味・用法・例文を調べたり、それが実際に用いられる状況や話者の心情を想像したりしながら、少しずつ身につけていきましょう。

Gisèle がひとつの案を提示してくれたところですが、Rosette は、(　4　) !

Il court de plus en plus vite. Il ne me regardera jamais.「（　4　）！　彼はますます速く走るようになっているのよ。私になんか目もくれなくなるわ」と悲観的です。彼が公園にやって来るタイミングを見はからって、彼と同じ速度で走れば、彼に話しかけられるという案は、どうやら却下されたようです。したがって、(4)の空欄に入るのは、① Au contraire「反対に、それどころか、とんでもない」ということになります。② Rien n'est plus vrai「(これ) より真なるものはない」、③ Tu as raison「君は正しい」では、Gisèle の案に賛同することを意味してしまいます。得点率は 40％と、やはりかなり低めでした。② を選択してしまった受験者が相当数いました。これは比較級を用いた否定文ですが、ひるがえって「(これが) もっとも真なるものである」という最上級のような意味になることに気づけなかったようです。

会話文の最後で Gisèle は、泣きごとを言う Rosette に対して、(　5　) courir dans le sens inverse et lui faire un grand sourire ?「逆向きに走って彼ににっこりほほえむのは（　5　）？」と言っています。内容にかんがみると、もうひとつ別の提案をしていますので、① À quoi bon「なんの役に立つのか」、② Pour qui「だれのため」では文意が通りません。③ Pourquoi pas「いいんじゃない、～してはどう」が提案・推奨の表現として適切です。à quoi bon「なんの役に立つのか」→「いや、なんの役にも立たない」と、pourquoi pas「なぜだめなのか」→「いや、だめなわけがない」はともに反語の表現です。ちょうど反対の意味になる表現ですので、対にして覚えましょう。得点率は 70％でした。

この設問の平均得点率は 57％で、低迷した 2021 年度春季からさらに 12 ポイントも下がりました。三択問題は、できれば 8 割程度、つまり 5 問中 4 問は確実に取っておきたいところです。今回はとくに (3) と (4) のできがよくありませんでした。事実関係というよりむしろ想像・妄想にもとづく話なので、対話の流れや微妙な心情を読み取るのがむずかしかったかもしれません。

解答　(1) ①　(2) ②　(3) ①　(4) ①　(5) ③

書き取り・聞き取り試験

解説・解答

書き取り試験

解説 冷夏ではあるけれども友だちと水遊びにいきたいという話です。3 つの文で構成されており、時制は直説法現在、複合過去、単純未来、そして条件法現在が用いられています。リエゾンは Cet‿été、chez‿elle の 2 箇所でした。得点率は 41% で、2021 年度春季とくらべると 7 ポイント下がりました。書き取りでは、せめて 5 割は取れるように、日々聞く練習、書く練習、そしてもちろん書き取る練習を繰り返しおこないましょう。とくに書き取りには、近道はありません。以下、誤りの多かった箇所を中心に解説していきます。

リエゾンの箇所で、*Cette été*、*C'est été*、そして *six heures*、*si elle* などと書いているミスが多く見られました。今回はリエゾンは 2 箇所で、比較的少ないほうですが、書き取りではかならずリエゾンが問われます。単語単位でつづりを覚えるだけでなく、ほかの語とのつながりのなかでどのような発音になるか注意する必要があります。

froid を *fois*、*foid*、*frois* としたり、beau を *bord*、*boud*、*veau* としている誤答が散見しました。天候を表わす il fait (il fera) のあとにくることができる語はひじょうに限られていますし、そもそも froid も beau も 5 級レベルの語彙です。基本的な語彙こそうろ覚えではないかどうか再確認すべきということでしょうか。

動詞部分のまちがいはひじょうに多くて、第 1 文後半の pleut を *pluet*、*plu*、*plue*、*plus*、*plut*、*pluit* としてしまったもの、第 2 文の性・数一致すべき複合過去 est restée を *est resté*、*a resté*、*ai resté*、*restait* としてしまったもの、おなじく第 2 文のジェロンディフを構成する現在分詞 regardant を *regardons*、*regardont*、*regardent* としてしまったもの、第 3 文前半の espère を *espere*、*espére*、*éspere*、*éspère*、*est super* としてしまったもの、fera を *fait*、*ferait*、*sera* としてしまったもの、第 3 文後半の代名動詞 se baigner を *se bainier*、*se bénier*、*sous bénier*、*souvenir*、*ce venir*、*se venir* としてし

まったものなどがありました。

最後の copines は女性・複数形です。単数形 *copine* や男性・複数形 *copains*、n を 2 つ重ねてしまった *copinnes* など惜しい誤答がいくつかありました。

文章全体の日本語訳を付けておきますので、参考にしてください。

「この夏は寒くて雨もひじょうによく降る。きのう、アンヌは真っ黒な空を見ながらずっと家にいた。彼女はあした晴れることを期待している。というのも、友だちと水遊びにいきたいからだ。」

解答 Cet été, il fait froid et il pleut très souvent. Hier, Anne est restée chez elle en regardant le ciel tout noir. Elle espère qu'il fera beau demain, car elle aimerait aller se baigner avec ses copines.

聞き取り試験

1

（読まれるテキスト）

Chloé : Bonjour, Thomas.

Thomas : Bonjour, Chloé. Ça va ? Ça fait plus de trois ans qu'on ne s'est pas vus.

Chloé : Oui. Maintenant, j'habite dans un petit village à la campagne. Je viens en ville très rarement.

Thomas : Ah bon. Et la ville ne te manque pas ?

Chloé : Non. Mes voisins sont gentils avec moi. Ils me donnent souvent du jambon et des œufs.

Thomas : Alors, tu es contente de vivre là-bas ?

Chloé : Mais oui !

Thomas : Je voudrais bien visiter ton village un jour...
Chloé : Tu peux venir quand tu veux !
Thomas : C'est vrai ? Dimanche, c'est possible ?
Chloé : Bien sûr !

(読まれる質問)

un : Ça fait combien de temps que Chloé et Thomas ne se sont pas vus ?
deux : Chloé, où est-ce qu'elle habite maintenant ?
trois : Est-ce que Chloé vient souvent en ville ?
quatre : Qu'est-ce que les voisins de Chloé lui donnent ?
cinq : La vie dans le petit village plaît à Chloé ?
six : Quand est-ce que Thomas va venir chez Chloé ?

解 説 まず2人の会話を聞き、次にその内容に関する質問を聞いて、あらかじめ問題冊子に印刷されている答えの文を完成させる問題です。今回、質問の数は5つ、空欄の数は8つ、空欄ごとに1点で、合計8点です。それぞれの空欄には1語ずつ記入します。

会話を聞く前に、問題冊子に印刷された答えの文をよく読んでおきましょう。空欄の前後の文脈から、空欄に入る語の品詞やその語の形（性・数、人称・活用など）がある程度推測できる場合があります。容易に推測できるものとしては、たとえば(1)は文頭にÇa fait、文末にans「年（複数）」がありますから、少なくとも2つの空欄のどちらか、deの位置にかんがみるとおそらく2つ目の空欄に、2以上の数字が入ると予想されます。(2)では、habiteとun petit villageに関連する女性名詞ということですので、候補はかなりしぼられます。(3)は文の構造〈主語＋場所を表わすであろう中性代名詞y＋自動詞venir〉と直前のtrèsから、副詞が入ると考えられます。(4)の1つ目の空欄には、部分冠詞がつき、母音または無音のhで始まっていない男性名詞が入ります。また2つ目の空欄には複数の名詞が入ります。(5)は、もしもともとの構文が〈 être 形容詞 de ~ 〉なのであれば、形容詞は主語に合わせて女性・単数形にする必要があることに注意しておきます。(6) は (3) とほぼ同じ文の構造をしていますので、おそらく時間（日時あるいは頻度など）に関連する副詞的な要素が入るのではないかとあたりをつけておきます。

会話は全部で 3 回読まれます。会話を聞くときには、空欄部分に相当する箇所にとくに注意し、その部分を聞き取ることができたらメモをしておくとよいでしょう。ただし、まずしっかり聞いて会話の流れをつかむことが大切であることを忘れないようにしましょう。どうにか聞き取れた一部分だけを書きとめることにこだわっていると、ほかの部分を聞き逃しがちになり、結局全体としてどんな話なのかよくわからなくなってしまいます。

今回は田舎に移り住んだ Chloé と友人 Thomas が再会したときの会話です。読まれる質問の日本語訳を提示し、問題用紙に印刷されている答えの文の空欄に解答を入れながら、順に見ていくことにします。

(**1**)の質問は「Chloé と Thomas が会わなくなってどのくらいの時間が経ちますか」です。まず Chloé が、Bonjour, Thomas.「こんにちは、Thomas」と話しかけると、Thomas は、Bonjour, Chloé. Ça va ? Ça fait plus de trois ans qu'on ne s'est pas vus.「こんにちは、Chloé。元気？　会わなくなって 3 年以上になるね」と答えます。したがって正解は Ça fait (plus) de (3) ans. です。得点率は plus のほうが 86%、3 のほうは 94%でした。〈 plus de + 数量表現〉で「～以上」を意味します。ちなみに〈 moins de + 数量表現〉は「～以下」です。plus のところに *combien* と書いた誤答がいくつか見られました。3 は trois と書いてもけっこうですが、つづりをまちがわないようにしましょう。

(**2**)の質問は「Chloé は今どこに住んでいますか」です。Chloé は、Maintenant, j'habite dans un petit village à la campagne.「今、田舎の小さな村に住んでいるの」と言っていますので、正解は Elle habite dans un petit village à la (campagne). となります。得点率は 35%と低調でした。誤答例は *compagne*、*compagnie*、*campaigne* などがありました。

(**3**)の質問は「Chloé はしばしば町に来ますか？」です。Je viens en ville très rarement.「町にはめったに来ないわ」とありますので、正解は Non, elle y vient très (rarement). です。得点率は41％でした。*allemand*、*larement*、*arement* などの誤答がありました。r の発音が聞き取りにくかったか、あるいは rarement 自体を知らなかったのかもしれません。

(**4**)の質問は「Chloé の隣人たちは彼女に何をくれますか」です。Ah bon. Et la ville ne te manque pas ?「ああそうなんだ。それで町が恋しくないの？」と尋ねる Thomas に対して、Chloé は、Non. Mes voisins sont gentils avec moi. Ils me donnent souvent du jambon et des œufs.「いいえ。おとなりさんたちが私に親切なの。よくハムや卵をくれるのよ」と答えています。したがって正解は Ils lui donnent souvent du (jambon) et des (œufs). 得点率は jambon のほうが 46％でした。誤答としては *jambons*、*jambe*、*jambre*、*jambo* などがありました。œufs のほうの得点率は、8問中もっとも低く、15％でした。語頭の œ は合字なので、*oeufs* のように o と e を離して書くとまちがいになります。また、複数の不定冠詞 des がありますので、単数形 *œuf* もまちがいです。これらのほかに、*ouef*、*yeux*、*eux*、*zoo*、*heures* や、*desserts* など、さまざまなタイプの誤答が見られました。

(**5**)の質問は「Chloé は小さな村での生活を気に入っていますか？」です。Alors, tu es contente de vivre là-bas ?「じゃあ、そこで生活することに満足しているの？」という Thomas の質問に、Chloé は、Mais oui !「もちろんそうよ！」と答えていますので、正解は Oui, elle en est (contente). です。得点率は 49％でした。誤答でもっとも多かったのは *content* です。上ですでに触れましたが、とくに形容詞は性・数一致に気をつける必要があります。*plaît* としてしまった誤答も相当数ありました。たしかに質問の文のなかにふくまれてはいますが、解答の文では、文法的に不可能です。

(**6**)の質問は「Thomas はいつ Chloé の家に行きますか」です。Chloé が田舎暮らしを満喫していると聞いて、Thomas は、Je voudrais bien visiter ton village un jour...「いつか君の村を訪れてみたいな……」ともらします。Chloé が Tu peux venir quand tu veux !「来たいときに来ていいわよ！」と言うと、Thomas はすぐにアポイントメントを取ろうとします。C'est vrai ? Dimanche, c'est possible ?「本当？　日曜は可能？」Chloé は Bien sûr !「もちろん」と言っているので、交渉は成立したようです。以上から、正解は Il va y venir (dimanche). となります。得点率は67％でした。*demanche*、*dimonche* といったつづりのミスや、会話文、質問文、解答文のいずれかを理解していないと思われる *demain*、*village* といった誤答が散見しました。

全8問の平均得点率は54％で、前回の2021年度春季とくらべて5ポイントほど上がりました。今回は合字œをふくむ語が問われました。この合字は基本語であるsœurにもふくまれていますので、知らなかったとは言えないものです。また、今回は活用した動詞が問われることはありませんでしたが、たいてい1つか2つは動詞部分を問う問題が出されると考えておいたほうがよいでしょう。

解答 (1) (plus) (3 / trois)　(2) (campagne)　(3) (rarement)
(4) (jambon) (œufs)　(5) (contente)　(6) (dimanche)

2

(読まれるテキスト)

Jean est boulanger et il a eu 65 ans hier. C’est à cet âge que beaucoup de gens s’arrêtent de travailler. Mais lui, il veut continuer à travailler aussi longtemps que possible.

Boulanger, ce n’est pas un métier facile. Depuis 40 ans, Jean se lève à quatre heures du matin et travaille jusqu’à midi. Chaque jour, il fait 300 baguettes, 200 croissants et 100 pains au chocolat. Et il prépare aussi plusieurs sortes de tartes. À midi, il est très fatigué et il a mal un peu partout, surtout aux bras et au dos. Mais il se sent heureux quand il voit ses clients fidèles revenir.

Jean sait bien que les gens mangent moins de pain et ses clients sont en effet moins nombreux qu’autrefois. Mais il ne manque pas d’idées. Pour trouver de nouveaux clients, il pense faire des gâteaux avec des légumes de la région.

(読まれるテキストの内容について述べた文)

un : Jean vient d'avoir 65 ans.

deux : Jean ne veut plus travailler.

trois : Depuis 40 ans, Jean se lève à trois heures du matin.

quatre : Jean travaille jusqu'au soir.

cinq : Jean fait 300 baguettes tous les jours.

six : Jean ne fait qu'une sorte de tarte.

sept : À midi, Jean a surtout mal aux bras et au dos.

huit : Jean est heureux de voir ses clients fidèles.

neuf : Jean sait qu'aujourd'hui, on mange plus de pain qu'avant.

dix : Jean pense faire des gâteaux avec des légumes de la région.

解説 まず、フランス語のまとまった文章を聞きます。次に、おなじくフランス語の10の文を聞いて、それぞれの文が、読まれたフランス語の文章の内容に一致するかどうかを判断する問題です。各問1点、合計10点です。

今回は、65歳になったパン職人のJeanがなおも現役をつづけるという話です。以下、長文の内容に一致するかしないかを問う10の文に日本語訳を付けながら解説をしていきます。

(1) 「Jeanは65歳になったばかりである」。これについては、長文の第1文に、Jean est boulanger et il a eu 65 ans hier.「Jeanはパン職人で、きのう65歳になった」とありますので、内容に一致します。得点率は89%でした。

(2) 「Jeanはもう働きたくない」。長文の第2-3文に、C'est à cet âge que beaucoup de gens s'arrêtent de travailler. Mais lui, il veut continuer à travailler aussi longtemps que possible.「この年齢で多くの人が働くのをやめる。しかし彼は、できるだけ長く働きつづけたい」とありますので、内容には一致しません。得点率は87%でした。

(3) 「40 年間、Jean は朝 3 時に起きている」。長文の第 4-5 文に、Boulanger, ce n’est pas un métier facile. Depuis 40 ans, Jean se lève à quatre heures du matin et travaille jusqu’à midi.「パン職人は簡単な職業ではない。40 年間、Jean は朝 4 時に起き、正午まで働く」とありますから、やはり内容に一致しません。得点率は 83%でした。

(4) 「Jean は晩まで働く」。すぐ上で見たように、働くのは「正午まで」ですので、内容に一致しません。得点率は 87%でした。

(5) 「Jean は毎日 300 本のバゲットを作る」。これに関しては、長文の第 6 文に、Chaque jour, il fait 300 baguettes, 200 croissants et 100 pains au chocolat.「毎日彼は 300 本のバゲット、200 個のクロワッサン、100 個のチョコレート・パンを作る」とありますから、内容に一致します。得点率は 86%でした。

(6) 「Jean は 1 種類のタルトしか作らない」。これについては、長文の第 7 文に、Et il prépare aussi plusieurs sortes de tartes.「そして彼は数種類のタルトも仕込む」とありますので、内容に一致しません。得点率は 10 問中もっとも低く、70%でした。

(7) 「正午には、Jean はとりわけ腕と背中が痛い」。長文の第 8 文に、À midi, il est très fatigué et il a mal un peu partout, surtout aux bras et au dos.「正午には、彼はとても疲れていて、ほぼ全身、とりわけ腕と背中が痛い」とありますから、内容に一致します。得点率は 88%でした。

(8) 「Jean は常連客を見るのが幸せである」。これに関しては、長文の第 9 文に、Mais il se sent heureux quand il voit ses clients fidèles revenir.「しかし彼は、常連客がまた来るのを見るとき、幸せを感じる」とありますので、内容に一致します。得点率は 87%でした。

(9) 「今日、以前よりも多くのパンが食べられていることを Jean は知っている」。長文の第 10 文に、Jean sait bien que les gens mangent moins de pain et ses clients sont en effet moins nombreux qu’autrefois.「昔とくらべると

人々がパンを食べる量は減っており、実際彼の客の数も減っていることをJeanは知っている」とありますから、内容に一致しません。得点率は79%でした。

⑽「Jeanは地方の野菜を使ったお菓子を作ろうと考えている」。これに関しては、長文末尾の第11-12文に、Mais il ne manque pas d'idées. Pour trouver de nouveaux clients, il pense faire des gâteaux avec des légumes de la région.「しかし彼はアイデアに事欠かない。新規の顧客を見いだすために、地方の野菜を使ったお菓子を作ろうと考えている」とありますから、内容に一致します。得点率は10問中もっとも高く、93%でした。

全10問の平均得点率は85%で、2021年度春期とくらべると10ポイントほど上がりました。10問中8問の得点率が80%以上、最低得点率も70%と、ここ数年ではかなりよくできているほうです。

フランス語の長文と10の問題文とでは、語句・表現が若干言いかえられている場合があります。それによって内容そのものが変わっているのか、それとも変わっていないのか、しっかり聞き取って理解することが、この問題を解くポイントの1つと言えます。

解答　(1) ①　(2) ②　(3) ②　(4) ②　(5) ①　(6) ②
(7) ①　(8) ①　(9) ②　⑽ ①

1次試験配点表

筆記試験	1	2	3	4	5	6	7	小計	書き取り	小計	聞き取り	1	2	小計	合計
	8点	10	10	10	10	12	10	70		12		8	10	18	100

2 次 試 験

試験方法

音　読

問題カードに印刷された35語程度のフランス語の文章を音読します。配点は10点です。

試験の進行は基本的に春季と秋季で同じです。音読する前に、1分間、黙読する時間があたえられます。その間に内容や発音を確認しておきましょう。とくに、リエゾンすべき箇所と、逆に、してはならない箇所をきちんと確認しておきましょう。

また、フランス語は発音の規則がしっかりときまっていますので、日ごろからその規則を意識して音読する習慣を身につけておいてください。本番の試験では、個々のフランス語の発音だけでなく、文章全体のリズムにも留意しつつ、落ちついて読んでください。万一、読みまちがえても、訂正して読みなおすことがゆるされていますので、リラックスして、かつ明瞭な声で発音してください。

質問と答え

問題カードに印刷されたフランス語の文章についての2つの質問と、イラストについての3つの質問の合計5つの質問に答えます。質問と答えのやりとりは、すべてフランス語でおこなわれます。配点は、各質問4点、合計20点です。

各質問には、原則として、主語と動詞をふくむ完全なフランス語の文で答えてください。日常会話ならば主語や動詞をはぶいて答えても会話として成立することはありますが、ここでは正しくフランス語の文を構成する能力のあるなしが審査されていると考えてください。

また、質問のなかに出てくる名詞を答えのなかで繰り返す場合、代名詞にするほうが自然です。その名詞の性・数に合わせた代名詞に置きかえることができるかどうかも審査の対象となります。

印刷されたフランス語の文章についての質問は、ほとんどの場合、文章中に答えを見つけることができます。ただし、文章中の一部をそのまま抜きだしただけでは答えとしてふさわしくない場合もありますので、質問に応じてふさわしい形に整えて答えてください。

イラストについての質問は、qu'est-ce que、qu'est-ce qui、combien といった疑問詞をふくむもの、あるいは時刻や天候を問うものなど、だいたいパターンがきまっています。描かれた人やものの位置関係あるいは数などに注意するのはもちろんですが、名詞の性・数や、冠詞にも気を配ってください。

解 説

A

音 読

毎週末、Cécile は両親の家に行くのを楽しみにしています。彼女の両親は 3 年前から田舎に住んでいて、そこで野菜を作って食べているという内容の文章です。第 2 文の trois‿ans はかならずリエゾンします。一方、第 2 文の habitent à はリエゾンしてはいけません。

質問と答え

音読した文章についての質問

Question 1 : Chaque week-end, chez qui va Cécile ?「毎週末、Cécile はだれの家に行きますか」という質問です。第 1 文を使い、Elle va chez ses parents. と答えます。文頭の Chaque week-end, はあってもなくてもかまいません。

Question 2 : Depuis quand les parents de Cécile habitent-ils à la campagne ?「Cécile の両親はいつから田舎に住んでいますか」という質問です。第 2 文を使って答えますが、すでに倒置疑問で出てきている ils を主語にします。Ils y habitent depuis trois ans. が正解です。Ils‿y と trois‿ans はかならずリエゾンします。中性代名詞 y はなくてもかまいませんし、à la campagne を代名詞にせずにそのまま言ってもかまいませんが、いずれの場合も Ils‿habitent でかならずリエゾンしますので注意してください。なお、第 2 文の主語は Ceux-ci となっていますが、これは第 1 文とのつながりのなかで使われている指示代名詞ですので、ひとつの独立した質問に対する応答でこれをそのまま用いるのは適切ではありません。

イラストについての質問

Question 3 : Où est-ce que le chien dort ?「犬はどこで眠っていますか」という質問です。犬はテーブルの下で眠っていますので、Il dort sous la table. が正解です。sous la table のかわりに par terre / sur le sol「地べたで」も許容範囲です。

Question 4 : Qu'est-ce que ces gens vont boire ?「これらの人たちは何を飲もうとしていますか」という質問です。イラストに描かれた3人はそれぞれワイングラスを口に運ぼうとしていますし、テーブルの上にはワインのボトルがありますから、正解は、Ils vont boire du vin. です。部分冠詞のついた du vin のかわりに un verre de vin でもけっこうです。一見して、かならずしもワインとはかぎらない、ということであれば、une boisson「飲みもの」でもよいでしょう。また、ワイン（飲みもの）の色は赤のように見えますので、いずれにも rouge を付け加えることができます。

Question 5 : Combien d'arbres y a-t-il à côté de la maison ?「家の脇に何本の木がありますか」という質問です。見えている木は2本ですので、Il y en a deux. が正解です。中性代名詞 en を使わずに、Il y a deux arbres. でもけっこうです。それぞれ、en‿a、deux‿arbres でかならずリエゾンしますので気をつけてください。

解答例　（　）内は省略可。[/] は / の左右どちらでも可。

Question 1 : (Chaque week-end,) elle va chez ses parents.

Question 2 : [Ils y habitent / Ils habitent (à la campagne)] depuis trois ans.

Question 3 : Il dort [sous la table / par terre / sur le sol].

Question 4 : Ils vont boire [du vin / un verre de vin / une boisson] (rouge).

Question 5 : Il y en a deux. / Il y a deux arbres.

B

音　読

Nadiaはカナダで学ぶ医学生です。彼女はアフリカから昨夏やってきました。きのうは雪でしたが，きょうは晴れたので，これから友だちとスキーにいくという話です。かならずリエゾンする箇所，してはいけない箇所はありませんでした。第1文のest étudiante，第2文のest arrivée，第4文のMais ilはリエゾンしてもしなくてもかまいません。

質問と答え

音読した文章についての質問

Question 1: Quand est-ce que Nadia est arrivée au Canada ?「Nadiaはいつカナダに着きましたか」という質問です。第1文を使い，主語Nadiaを人称代名詞elleに置きかえ，Elle y est arrivée l'été dernier. と答えます。中性代名詞yはあってもなくてもかまいませんし，yに置きかえずにau Canadaのままで答えてもかまいません。また，est arrivéeのところは，リエゾンしてもしなくてもかまいせん。ちなみに，L'été dernier. だけでは文章になっていませんので，検定試験（特に準2級）の解答としては不十分ということになります。

Question 2: Aujourd'hui, Nadia va faire du ski avec qui ?「きょうNadiaはだれとスキーをしにいきますか」という質問です。これは最後の第5文を使って，Elle va faire du ski avec ses copains. と答えます。faire du skiのかわりにen faireとしてもけっこうです。文頭にAujourd'hui, をつけてもかまいません。

イラストについての質問

Question 3: Combien de personnes y a-t-il ?「何人の人がいますか」という定番の質問です。5人ですので，Il y en a cinq. が正解です。en‿aのところでかならずリエゾンします。中性代名詞enを使わずに，Il y a cinq personnes. と答えてもよいでしょう。

Question 4: Qu'est-ce qu'on voit derrière les étudiants ?「学生たちの背

後に何が見えますか」という質問です。イラストでは背景に山並みが見えますから、On y voit des montagnes. が正解です。On‿y はかならずリエゾンします。y はあってもなくてもかまいませんし、中性代名詞で置きかえずに derrière eux としてもけっこうです。

Question 5 : Il y a un oiseau à gauche. Qu'est-ce qu'il fait ?「左に鳥がいます。それは何をしていますか」という質問です。イラスト左側の木の梢に鳥が 1 羽いて、口から音符が出ています。これは歌っていることを表わしています。ですので、正解は Il chante. となります。「さえずる」を意味する Il gazouille. あるいは Il jase. でも問題ありません。

解答例　(　　) 内は省略可。[/] は / の左右どちらでも可。

Question 1 : Elle [(y) est arrivée / est arrivée au Canada] l'été dernier.

Question 2 : (Aujourd'hui), elle va [faire du ski / en faire] avec ses copains.

Question 3 : Il y en a cinq. / Il y a cinq personnes.

Question 4 : On (y) voit des montagnes. / On voit des montagnes derrière eux.

Question 5 : Il [chante / gazouille/ jase].

学校別受験者数一覧

2020 年度秋季　＜大学・短大別出願状況＞

出願者数合計が 10 名以上の学校を抜粋しました（50 音順）。

	学 校 名	合計		学 校 名	合計		学 校 名	合計
団体	愛知県立大学	60	団体	國學院大學	14	団体	常葉大学	11
	愛知大学	16		国際基督教大学	11	団体	獨協大学	66
団体	青山学院大学	108	団体	駒澤大学	11	団体	富山大学	19
団体	秋田大学	14		滋賀医科大学	11	団体	長崎外国語大学	49
団体	茨城キリスト教大学	65	団体	順天堂大学	171	団体	長崎大学	42
	岩手大学	17	団体	上智大学	110	団体	名古屋外国語大学	70
団体	愛媛大学	11	団体	昭和女子大学	46		名古屋大学	11
団体	大阪教育大学	14	団体	白百合女子大学	96	団体	南山大学	39
団体	大阪大学	80	団体	信州大学	12		新潟大学	13
団体	お茶の水女子大学	33	団体	椙山女学園大学	14		日本女子大学	19
団体	学習院大学	125		成蹊大学	10	団体	日本大学	35
団体	鹿児島純心女子短期大学	13	団体	成城大学	41		広島市立大学	10
団体	鹿児島大学	19	団体	聖心女子大学	25	団体	広島大学	14
団体	金沢大学	22	団体	西南学院大学	29	団体	フェリス女学院大学	10
	関西大学	27	団体	拓殖大学	29	団体	福岡大学	65
	関西学院大学	63	団体	千葉大学	15	団体	法政大学	40
団体	九州大学	28	団体	中央大学	63		北星学園大学	17
団体	京都外国語大学	65		筑波大学	12		北海道大学	15
団体	京都産業大学	21		津田塾大学	20	団体	武庫川女子大学	237
団体	京都女子大学	29	団体	帝京大学	19	団体	武蔵大学	26
団体	京都大学	26	団体	東海大学	27	団体	明治学院大学	62
団体	共立女子大学	44		東京外国語大学	22	団体	明治大学	120
団体	金城学院大学	64		東京大学	61	団体	目白大学	10
	群馬大学	12		東京都立大学	25	団体	山形大学	70
団体	慶應義塾大学	247		同志社大学	21	団体	立教大学	117
団体	甲南大学	12	団体	東北学院大学	13	団体	立命館大学	64
	神戸市外国語大学	10		東北大学	136	団体	龍谷大学	11
	神戸女学院大学	11	団体	東洋英和女学院大学	19	団体	早稲田大学	125
団体	神戸大学	14		東洋大学	47			

2020 年度秋季　＜小・中・高校・専門学校別出願状況＞

出願者数合計が 5 名以上の学校を抜粋しました（50 音順）。

	学 校 名	合計		学 校 名	合計		学 校 名	合計
団体	アサンプション国際中学校・高等学校	82	団体	慶應義塾高等学校	15	団体	同志社国際中学校・高等学校	5
団体	埼玉県立伊奈学園総合高等学校	23		慶應義塾湘南藤沢中・高等部	6	団体	日本外国語専門学校	23
団体	東京都立桜修館中等教育学校	5	団体	神戸海星女子学院中学・高等学校	70		日本女子大学附属中学校・高等学校	5
団体	大妻中野中学校・高等学校	125		神戸国際中学校・高等学校	8	団体	東京都立日比谷高等学校	9
団体	カリタス小学校	44	団体	岩手県立不来方高等学校	12	団体	福島県立福島南高等学校	23
団体	カリタス女子中学高等学校	134	団体	湘南白百合学園中学・高等学校	9	団体	雙葉中学校・高等学校	16
	神田外語学院	15	団体	白百合学園中学高等学校	188	団体	東京都立三田高等学校	13
団体	東京都立北園高等学校	6	団体	聖ウルスラ学院英智高等学校	36	団体	明治大学付属中野八王子中学校・高等学校	8
団体	暁星国際小学校	18	団体	聖ドミニコ学園中学高等学校	45	団体	神奈川県立横浜国際高等学校	37
団体	暁星国際中学・高等学校	5	団体	兵庫県立宝塚西高等学校	5	団体	早稲田大学高等学院	64
団体	暁星国際流山小学校	52	団体	東京学芸大学附属国際中等教育学校	7			
団体	暁星中学・高等学校	19	団体	東京女子学院中学校高等学校	8			

2021 年度春季　＜大学・短大別出願状況＞

出願者数合計が 10 名以上の学校を抜粋しました（50 音順）。

	学　校　名	合計		学　校　名	合計		学　校　名	合計
団体	愛知県立大学	36	団体	順天堂大学	14	団体	富山大学	21
	愛知大学	13	団体	上智大学	84	団体	長崎外国語大学	36
団体	青山学院大学	83	団体	昭和女子大学	24	団体	長崎大学	44
団体	茨城キリスト教大学	19	団体	白百合女子大学	75	団体	名古屋外国語大学	54
	岩手大学	19	団体	信州大学	11	団体	南山大学	38
団体	大阪大学	72	団体	成城大学	37		新潟大学	15
団体	お茶の水女子大学	19	団体	聖心女子大学	18	団体	日本大学	21
	香川大学	11	団体	西南学院大学	49		広島市立大学	11
団体	学習院大学	57		大東文化大学	11	団体	フェリス女学院大学	21
団体	金沢大学	18	団体	拓殖大学	12	団体	福岡女子大学	13
	関西大学	19	団体	千葉大学	10	団体	福岡大学	38
	関西学院大学	45	団体	中央大学	61	団体	法政大学	25
団体	九州大学	17		津田塾大学	14		北海道大学	14
団体	京都外国語大学	57	団体	帝京大学	18	団体	武庫川女子大学	10
団体	京都産業大学	20	団体	東海大学	14	団体	武蔵大学	39
団体	京都大学	17		東京外国語大学	23	団体	明治学院大学	56
団体	共立女子大学	30		東京大学	62	団体	明治大学	68
団体	金城学院大学	28		東京都立大学	13		横浜国立大学	14
団体	慶應義塾大学	169		東京理科大学	10	団体	立教大学	84
団体	甲南大学	10		同志社大学	28	団体	立命館大学	26
団体	國學院大學	10		東北大学	41	団体	龍谷大学	14
団体	国際教養大学	24		東洋大学	33	団体	早稲田大学	178
	滋賀医科大学	26	団体	獨協大学	45			

2021 年度春季　＜小・中・高校・専門学校別出願状況＞

出願者数合計が 5 名以上の学校を抜粋しました（50 音順）。

	学　校　名	合計		学　校　名	合計		学　校　名	合計
団体	アサンプション国際中学校・高等学校	44	団体	神戸海星女子学院中学・高等学校	7	団体	同志社国際中学校・高等学校	5
団体	埼玉県立伊奈学園総合高等学校	37		神戸国際中学校・高等学校	8	団体	日本外国語専門学校	26
団体	大妻中野中学校・高等学校	55	団体	兵庫県立国際高等学校	5	団体	岩手県立花巻南高等学校	5
	学習院女子中・高等科	6	団体	岩手県立不来方高等学校	5	団体	福島県立福島南高等学校	19
団体	カリタス女子中学高等学校	108	団体	湘南白百合学園中学・高等学校	5	団体	雙葉中学校・高等学校	16
	神田外語学院	19	団体	白百合学園中学高等学校	147	団体	神奈川県立横浜国際高等学校	31
団体	暁星国際中学・高等学校	5	団体	聖ウルスラ学院英智高等学校	56	団体	立命館宇治中学校・高等学校	31
団体	暁星国際流山小学校	52	団体	聖ドミニコ学園中学高等学校	30	団体	埼玉県立和光国際高等学校	5
団体	暁星中学・高等学校	38		奈良県立高取国際高等学校	7	団体	早稲田大学高等学院	9
団体	慶應義塾高等学校	6	団体	東京学芸大学附属国際中等教育学校	5			
団体	啓明学園中学校・高等学校	11	団体	東京女子学院中学校高等学校	6			

2021 年度秋季　＜大学・短大別出願状況＞

出願者数合計が 10 名以上の学校を抜粋しました（50 音順）。

	学　校　名	合計		学　校　名	合計		学　校　名	合計
団体	愛知県立大学	44		神戸女学院大学	11		東北大学	176
	愛知大学	24	団体	神戸大学	14	団体	東洋英和女学院大学	17
団体	青山学院大学	116	団体	国際教養大学	19		東洋大学	76
団体	秋田大学	21		国際基督教大学	11	団体	常葉大学	24
団体	亜細亜大学	43		滋賀医科大学	25	団体	獨協大学	80
団体	跡見学園女子大学	13		静岡文化芸術大学	10	団体	富山大学	27
団体	茨城キリスト教大学	52		島根大学	55	団体	長崎外国語大学	22
	岩手大学	13	団体	順天堂大学	151	団体	長崎大学	46
団体	宇都宮大学	11	団体	上智大学	124	団体	名古屋外国語大学	59
団体	愛媛大学	11	団体	昭和女子大学	43	団体	南山大学	43
団体	大阪教育大学	27	団体	白百合女子大学	131		新潟大学	14
団体	大阪大学	104	団体	成城大学	57		日本女子大学	12
団体	大妻女子大学	13	団体	聖心女子大学	25	団体	日本大学	56
	岡山大学	15		清泉女子大学	10	団体	フェリス女学院大学	15
	小樽商科大学	11	団体	西南学院大学	28	団体	福岡女子大学	15
団体	お茶の水女子大学	40		専修大学	21	団体	福岡大学	64
	香川大学	10		大東文化大学	21	団体	法政大学	38
団体	学習院大学	108	団体	拓殖大学	35		北星学園大学	10
団体	金沢大学	37	団体	千葉大学	19		北海道大学	10
	関西大学	31	団体	中央大学	96		松山大学	30
	関西学院大学	65		中京大学	11	団体	武庫川女子大学	179
団体	九州産業大学	11		津田塾大学	24	団体	武蔵大学	49
団体	九州大学	43	団体	都留文科大学	11	団体	明治学院大学	93
団体	京都外国語大学	71	団体	帝京大学	30	団体	明治大学	184
団体	京都産業大学	113	団体	東海大学	26		名城大学	12
団体	京都女子大学	17		東京外国語大学	21	団体	山形大学	102
団体	京都大学	24		東京大学	64		横浜国立大学	13
団体	共立女子大学	57		東京都立大学	18	団体	立教大学	222
団体	金城学院大学	51		東京理科大学	13	団体	立命館大学	71
団体	慶應義塾大学	293		同志社大学	30	団体	龍谷大学	15
団体	甲南大学	15	団体	東北学院大学	14	団体	早稲田大学	254

2021 年度秋季　＜小・中・高校・専門学校別出願状況＞

出願者数合計が 5 名以上の学校を抜粋しました（50 音順）。

	学　校　名	合計		学　校　名	合計		学　校　名	合計
団体	アサンプション国際中学校・高等学校	31	団体	慶應義塾高等学校	12	団体	東京女子学院中学校高等学校	11
団体	埼玉県立伊奈学園総合高等学校	26	団体	神戸海星女子学院中学・高等学校	55	団体	日本外国語専門学校	33
団体	大妻中野中学校・高等学校	67		神戸国際中学校・高等学校	8	団体	岩手県立花巻南高等学校	5
	学習院女子中・高等科	11	団体	岩手県立不来方高等学校	8	団体	東京都立日比谷高等学校	16
団体	カリタス小学校	50	団体	湘南白百合学園中学・高等学校	11	団体	雙葉中学校・高等学校	8
団体	カリタス女子中学高等学校	123	団体	白百合学園中学高等学校	131	団体	東京都立三田高等学校	12
	神田外語学院	12	団体	大阪府立住吉高等学校	5	団体	明治大学付属中野八王子中学校・高等学校	6
団体	暁星国際小学校	20	団体	聖ウルスラ学院英智高等学校	34	団体	神奈川県立横浜国際高等学校	18
団体	暁星国際中学・高等学校	7		成蹊高等学校	9	団体	埼玉県立和光国際高等学校	8
団体	暁星国際流山小学校	34	団体	聖ドミニコ学園中学高等学校	34	団体	早稲田大学高等学院	92
団体	暁星中学・高等学校	47		奈良県立高取国際高等学校	6			

文部科学省後援

実用フランス語技能検定試験

2022 年度版 2 級・準 2 級

仏検公式ガイドブック

定価　2,970 円
（本体 2,700 円＋税 10 %）

2022 年 4 月15日 発行

編　者
発 行 者　公益財団法人　フランス語教育振興協会

発行所　公益財団法人 **フランス語教育振興協会**
〒102-0073 東京都千代田区九段北 1-8-1 九段101ビル 6F
電話（03）3230-1603　FAX（03）3239-3157
https://apefdapf.org

発売所　（株）**駿　河　台　出　版　社**
〒101-0062 東京都千代田区神田駿河台 3-7
振替口座 00190-3-56669番
電話（03）3291-1676（代）　FAX（03）3291-1675
http://www.e-surugadai.com
ISBN978-4-411-90301-3　C0085　￥2700E

2級・準2級の音声の聞き方

書き取り・聞き取り問題の音声の番号は以下のとおりです。

2級：2020年度秋季 問題

01 書き取り 全文
02 書き取り ポーズ入り
03 聞き取り 1 JeanneとMarcの対話
04 聞き取り 1 質問(1)～(5)
05 聞き取り 1 質問(1)～(5)ポーズ入り
06 聞き取り 2 Émileの話
07 聞き取り 2 内容について述べた文(1)～(10)

2級：2021年度春季 問題

08 書き取り 全文
09 書き取り ポーズ入り
10 聞き取り 1 Louisへのインタビュー
11 聞き取り 1 質問(1)～(5)
12 聞き取り 1 質問(1)～(5)ポーズ入り
13 聞き取り 2 Christianの話
14 聞き取り 2 内容について述べた文(1)～(10)

2級：2021年度秋季 問題

15 書き取り 全文
16 書き取り ポーズ入り
17 聞き取り 1 Michelineへのインタビュー
18 聞き取り 1 質問(1)～(5)
19 聞き取り 1 質問(1)～(5)ポーズ入り
20 聞き取り 2 Léaの話
21 聞き取り 2 内容について述べた文(1)～(10)